アジア企業の経営理念

生成・伝播・継承のダイナミズム

三井　泉　編著

文眞堂

まえがき

本書は、二〇〇九年より二〇一二年までの三年間にわたり、日本大学経済学部中国・アジア研究センター（以下、中・ア研究センター）の助成を得て行われたプロジェクト「アジア企業における経営理念の生成・継承・伝播に関する調査研究」の成果である。われわれ研究グループは本書に先立ち、二〇〇六年より松下社会科学振興財団ならびにＰＨＰ総合研究所（当時）の協力を得て、日本企業の経営理念の調査を行い、その成果を『経営理念―継承と伝播の経営人類学的研究―』（住原則也・三井泉・渡邊祐介編、経営理念継承研究会著、ＰＨＰ研究所、二〇〇八年）として出版した。今回の研究は、研究方法やメンバー編成等、多くの点で前回の研究を引き継ぎつつ、さらに発展させたものである。

「経営理念」という研究テーマは、企業経営にとって極めて重要であると言われながら、それが「科学」の範疇では扱いきれない「価値」的な側面を扱うこと、また必ずしも可視的な部分のみならず、経営者の思想や企業風土そして文化を含む「目に見えない部分」を扱うことなどの理由で、今まで経営学の専門家からは対象として敬遠される傾向にあった。もちろん、経営史や経営組織論あるいは社会学などの分野で、優れた研究も重ねられてきたが、残念ながら確固たる一領域を形成するまでにはいたっていない。

しかし、二〇世紀後半から今日まで続いているグローバリゼーションや情報化の目覚ましい進展の中で、企業は自らの使命や存在意義を改めて問いなおす時期を迎えた。たとえば、度重なる企業の不祥事や地球環境問題の深刻化は、コーポレートガバナンスやＣＳＲなどへの関心を高め、国際展開による職場の異文化コンフリクトは、多元的価値を理解し統合するマネジメントの重要性を浮き彫りにしている。つまり、企業における価値の問題が問われていると言えるのである。このようなときであればこそ、経営理念の問題をグローバル社会の地平に立って、改めてとらえなおす必要があるとわれわれは考えた。

われわれの研究チームの最大の特徴は、経営学のみならず文化人類学、社会学、宗教人類学などからなる学際的メンバーで構成されていることである。さらに前回の研究から継続して、ＰＨＰ研究所経営理念研究本部および香港大学の研究者もメンバーに加えた。つまり、研究チームそのものが、学際・国際・産学というまさに「異文化」組織となっていることに特徴がある。このことから、当初は互いのディシプリンや「言語」の違いに戸惑うこともあった。しかし、各自の見方の相違から刺激的な議論が生まれ、その結果、経営理念という「とらえがたい現象」を、多面的に浮かび上がらせることに絶大な効果を発揮したと言える。

このような異分野による共同研究を可能にした背景には、われわれ研究チームの母体である「経営人類学」という共通の方法論的基盤があった。経営人類学は、一九九三年から国立民族学博物館の共同研究として、同館の中牧弘允教授（現、吹田博物館館長）と京都大学の日置弘一郎教授を中心に開始され今日まで続く学際研究である。その学問的方法の詳細は序章において紹介されるが、ここで簡単に述べるならば、企業組織を経済合理的な機能的存在としてのみならず、生活共同体的な側面を持つ文化的、没合理的存在としても理解し、その二つの側面の相互作用をみることで企業経営の実態を「全体的」な視野からとらえなおそうという試みである。研究方法としては、文化人類学で用いられるフィールドリサーチや参与観察を重視し、記述方法としてはエスノグラフィーを重んじている。この研究も、基本的には経営人類学の方法を継承しているが、海外企業および日本企業の現地法人を対象としていること、さらに経営理念という対象の特性からかなり長期におよぶ参与観察を必要とすることから、今回の期間内での海外長期フィールドリサーチは困難であると判断した。そのため、現地調査は基本としつつも、対象企業の関係者へのインタビューを中心に調査を行った。とは言え、できる限り複数回ならびに長時間インタビューを複数の関係者に行うように努めた。また、できる限り異なる専門領域の研究者が調査に同行して、複眼的観点から現象を理解するように試みた。例えば、インドのような多文化で多層な社会構造の地域では、文化人類学者、社会学者、経営学者の共同調査により、現象の多面的な意味解釈が可能になった。

この三年間の研究期間で最も印象的だったのは、二〇一一年一一月五日〜六日に、香港大学現代言語学部と中・ア研究センターとの共催で行われた国際シンポジウム「アジア企業における経営理念の生成・継承・伝播」である。これは、日本と中国の、研究者と実務家という「異文化」の参加者が、徹底的に経営理念について語り合うという、おそらくあまり前例のない会議であった。数カ月前から、われわれのメンバーでもある香港大学の王向華と三井との間で綿密な打ち合わせを行い、より深い議論ができるように英語・中国語・日本語という三カ国語での報告要旨を準備した。

日本側からは、われわれ研究チームに加え、本書にも登場するパナソニック（旧松下電器）とホンダの海外法人のリーダー経験者達、そして中国側からは、若手研究者、映像芸術史の第一人者に加えて、ソニーとマイクロソフトの中国法人の中堅リーダー達も加わり、経営理念をめぐって熱い議論が交わされた。研究者によるフィールドリサーチには実務家から、そして実務家の体験談には研究者から、鋭く深い質問が次々と寄せられた。セッションの時間を大幅に超えることもしばしばであり、食事の場にまで熱い議論が持ち込まれた。通訳の方の力も大きかったが、ときには異なる言語で話していることを忘れるほど互いの心が通じ合う一瞬もあった。この二日間、息をつく暇もないほど議論をしていた、と言っても過言ではない。最終日は参加者全員が別れを惜しみ、再会を誓って別れた。このシンポジウムを通じて、このような研究が、今、アジアで求められていることを実感し、われわれの研究意義を再確認した。この議論の成果は、本書のいたるところに表れていると思う。

日本企業がアジアの先頭を走っていた時代は過去のものとなりつつあるが、二一世紀が「アジアの時代」となることは確かである。しかし、その一方でアジアの諸国間関係は、必ずしも良好であるとは言えない。このような時期であればこそ、われわれは様々な面から互いを理解する努力をしていく必要があると思われる。この研究が、そのためのささやかな一歩となることを願い、われわれ自身のさらなる努力を誓いたい。

各調査の過程で、国内外の多くの方々のご協力をいただいている。お名前は各章で詳細に触れられるので、ここで挙げることはしないが、お世話になったすべての方々に心より感謝したい。また、先述の国際シンポジウムにおける日本と中国のゲストスピーカー（木下一、堀正幸、青木俊一郎、鈴木久雄、小杉正孝、川﨑拓央、李曦、丁亜平、商容の各氏）と香港大学のスタッフの方々には、言葉に尽くせぬほど感謝している。

最後に、このプロジェクトへの助成にお力添えいただいた日本大学経済学部中国・アジア研究センターの歴代センター長、本多光雄教授、黒沢義孝教授、清水純教授、ならびに出版に対しご尽力をいただいた(株)文眞堂の前野隆氏と前野眞司氏に深く御礼申し上げたい。研究メンバーの河口充勇は、新任地への移籍直前の多忙な時期にもかかわらず、編集作業に多大なる協力をしてくれた。心より感謝し、今後のさらなる活躍を祈念したい。

本書の完成を目前にして、この研究チームの恩人で、イスラム研究の第一人者である片倉もとこ先生が、「人生最後のフィールドワーク」に旅立たれた。光あふれるような笑顔を偲び、心よりご冥福をお祈りしたい。

平成二五年三月

研究メンバーを代表して
三井　泉

目　次

第二章　松下電器のアジア進出と経営理念の伝播——インドネシア・台湾・中国の事例——

序章　アジア企業の経営理念
――研究の背景・目的・方法――

一　はじめに

「アジアの奇跡」と呼ばれた日本企業の勢いこそ衰えたものの、二一世紀は「アジアの時代」と呼ばれるほど、世界におけるアジア諸国全体の経済発展は目覚ましい。（ここでのアジアの範囲は、東アジアおよび東南アジア全域およびインドを含む）かつて「眠れる獅子」と呼ばれた中国は、今や日本を抜いてＧＤＰ世界第二位の経済大国となり、いまや米国までも脅かす存在になった。世界第二位の人口を有するインドも、ＩＴ産業を中心に経済大国への道を歩み始め、近年では国内消費を支える中間層の増加も著しい。さらに、インドネシアに代表される東南アジア諸国は、先進諸国の生産を支える拠点として成長を続けている。

このようなアジアの時代到来の先陣を切ったのは、言うまでもなく日本であった。日本企業は、以下の節で詳しく示すように、戦後一九五〇年代から一九六〇年代の製造業の輸出に始まり、一九七〇年代から一九八〇年代には企業の海外直接投資による現地生産を展開し、一九九〇年代以降は、製造業のみならずサービス業においても直接投資による現地展開を行って、ＧＤＰ世界第二位の経済大国にまで上り詰めた。一九八〇年代から九〇年代の躍進ぶりは、まさに、エズラ・ボーゲルの著書 *Japan as No. 1* というタイトルに象徴されるにふさわしいものであった。

一九九〇年代にピークを迎えた日本経済も、バブル崩壊以降は低迷を続けている。しかし、それ以外のアジア諸国は、一時は通貨危機の影響を受けたものの二〇〇〇年以降順調に成長を続け、特に中国は二〇一〇年にわが国を抜いて世界第二位の地位に躍り出た。今後は、わが国やＮＩＥｓ諸国は成長の鈍化が予想されるものの、中国やインドおよび他のアジア諸国は高い成長が見込まれており、二〇三〇年に中国は米国を抜いて世界第一位、そしてインドはわが国と並ぶ世界第四位のＧＤＰの経済大国になることが予想されている。

このような急激なアジアの経済成長やグローバル化の進展は、一方で自然環境問題やヒト・モノ・カネの広範な移動に伴う政治・経済・文化的摩擦など、多くの問題を引き起こすにいたっている。また、一九九〇年代の世界的な企業不祥事を受け、企業統治（コーポレートガバナンス）や企業の社会的責任（ＣＳＲ）重視への趨勢とともに、国際的な企業倫理基準の確立へ向けた議論も高まっている。アジア諸国も例外ではない。しかしながら、これらの議論の多くは未だに欧米諸国の企業を前提としたものであり、アジア諸国の経営倫理やその背後にある思想や文化的特質にまで配慮したものは少ない。しかもそれらの議論の多くは、企業一般の法令順守（コンプライアンス）や企業統治の議論に還元されるものが多く、個別企業の経営倫理や道徳性の基盤となる「経営理念（management philosophy）」にまで言及しているものはほとんど無いと言ってもよい。

「経営理念」とは、企業経営の指針となるような創業者の信念や企業の行動基準であるとともに、社会における企業自らの存在理由すなわちアイデンティティの根拠となるものでもある。われわれの研究では、それは、企業の経営者などが語った言葉そのものや、企業内に額縁に入れて掲げられている言葉や文章のみを意味しているのではない。むしろ、その言葉や思想が個々人により仕事の現場で「解釈・再解釈」されて、具体的な行為にどのような影響を与えるか。そして、その解釈のプロセスや行為が積み重ねられて、全体としてどのような「組織風土」や「企業文化」を形成しているのか。さらにそのような文化や風土から、どのような具体的な事業や経営方法や製品や経営戦略などが生み出されてくるのか。また、それらはどのようにして次世代へと「継承」され、他の地域へ「伝播」されていくのか、というようなことを含めて「経営理念」と呼ぶ。つまり、われわれの研究は経営理念を「静態的」な「文字や言葉」として理解するのではなく、そこから具体的な行動を生み出し、その意味自体も時代と共に変化する「動態的（ダイナミック）」なものとして理解する。そのようなダイナミックな過程を捉えることを理念研究と考える。

このような視点に立ち、すでにわれわれは日本企業の経営理念については成果を発表してきたが[1]、今回の研究は、特に次のようなことを目的として行われた。第一に、アジア企業の経営者や従業員へのインタビューや参与観察などを通じて、出来る限り具体的に個別企業の経営理念の「実態」すなわち、経営理念の企業における具体的な「生成─伝播─継承」のプロセスを明らかにすること。第二に、それらの経営理念の背後にある社会的・文化的・歴史的な特色を明らかにすること。第三に、欧米諸国とは異なるアジアに特有の経営理念の特色があるとすれば、それは何かを浮かび上がらせることである。

このようなことを明らかにするための研究対象として、われわれはまず、アジアに進出した日本企業の中から経営理念の点で注目すべき三社を選び、特に経営理念の海外伝播と継承について、関係者へのインタビューを行った。企業が自国と異なる環境の中で、自らの存在根拠である経営理念を、どのように解釈・再解釈して海外に伝播させ異文化経営の基軸に据えるにいたったのかを明らかにしたかったためである。さらに、韓国・台湾・香港・インドの諸国において、特に経営理念という観点から注目すべき企業を選択し、複数回の現地調査とインタビューを行って、経営理念がどのような背景の中で生成され、継承されてきたのか、ということを具体的に描き出そうとした。

われわれ研究グループの最大の強みは、経営学・文化人類学・社会学・宗教学などの専門分野からなる学際的チーム編成であることから、各自の学問領域の特色を生かした多面的な観察と分析ができることにある。今回の調査においても、可能な限り異分野の複数名でインタビューを行い、現象を多面的に把握し、徹底的に討議することに努めた。各自の論文にも、その議論の成果が生かされている。

われわれの研究方法の特徴は後に詳述するので、ここでは簡単に説明しておこう。第一に、企業を「利益共同体」としてのみならず「生活共同体」としても捉えるという点である。第二に、企業を「経済主体」のみならず「文化主体」つまり、文化に規定されつつ、新たな文化を創造する主体としても捉えている点である。第三に、個別企業を独自のコスモロジー（cosmology）―世界観・時間観―を持つ存在として理解し、その特徴を探ろうとする点にある。また手法としては、第一に、参与観察やインタビューという質的な調査を重視すること。第二に、分析手法として「理論―演繹」「仮説―検証」というよりも「現象―解釈―帰納」という方法を重視すること。第三に、現象の記述に関しては「原因―結果」という因果論的説明や機能主義的説明ではなく、「意味了解」や「物語形成」などの解釈主義的な方法をとること。第四に、対象の認識に際しては、「要素還元主義」ではなく、「全体性」を重視しようとすることである。

以上のような方法で行われたわれわれの研究の成果については、次章以下の各章に詳しく述べられている。全体として、それぞれの企業の発展過程や海外進出の段階により、さらに文化的・社会的背景の違いの中で、経営理念が（文言の変更をも含めて）解釈され再解釈されていくダイナミックな姿が明らかになった。また、具体的な事業活動を通じて理念がさらに強化されていく姿や、そのためにそれぞれの企業が独自の仕組を作っていることも明らかとなった。さらに、われわれが日本の経営理念研究の基本的前提としていた「経営理念」概念それ自体が、実は日本固有のものかもしれないという疑問も抱いた。いずれにしても、今まではブラックボックスとされてきた多くの点が、この研究により、未整理ながら明らかとなってきたように思われる。

本論に入る前に、本章ではわれわれの研究の背景や分析の枠組み、方法論などを概説しておく。まず次節では、日本企業のアジア進出と「アジアの時代」到来の意味を、経済的観点から概観することにしよう。

二　研究の背景――日本企業のアジア進出と「アジアの時代」の様相――

本節では、日本企業の海外進出のプロセスとアジアの経済発展を、いくつかのマクロデータを示しながら整理してみたい[2]。

表1は日本の名目輸出額とその仕向地別[3]のシェアの推移を示したものである。一九六二年～一九六六年の五年間の名目輸出額は約一三兆円の水準にあったが、直近の二〇〇七年～二〇一一年の五年間においては三五二兆円と約二八倍にも増加した。その内訳をみると、一九六〇年代は、アジア州向けと北アメリカ州向けがそれぞれ三分の一ずつ、ヨーロッパ州向けが六分の一のシェアを占めていた。一九八〇年代には北アメリカ州向け、特にアメリカ向けの輸出シェアが増加する。一九九〇年代に入ると北アメリカ州向けの輸出シェアが減少するとともにアジア州向けの輸出シェアが急増する。二〇〇〇年代にはその動きが加速し、アジア州向けの輸出の中でも中国向けの輸出シェアが突出して大きくなっている。直近の二〇〇七年～二〇一一年では、アジア州向けの輸出シェアは五六％を占めたのに対し、北アメリカ州向けは二二％までに減少した。特記すべきことは、輸出シェアにおいて、アメリカ向けと中国向けとがほぼ等しくなったことである。

次に、輸出というモノの動きでなく、企業の事業拠点の動きを概観することにしよう。表2は国・地域別[4]の対外直接投資額の推移を示したものである。一九九六年までのデータと九七年以降のデータは接続しないので

表１　日本の輸出額とその国・地域別シェア

国・地域	1962-1966	1967-1971	1972-1976	1977-1981	1982-1986	1987-1991	1992-1996	1997-2001	2002-2006	2007-2011
総額（億円）	126,971	285,374	751,628	1,275,869	1,869,124	1,888,937	2,099,745	2,497,640	3,087,300	3,520,662
アジア州	33.3%	32.0%	33.1%	36.9%	33.9%	33.4%	42.8%	41.7%	49.8%	56.0%
中国	2.3%	2.6%	3.1%	3.3%	4.5%	3.0%	4.7%	6.0%	12.7%	17.6%
香港	3.9%	3.5%	2.7%	3.4%	3.6%	4.5%	6.3%	5.8%	6.0%	5.4%
台湾	2.4%	3.7%	3.6%	3.7%	3.3%	5.5%	6.2%	6.7%	6.9%	6.3%
韓国	2.6%	4.2%	4.3%	4.9%	4.2%	6.0%	6.2%	5.7%	7.6%	7.9%
シンガポール	1.7%	1.9%	2.5%	2.7%	2.6%	3.4%	4.7%	4.1%	3.1%	3.3%
タイ	3.0%	2.5%	1.7%	1.6%	1.3%	2.4%	3.8%	2.9%	3.5%	4.0%
インドネシア	1.9%	1.6%	2.6%	2.4%	1.9%	1.5%	1.9%	1.6%	1.4%	1.7%
マレーシア	0.9%	0.8%	1.1%	1.4%	1.5%	1.6%	3.1%	2.8%	2.3%	2.2%
フィリピン	2.8%	2.6%	1.7%	1.4%	0.8%	0.8%	1.5%	2.0%	1.7%	1.4%
北アメリカ州	34.5%	37.0%	30.3%	30.4%	39.3%	37.6%	33.0%	34.6%	28.5%	22.1%
アメリカ	28.9%	30.8%	23.7%	25.1%	33.5%	32.7%	28.3%	29.8%	23.9%	17.1%
カナダ	2.5%	3.1%	2.6%	2.0%	2.5%	2.4%	1.6%	1.6%	1.5%	1.3%
南アメリカ州	3.3%	3.0%	4.1%	3.5%	1.7%	1.2%	1.5%	1.5%	1.1%	1.7%
ヨーロッパ州	16.1%	16.0%	19.4%	16.7%	16.2%	22.5%	18.4%	18.6%	16.8%	15.9%
英国	2.9%	2.5%	2.8%	2.8%	3.1%	3.8%	3.3%	3.3%	2.6%	2.1%
オランダ	1.3%	1.3%	1.6%	1.5%	1.2%	2.0%	2.2%	2.7%	2.4%	2.4%
ドイツ	2.4%	2.5%	3.1%	4.0%	4.1%	6.0%	4.9%	4.3%	3.3%	2.9%
ソ連・ロシア	2.5%	1.6%	2.4%	2.3%	1.8%	1.0%	0.3%	0.2%	0.6%	1.4%
アフリカ州	8.4%	7.8%	8.9%	6.5%	3.5%	2.1%	1.8%	1.3%	1.3%	1.6%
大洋州	4.3%	4.1%	4.3%	3.6%	3.9%	3.1%	2.6%	2.4%	2.5%	2.6%

出所：2004年までは総務省統計局「日本の長期統計系列」表18-1-a，2005年以降は「財務省貿易統計（国別総額表）」。

表 2　対外直接投資（国・地域別）

（単位：100 万米ドル）

国・地域	1967-1971	1972-1976	1977-1981	1982-1986	1987-1991	1992-1996	1997-2001	2002-2006	2007-2011
総額（全世界）	3,259	14,969	26,024	60,540	246,422	210,628	142,979	187,393	444,965
アジア＋中東	922	5,359	8,807	9,283	32,170	48,343	33,049	57,864	128,033
アジア	772	4,475	7,706	8,622	31,665	46,735	32,668	57,091	124,995
中国	0	0	52	462	2,889	12,315	6,615	25,208	39,514
香港	57	377	977	2,009	7,342	5,739	2,706	3,949	7,638
台湾	85	129	198	628	2,084	1,838	1,305	2,460	3,543
韓国	58	629	520	908	2,280	1,735	2,700	4,793	8,272
シンガポール	30	253	901	1,368	4,597	4,668	3,304	2,497	14,540
タイ	59	128	200	457	4,346	4,598	5,780	7,183	15,636
インドネシア	298	2,355	4,149	1,815	4,060	8,267	3,751	3,218	6,345
マレーシア	37	291	327	602	2,828	3,392	1,672	3,381	4,032
フィリピン	52	276	332	227	870	2,311	2,246	2,004	4,092
インド	6	17	23	48	108	601	1,532	1,187	15,911
中東	150	884	1,101	661	505	1,607	381	772	3,039
北米	793	3,523	7,655	25,086	117,602	93,922	42,762	50,470	98,501
アメリカ	627	3,164	7,151	24,222	113,100	90,530	41,737	47,113	94,929
中南米	370	2,595	4,048	13,024	23,447	19,653	21,875	19,174	73,131
ヨーロッパ	696	2,131	2,414	9,202	54,165	37,189	42,509	52,356	116,747
英国	586	1,050	480	2,006	22,061	14,536	23,799	16,325	30,645
オランダ	8	173	254	1,901	12,438	7,262	14,703	20,050	34,285
ドイツ	26	176	406	939	4,253	3,377	2,165	3,328	8,717
ソ連・ロシア	0	123	70	1	107	133	85	325	1,484
アフリカ	98	659	1,245	1,660	2,896	1,934	316	1,965	2,411
大洋州	380	702	1,858	2,286	16,142	9,586	2,698	6,101	33,067

注：1. 1996 年までのデータは報告・届出ベースであるため，投資引上げを計上していない。2. 1997 年以降のデータは国際収支ベース（ネット，フロー）である。3. 上記のデータ上の性質により，1996 年までのデータと 1997 年以降のデータは接続しない。4. 2011 年の対外直接投資額に関しては，平成 24 年 12 月 10 日の訂正を反映しているが，各国別の数値は公表されていないため，各国別合計と総額とは一致しない。

出所：日本貿易振興機構 HP 直接投資統計（http://www.jetro.go.jp/world/japan/stats/fdi/）。

直接比較はできないが、日本の対外直接投資はほぼ一貫して拡大基調にあり、一九九〇年代を除いて倍々ゲームの様相を呈している。特に、一九八〇年代後半には、八〇年代前半と比較して約四倍にまで拡大した。その後二〇〇〇年代前半までは、平均して年当たり四五〇億米ドル程度の水準で安定していた。しかし、二〇〇七年から二〇一一年までの五年間の平均では、年当たり九〇〇億米ドルの水準に倍増している。

国・地域別に見ていくと、一九七〇年代には、アジア地域に二五%から三〇%、北米地域に二五%程度の直接投資が行われていた。(5) ところが、一九八〇年代に入ると、北米、ヨーロッパへの直接投資が急激に拡大し、北米地域のシェアが四〇%強の水準に、ヨーロッパ地域のシェアが二〇%程度に達した一方、アジア地域のシェアは約一五%へと半減した。(6) 一九九〇年代にはアジア地域への直接投資が二二%程度にまで回復するが、その内訳は中国、タイ、インドネシアへの投資の拡大であった。アメリカへの直接投資は、一九九〇年代前半は引き続き四〇%程度の水準を維持していたものの、九〇年代後半に入ると一〇ポイント以上急落して三〇%程度の水準になった。アメリカに代わってシェアが上昇したのは、ヨーロッパ、その中でも英国とオランダであった。二〇〇〇年代に入ると、アジア地域のシェアは三〇%近い水準まで上昇し、一二五〇億米ドルに達した。その規模は一九八〇年代後半の対アメリカ直接投資に相当する。中でも中国やタイ、シンガポール、インドへの直接投資の拡大が著しい。

次に、対外直接投資の推移を産業別に概観していくことにしよう。一九八〇年代を除き、製造業と非製造業の割合はおおよそ三五%対六五%で安定していたが、一九八〇年代は金融・保険業の対外直接投資が拡大したことにより、製造業と非製造業の割合が二五%対七五%と、一時的に非製造業のシェアが増加した。また、製造業の対外直接投資では一九九〇年代後半から二〇〇〇年代前半にかけて、電気機械部門のシェアが増加し、対外直接投資全体の一〇%を超えた。電気機械部門からやや遅れて、二〇〇〇年代前半には輸送機械部門のシェアも全体の一〇%を超えるが、興味深いことに二〇〇〇年代後半には、それぞれ五%程度の水準にまで低下する。それらに代わる形で、二〇〇〇年代には化学・医薬品部門のシェアが全体の一〇%程度まで上昇するに至っている。

表3および表4は、アジア地域の主要国別に対外直接投資の業種別内訳を表したものである。まず、中国に関して見ていくと、一九九〇年代は繊維部門、電気機械部門への直接投資のシェアが大きく一〇%以上の水準にあったが、一九九〇年代後半になると一般機械部門、電気機械部門、輸送機械部門の投資額が増大する。二〇〇〇年代に入ると繊維部門への投資額が急減すると共に、それに代わって輸送機械部門の投資額は、二〇〇〇年代前半には約二五%のシェアを持つまでに増大した。

中国への直接投資が多業種にわたっているのとは対照的に、台湾への直接投資は電気機械部門に集中しているという特徴がある。一九九〇年代後半以降、電気機械部門へのシェアは約三五%であり、過去一〇年に比べて直接投資額が倍増した二〇〇〇年代後半においてもそのシェアは安定的である。

シンガポールへの直接投資は、商業や金融・保険業などの非製造業のシェアが六〇%程度であるという特徴がある。製造業では、一九九〇年代後半に電気機械部門への集中投資が行われたが、二〇〇〇年代に入ってそのシェアは一五%程度まで低下している。それに対し、化学・医薬品部門のシェアは一〇%程度に上昇してきている。シンガポールの隣国であるマレーシアへの直接投資は、電気機械部門に集中しており、二〇〇〇年代後半では、直接投資額の約半分を占めるに至っている。

タイへの直接投資は、シンガポールとは対照的に製造業のシェアが六五%以上で推移している。一九九〇年代は電気機械部門のシェアが一七~一八%と大きかったが、一九九〇年代後半から輸送機械部門のシェアが拡大し始め、二〇〇〇年代後半では直接投資額の三分の一を占めるまでに成長した。

インドネシアへの直接投資は、歴史的にも非製造業とりわけ鉱業部門へのシェアが大きいという特徴がある。

（1990 年-2004 年 / 5 年合計額）

【上段：投資額（単位：億円）/ 下段：シェア】

シンガポール		タイ			インドネシア		
1995-99	2000-04	1990-94	1995-99	2000-04	1990-94	1995-99	2000-04
2,878	1,555	3,318	5,395	3,161	3,873	5,308	2,041
43.4%	39.0%	65.3%	69.2%	66.8%	47.6%	53.9%	69.0%
21	22	284	134	85	94	63	31
0.3%	0.5%	5.6%	1.7%	1.8%	1.1%	0.6%	1.0%
-	-	276	222	94	387	439	123
		5.4%	2.8%	2.0%	4.8%	4.5%	4.2%
8	-	30	69	4	109	314	232
0.1%		0.6%	0.9%	0.1%	1.3%	3.2%	7.8%
547	396	317	487	492	2,265	1,528	178
8.2%	9.9%	6.2%	6.2%	10.4%	27.8%	15.5%	6.0%
82	49	342	1,226	300	149	858	160
1.2%	1.2%	6.7%	15.7%	6.3%	1.8%	8.7%	5.4%
289	142	377	319	189	89	101	34
4.4%	3.5%	7.4%	4.1%	4.0%	1.1%	1.0%	1.2%
3,353	610	920	1,307	530	307	720	156
50.5%	15.3%	18.1%	16.8%	11.2%	3.8%	7.3%	5.3%
6	38	357	1,240	1,016	339	690	1,019
0.1%	1.0%	7.0%	15.9%	21.5%	4.2%	7.0%	34.4%
914	298	414	392	451	134	594	108
13.8%	7.5%	8.2%	5.0%	9.5%	1.6%	6.0%	3.7%
3,741	2,416	1,587	1,987	717	4,272	4,447	911
56.4%	60.6%	31.2%	25.5%	15.2%	52.4%	45.1%	30.8%
-	-	63	9	-	10	4	113
		1.2%	0.1%		0.1%	0.0%	3.8%
-	-	4	-	-	71	60	28
		0.1%			0.9%	0.6%	0.9%
-	78	2	7	8	1,369	2,449	12
	2.0%	0.0%	0.1%	0.2%	16.8%	24.9%	0.4%
89	129	165	210	67	42	70	32
1.3%	3.2%	3.2%	2.7%	1.4%	0.5%	0.7%	1.1%
1,556	231	226	774	191	40	60	84
23.5%	5.8%	4.5%	9.9%	4.0%	0.5%	0.6%	2.8%
546	1,140	168	426	221	1,554	543	168
8.2%	28.6%	3.3%	5.5%	4.7%	19.1%	5.5%	5.7%
309	575	261	129	177	846	347	106
4.7%	14.4%	5.1%	1.7%	3.7%	10.4%	3.5%	3.6%
501	94	452	177	35	21	195	14
7.6%	2.3%	8.9%	2.3%	0.7%	0.3%	2.0%	0.5%
740	170	246	256	17	319	655	352
11.2%	4.3%	4.8%	3.3%	0.4%	3.9%	6.7%	11.9%
-	-	-	-	1	-	65	-
				0.0%		0.7%	
15	17	176	418	855	-	97	8
0.2%	0.4%	3.5%	5.4%	18.1%		1.0%	0.3%
-	-	-	-	-	-	-	-
6,634	3,989	5,080	7,800	4,734	8,146	9,851	2,960
100.0%	100.0%	100.0%	100.0%	100.0%	100.0%	100.0%	100.0%

表3　国別・業種別対外直接投資

業種＼地域・国	中国			台湾			
	1990-94	1995-99	2000-04	1990-94	1995-99	2000-04	1990-94
製造業	5,024	8,919	11,013	1,249	1,453	1,422	1,391
	68.7%	75.4%	81.3%	56.3%	66.5%	67.4%	29.1%
食料	290	597	382	63	17	13	32
	4.0%	5.0%	2.8%	2.9%	0.8%	0.6%	0.7%
繊維	898	1,035	396	24	29	5	181
	12.3%	8.8%	2.9%	1.1%	1.3%	0.2%	3.8%
木材・パルプ	67	161	125	22	–	10	35
	0.9%	1.4%	0.9%	1.0%		0.5%	0.7%
化学	273	650	1,016	198	232	102	407
	3.7%	5.5%	7.5%	8.9%	10.6%	4.8%	8.5%
鉄・非鉄	329	873	957	287	130	130	64
	4.5%	7.4%	7.1%	13.0%	6.0%	6.2%	1.3%
機械	581	1,171	1,308	110	52	42	130
	7.9%	9.9%	9.7%	4.9%	2.4%	2.0%	2.7%
電機	1,347	2,112	2,392	329	743	777	375
	18.4%	17.9%	17.7%	14.8%	34.0%	36.8%	7.8%
輸送機	386	1,055	3,349	47	145	180	3
	5.3%	8.9%	24.7%	2.1%	6.7%	8.5%	0.1%
その他	852	1,265	1,088	169	104	161	165
	11.6%	10.7%	8.0%	7.6%	4.8%	7.6%	3.5%
非製造業	1,995	2,664	2,101	879	549	661	3,323
	27.3%	22.5%	15.5%	39.6%	25.1%	31.3%	69.5%
農・林業	20	17	–	–	–	–	1
	0.3%	0.1%					0.0%
漁・水産業	41	16	4	–	–	–	–
	0.6%	0.1%	0.0%				
鉱業	33	14	7	–	1	–	10
	0.4%	0.1%	0.1%		0.1%		0.2%
建設業	107	316	178	30	12	43	220
	1.5%	2.7%	1.3%	1.4%	0.6%	2.0%	4.6%
商業	264	635	782	577	360	325	1,234
	3.6%	5.4%	5.8%	26.0%	16.5%	15.4%	25.8%
金融・保険	32	61	539	31	43	25	575
	0.4%	0.5%	4.0%	1.4%	2.0%	1.2%	12.0%
サービス業	1,096	837	475	182	110	221	258
	15.0%	7.1%	3.5%	8.2%	5.0%	10.5%	5.4%
運輸業	89	132	55	7	22	46	436
	1.2%	1.1%	0.4%	0.3%	1.0%	2.2%	9.1%
不動産業	314	636	61	51	–	–	587
	4.3%	5.4%	0.5%	2.3%			12.3%
その他	–	–	–	–	–	–	2
							0.0%
支店	297	238	433	90	184	28	65
	4.1%	2.0%	3.2%	4.0%	8.4%	1.3%	1.4%
不動産	–	–	–	–	–	–	–
合計	7,316	11,821	13,547	2,218	2,186	2,111	4,780
	100.0%	100.0%	100.0%	100.0%	100.0%	100.0%	100.0%

注：該当するデータがない場合には「–」で表記。
出所：財務省財務総合政策研究所『財政金融統計月報』No. 560，645より作成。

表4　国別・業種別対外直接投資（2005年-2010年合計），フロー，ネット

（単位：億円）

地域・国 / 業種	中国		台湾		シンガポール		タイ		インドネシア		マレーシア		インド	
	金額	シェア	金額	シェア	金額	シェア	金額	シェア	金額	シェア	金額	シェア	金額	シェア
製造業（計）	29,758	72.2%	2,618	59.0%	5,446	50.2%	11,248	84.4%	3,443	68.6%	5,088	78.0%	9,694	69.4%
食料品	2,003	4.9%	−2	0.0%	1,847	17.0%	486	3.6%	132	2.6%	122	1.9%	×	
繊維	821	2.0%	×		−3	0.0%	169	1.3%	118	2.4%	×		×	
木材・パルプ	1,440	3.5%	×		×		207	1.6%	862	17.2%	45	0.7%	×	
化学・医薬	2,985	7.2%	367	8.3%	1,151	10.6%	641	4.8%	576	11.5%	216	3.3%	3,944	28.3%
石油	×		×		×		×		×		×		−	
ゴム・皮革	1,021	2.5%	×		×		848	6.4%	223	4.4%	×		×	
ガラス・土石	665	1.6%	44	1.0%	141	1.3%	399	3.0%	121	2.4%	262	4.0%	×	
鉄・非鉄・金属	2,699	6.5%	285	6.4%	84	0.8%	1,137	8.5%	−510	−10.2%	223	3.4%	1,099	7.9%
一般機械器具	3,991	9.7%	24	0.5%	131	1.2%	711	5.3%	305	6.1%	180	2.8%	645	4.6%
電気機械器具	5,409	13.1%	1,585	35.7%	1,611	14.8%	1,431	10.7%	205	4.1%	3,190	48.9%	931	6.7%
輸送機械器具	6,136	14.9%	40	0.9%	231	2.1%	4,455	33.4%	1,602	31.9%	225	3.4%	2,822	20.2%
精密機械器具	908	2.2%	81	1.8%	14	0.1%	391	2.9%	×		257	3.9%	×	
非製造業（計）	11,456	27.8%	1,823	41.1%	5,405	49.8%	2,076	15.6%	1,575	31.4%	1,437	22.0%	4,265	30.6%
農・林業	×		−		×		×		×		×		−	
漁・水産業	×		×		−		×		48	1.0%	×		−	
鉱業	×		−		×		×		107	2.1%	×		6	0.0%
建設業	27	0.1%	90	2.0%	89	0.8%	41	0.3%	3	0.1%	55	0.8%	×	
運輸業	441	1.1%	×		2,077	19.1%	90	0.7%	14	0.3%	×		×	
通信業	273	0.7%	×		260	2.4%	×		×		×		2,467	17.7%
卸売・小売業	4,433	10.8%	511	11.5%	−409	−3.8%	900	6.8%	220	4.4%	69	1.1%	356	2.6%
金融・保険業	3,806	9.2%	855	19.3%	1,636	15.1%	698	5.2%	1,059	21.1%	1,028	15.8%	1,375	9.8%
不動産業	896	2.2%	×		163	1.5%	×		−96	−1.9%	×		×	
サービス業	927	2.2%	141	3.2%	167	1.5%	200	1.5%	89	1.8%	×		×	
合計	41,215	100.0%	4,440	100.0%	10,851	100.0%	13,324	100.0%	5,019	100.0%	6,526	100.0%	13,960	100.0%

注：1. 対象年のいずれかにおいて報告件数が3件未満の場合は「×」と表示。2. 該当するデータがない場合には「−」で表記。

出所：財務省財務総合政策研究所『財政金融統計月報』No. 657，668，680，692，704，717より作成。

表5　一人当たり名目 GDP（米ドル換算）

	年						年平均成長率	
	1970	1980	1990	2000	2010	2011	1990–2000	2000–2011
日本	2,016	9,377	25,388	37,633	43,374	46,407	4.0%	1.9%
中国	114	318	360	957	4,515	5,439	10.3%	17.1%
香港	963	5,703	13,271	24,932	31,784	34,161	6.5%	2.9%
韓国	284	1,719	6,291	11,598	21,063	23,067	6.3%	6.4%
シンガポール	925	4,989	12,874	24,063	44,704	50,087	6.5%	6.9%
タイ	200	705	1,547	1,997	4,934	5,318	2.6%	9.3%
インドネシア	82	526	679	773	2,952	3,495	1.3%	14.7%
マレーシア	343	1,913	2,612	4,168	8,691	9,977	4.8%	8.3%
フィリピン	209	764	797	1,048	2,140	2,370	2.8%	7.7%
インド	111	264	374	444	1,370	1,528	1.7%	11.9%

出所：国際連合 *National Accounts Estimates of Main Aggregates*。

しかし、一九九〇年代以降、製造業の直接投資のシェアが拡大してきており、二〇〇〇年代では約七〇％の水準にある。製造業では、一九九〇年代は化学部門への直接投資額が大きく、一九九〇年代前半には二五％以上を占めていたが、二〇〇〇年代後半では一〇％程度までに徐々にシェアが低下してきている。それに対し、二〇〇〇年代に入って投資が急増したのは輸送機械部門であり、直接投資額の三〇％以上を占めるようになっている。

最後に、近年直接投資が増大しているインドについて見ることにしよう。二〇〇〇年代後半のデータでは、製造業のシェアは約七〇％である。その中でも化学・医薬品部門と輸送機械部門の比率が極めて高く、どちらも直接投資総額の二〇％以上を占めている。

これまで見てきたように、日本の製造業は一九九〇年代後半以降にアジアへ海外進出を進め、電気機械部門、近年では輸送機械部門の対外直接投資が進んでいった。それはとりもなおさず、日本の製造業にとって、販売部門だけでなく、製造部門の従業員に対しても経営理念を含めた経営の現地化が急務であったことを意味している。

日本の製造業が進出したアジア各国では、工業化に伴う経済成長も著しい。表5はアジア主要国の人口一人当たり名目ＧＤＰを表したものである。香港、シンガポールは一九九〇年までに、韓国は

表6　Forbes Grobal 2000（2012年版）にランキングされている会社数

国籍	会社数	うち100位以内
日本	258	8
中国	136	8
香港	48	1
台湾	42	0
韓国	68	2
シンガポール	18	0
タイ	17	0
インドネシア	10	0
マレーシア	17	0
フィリピン	8	0
インド	61	0

出所：Forbes社 HP（http://www.forbes.com/global2000/）2013年1月30日閲覧。

一九九〇年代半ばに一人当たり名目GDPが一万米ドルの大台を突破した。(7) 香港の成長率は低下傾向にあるものの、韓国とシンガポールは依然として年平均六％台の成長を維持している。名目GDPが一万米ドル直前のマレーシアは、成長率が一九九〇年代の約五％から二〇〇〇年代には八％台に上昇している。

　二〇一一年時点で、中国の一人当たり名目GDP自身はまだ低く、タイと同程度であるが、その成長率は年平均一〇％を超えており、特に二〇〇〇年以降の年平均成長率は一七％にも上っている。中国ほどではないが、二〇〇〇年以降の年平均成長率が、タイ、インドネシア、インドで一〇％前後の水準にまで急上昇していることも注目すべきであろう。

　こうした経済成長に伴って、アジア国籍の企業も成長し、世界において存在感を強めている。表6は二〇一二年版のフォーブズ・グローバル・二〇〇〇にランクインしたアジア国籍の企業数を示したものである。中国、韓国、台湾、香港、インド各国の企業数が四〇社以上に達している。中でも中国企業の躍進は著しく、トップ二〇社以内をみると、中国工商銀行（ＩＣＢＣ）が五位に、中国石油天然気（PetroChina）が七位に、中国建設銀行が一三位にそれぞれランクインしている。(8)『Forbes』のＷＥＢ版記事(9)によると、二〇〇七年版のフォーブズ・グローバル・二〇〇〇にランクインした中国企業が四四社、インド企業が三四社であり、この五年でそれぞれ約三倍、約一・八倍に増えたことになる。

以上のデータを通じて、戦後の日本企業の海外進出のプロセス、ならびに今日のアジア企業の世界的展開の様子が浮かび上がってきた。今日のアジア企業の海外進出の姿は、かつての日本企業の躍進ぶりを彷彿とさせるものがある。さらに、世界経済の中でのアジアの重要性が高まりつつあることをこのデータは示している。とするならば、欧米の経営方式とは異なる「アジア的経営」の有無を問うことの意味は大きい。そしてその探求にとって、単なる経営手法の研究のみならず、企業の存在根拠としての経営理念の考察がきわめて重要であることは言うまでもない。このような背景の下、次節では、われわれの経営理念研究の目的と方法について述べておきたい。

三　研究の目的と方法――経営人類学的研究方法の意義――

「経営理念」に関する従来の考え方

わが国における経営理念研究の変遷については、われわれの研究ですでに明らかにしているので[10]改めて触れることはしないが、経営理念研究は、戦後経済成長の波に乗り日本企業が海外に進出し始める一九六〇年代の後半から一九七〇年代に一つのピークを迎えている。[11]

この時期の経営理念論の代表的研究者である高田馨によれば、経営理念とは経営目的を形成している二つの要因の一つ（他のひとつは経営目標）であり、「経営信条（management creed）」「経営信念（management belief）」「経営理想（management ideal）」の意味であるという。また、経営理念は経営者が企業経営を行うにあたっての「経営観」であり、①環境主体観（社会観）、②経営目標観、③経営組織観、④経営経済観を含むものであるとしている。さらに高田は経営理念を「目に見えないもの」であるが「目に見えるもの」に影響を与える存在であるとして、その意義を以下のように捉えている。①経営目標への規制作用、②経営組織への規制作用、③経営経済への規制作用、④経営経済と経営組織の統括作用である（高田一九七八、一四－五頁）。
また、経営史（企業者史）家の中川敬一郎は、経営理念を、「基本的には社会のビジネス・エリートすなわち経営者がみずから企業経営について表明する見解である」と規定した上で、それは経営者の主観的態度の問題ではなく、「経営者が文書なり講演なりによって社会的に公表した見解であり、その点で経営者の抱懐する価値観や個人的信条などいわば文化の潜在的側面とは区別されなければならない」とする。また、「なんらかの論理性を含んでおり、そのかぎりで社会的な妥当性をもち、またそれを批判したり展開したりすることが可能であるもの」と捉えている。さらに中川は、このような経営理念を、①その背景にある思想や行動様式（文化構造）、②その社会の経済発展や歴史的特質、③企業の組織的・制度的側面との関連でとらえなければならないと指摘している（中川一九七二、一〇－五頁）。

ここには、経営理念の重要な二つの視点が示されており、それは今日の経営理念論にまで貫かれていると考えられる。その一つは、経営理念とは、組織に内在した「信念」「信条」「理想」などの一定の価値観であり、「見えないもの」であるが経営という行為を通じて「見えるものを動かす」という側面である。他の一つは、それが経営者などの「公式な見解表明」（あるいは組織の合意に基づく言明）であって、個人の単なる主観的な態度表明ではなく、何らかの論理性（合理性）や社会性を有しているという側面である。さらにそれらは、文化、歴史、制度などのコンテクストとの関連で考える必要がある。

ここには経営理念についての大前提があるように思われる。それは、経営理念とは創業者や企業それ自体によって「与えられた」言葉や思想であり、企業を取り巻く環境変化の中で、「一定の準則」として明文化された「言葉」や「信念」であるというものである。このような意味での経営理念像は、一九八〇年代九〇年代を経て今日の経営理念研究にまで受け継がれていると考えられる。[12] 確かに、変わりゆく世界の中で翻弄される企業の「変わらざる姿」を求めたいと願う現代では、このような意味での経営理念像が受け入れられやすいものなのかもしれない。しかし、それのみでは経営理念というものの「実態」を理解しきれてはいない、とわれわれは考える。

この研究における経営理念の考え方

まず、われわれの研究では、経営理念が「明文化されているか否か」ということはあまり重要ではない。なぜならば、明文化された理念が存在しない組織においても、ある種の信念や思想のようなものが確固として伝えられ、従業員に影響を与えている企業も存在するからである。文字や言葉そのものはあくまでテキストにすぎず、経営理念の一部にすぎないとわれわれは考える。むしろ、正確には、文字や言葉というテキストとそれを「解釈・再解釈する営み」を行う人間との「相互作用」という「関係性」、言い換えれば「相互作用のダイナミズム」にこそ経営理念の実態がある、とするのがわれわれの立場である。例えば「うちの会社には理念がある」と言う場合、単に書かれた文言としての経営理念が存在しているという意味ではなく、経営理念がそれを受け取る人々に解釈・再解釈され、「日々の活動に具体的に表れている」という意味として理解する。同じ文言であっても、それを受け入れる個人個人により、あるいは組織を取り巻く時代や環境変化によっても、その解釈は変わりうるものである。その変わりゆく「動態的な姿をとらえる」ことこそが、経営理念の理論化と実践の双方にとって必要とされているとわれわれは考える。そのような相互作用が存在しないのであれば、経営理念は「絵に描いた餅」となってしまうからである。

このような点から経営理念研究の新たな視点を整理すると以下のようになる。

（1） 経営理念とは経営者や組織の信念や基本的指導原理のことであるが、単に明文化されたものとして理解するのでなく、それが形成され解釈されて実際の行為に至るまでの「継続するダイナミックプロセス」として理解するということ。

(2) 創業者などによって創られた理念であっても、その理念が形成されるまでには創業者を取り巻く時代的、社会的、文化的背景や事業活動そのものからの影響があり、それら諸要因の相互作用によって経営理念は「生成された」と理解すること。

(3) 経営理念が明文化されている場合にも、それが行動になるためには、それを受容していく人々の「解釈」「再解釈」のプロセスが必ず存在していると考えること。

(4) 組織に浸透した経営理念は、組織構成員の行為基準として機能するのみならず、製品・サービスそのものや具体的な経営活動に体現されていると考えること。

(5) 経営理念は、その組織独自の「世界観(コスモロジー)」—時間観・空間観—を反映するとともに、風土や文化の影響また時代精神なども相互に影響し合っており、そのことにより、社会的に存在意義を認められているということ。

(6) 上記の理由から、われわれは経営理念を、「生成」「継承」(時間的広がり)と「伝播」(空間的広がり)のプロセス(=理念の実態としての時空的拡散)として理解し、そのダイナミックな姿を描こうとすること。

経営理念の新たな研究方法としての「経営人類学」

上記のような観点から経営理念を研究するために、われわれが採用したのが、「経営人類学」(国立民族学博物館を中心に一九九四年に開始した学際研究であり、われわれの研究チームの研究母体)という方法である。以下にその特徴をまとめておこう。

第一に、従来の経営学の対象であった「利益追求の機能的組織体」としての企業観から、人間のトータルな「生活共同体」としての企業観をも考慮し、両者の相互関係を明らかにしようという立場をとる。すなわち、企業体を経済合理性のみで動く存在とするのではなく、価値の多様性に根ざした統合的な共同体として捉える見方といえる。第二には、企業を「経済的」「社会的」存在のみならず「文化的存在」としても理解し、歴史、民族、地域などの文化特性に大きく影響されながら、常に新たな文化を「創造する主体」として理解しようとしていることである。第三に、個別企業をそれぞれ独自の「コスモロジー」（時間観・空間観）を持った存在であると理解し、できる限りその「全体像」を理解しようとすることである。したがって、第四に、研究の視点も、経営者側に立った視点に限ることなく構成員の視点、その組織をとりまく地域社会、民族、文化など、多面的な観点からの考察を行うという立場である。

次に、研究方法の特徴は、第一に、研究対象を主体と切り離された客体としてとらえ「普遍的」「客観的」法則を見つけようとする「科学的」立場ではなく、主として参与観察やインタビューによりながら、主体と対象間の「相互主観的な意味解釈」を重視しようとすること。第二に、特定の現象や行為に対して「合理的」ＶＳ「非合理的」という二文法的な分析枠組みをとらないこと。第三に、あくまでも文化相対主義の立場を重視すること。第四に、現象の理解に際して「要素還元主義」を採らず、できる限り「全体」を把握しようと努めること。第五に、分析方法としては「理論―演繹」「仮説―検証」ではなく、「現象―解釈（記述）―帰納」という方法を重視すること。第六に、現象記述に関しては、「原因―結果」という因果的な関係や機能主義的説明を極力避け、「物語形成」「意味了解」という解釈主義的な方法をとることが多いということである。

以上の方法により、すでにわれわれは日本企業においては、経営理念の生成・伝播・継承の研究を行ってきている。本研究でもこのような方法を採用した。今回の研究期間（三年間）と海外におよぶ研究対象という制約から、長期にわたる参与観察は困難であったが、できる限り複数回、そして複数領域の研究者による現地調査とインタビューを行って、経営理念の動態的な姿を明らかにしようとした。その成果は各章で明らかにされているが次節において、簡単に各章の要約を行い、その特徴的な点を指摘しておきたい。

四　調査の概要——各章要約——

第一章　松下幸之助の経営理念と海外展開への基本姿勢（佐藤悌二郎）

日本企業の中でも、経営理念を重んじる企業の筆頭は松下電器（パナソニック）であると言っても過言ではない。その創業者松下幸之助の哲学と、松下電器の経営理念は、日本のみならず、アジアの多くの国の経営者に影響を与え、日本の経営者のシンボル的な存在ともなっている。本章では、松下電器の海外進出に伴う幸之助の基本的姿勢である「共存共栄」という思想の「生成プロセス」について、歴史資料を読み解きながら丹念に追っている。特に、共存共栄の意味について、海外進出に当たっては「その国の発展」「その国との共存共栄」のような意味合いになっていったことを明らかにしている。さらに、その思想が歴代の社長により解釈・再解釈されて海外進出の基本思想となり、それが基盤となって、最終的には全世界に松下電器の基本的経営理念である「綱領」「信条」「産業報国の七精神」が、浸透することになった過程を明らかにした。

第二章　松下電器のアジア進出と経営理念の伝播（渡邊祐介）

松下電器が一九五〇年代から八〇年代にかけて立ち上げた海外拠点の中から、インドネシア、台湾、中国を取り上げ、当時の責任者へのインタビューを通じて、その国との「共存共栄」を実現していくプロセスを明らかにしている。これらの企業の多くは松下との合弁で設立されているが、それはその国の資金を入れることにより、自らの主体性を維持するとともに責任感を確立するという幸之助の信念によるものであった。

実際の経営の現場では、松下電器独特のものの考え方や手法が、現地の言葉や習慣に適合するような形で導入されている。例えば、インドネシアでは、「水道哲学」が「バナナ哲学」として翻訳されていく過程が、そして、台湾松下では「人づくりの理念」が生かされ、一人の解雇もなく経営難を乗り切っていく様子が描かれている。さらに中国では、松下幸之助と松下理念への信頼が、天安門事件のような危機的状況下で、日本人と現地従業員とをつなぐ絆として機能した事例が示されている。このような事例を通じて、海外の現場において経営担当者が、それぞれに経営理念を自ら咀嚼し、現地に適合するように解釈して実行していく姿が明らかにされた。

第三章　島津製作所の中国進出と経営理念（藤本昌代）

本章では、島津製作所が創立以来の歴史的変遷の中で、環境変化に直面して経営理念を継承・伝播させていく姿を、「動的平衡進化状態」「制度化」などの社会学的枠組みを用いて考察している。島津は初代源蔵の時代には、理化学教育の啓蒙という科学技術の普及が目指され、二代目源蔵の時代には、「世界に追いつく」ことで日本を牽引する役割を担い、そして現在では世界のフロントランナー集団として、先端的な科学技術立国の一翼を担っている。しかし、その根底に流れていた思想は、一貫してその時代における「実用化」「実践性」の実現という理念であった。現在の島津は最先端のみならず、グローバルな環境の中ではミドル、ローエンドのユーザーへの対応も迫られており、新たな経営理念の解釈が求められているという。

また、高度な専門的技術者の多い島津においては、理念は「会社への強力な一体化」へと向かうよりも、むしろ「技術を通じた社会貢献」という方向性を示してきたという。その浸透は文言としての理念の唱和や社歌の斉唱といったパフォーマンスではなく、営業職までも含んだ技術教育などを通じて行われており、あたかも「静かな一体化」というような様相を呈していることが、現地調査から明らかにされている。

第四章　本田技研工業の海外進出と経営理念の伝播・継承（小杉正孝・三井　泉・出口竜也）

本章では、本田技研工業（ホンダ）の創立者本田宗一郎と藤澤武夫の経営理念が、どのように生成され、企業の発展や海外進出の経過とともにどのように解釈・再解釈を加えられて継承・伝播されていったのかということを、公表資料と筆者（小杉）自身のホンダでの体験を交えながら明らかにしている。ホンダの経営理念は、一九四八年の創業以来、二人の創業者が語ってきたものがまとめられ、一九五六年に「社是」「運営方針」として正式に制定された。その後、海外進出に伴って英文に翻訳された。その構造は、明文化された「基本理念」「社是」「運営方針」と、明文化されてはいないが、ホンダの日々の活動の中に受け継がれている数多くの流儀「ホンダウェイ（Rest of Honda way）から成り立っているという。

本章で興味深いのは、グローバルな環境変化に適合させるため、一度は成文化された経営理念の文言がどのように変更されてきたのかということを、詳細な英文の変化を示して明らかにしていることである。まさに、環境変化の中で、経営理念が解釈・再解釈されていく様子が具体的に示されている。さらに、実際の仕事や人事教育の現場で理念が具体化される姿が明らかにされた。

第五章　ドジョウを飼い馴らす方法（岩井　洋）

本章では、韓国のサムスンにおける経営理念の浸透・普及の仕組みについて、公表資料および元社員や家族へのインタビューを通じて明らかにしている。その結果、サムスンの経営理念は、インパクトのあるメッセージやたとえ話、印象的なパフォーマンス等を通して伝えられる「メッセージとしての経営理念」と呼ぶことができると筆者は言う。さらに、数々のメッセージはグループの歴史と重ね合わせられ「神話化」され、その「神話」がさまざまな研修の場や日々の実践を通じて、社員に浸透・共有されていることが明らかとなった。

本研究の立場である解釈・再解釈という視点からすると、サムスンにおいては、「メッセージとしての経営理念」を多様に解釈できる可能性は限られている。むしろ、次々に送り出される李健熙《イゴンヒ》のメッセージを、「サムスン用語」（コード：解読規則）に照らし合わせて的確に受け取り、業務に反映させることが社員に求められている。一方で、経営者側においては、経営理念の解釈・再解釈が常に行われているといえる。これがサムスンの経営理念の浸透・普及の仕組みであると考えられ、グローバル社会を生き残るサムスンの経営戦略につながっているということが示されている。

第六章　社会貢献と経営理念（奥野明子・李　仁子）

本章は、韓国の製薬メーカー柳韓洋行《ユハンヤンヘン》（Yuhan Corporation 以下ユハン、創業一九二六年）の、柳一韓《ユイルハン》による創業理念とその継承・伝播のダイナミズムを明らかにしている。

創業者柳一韓の生い立ちを振り返ると、父親の存在、渡米、アメリカでの体験、商業の勉強、キリスト教精神、愛国精神といった要因が、韓国社会のなかで特異性をもつユハンの設立や経営に深く関連すると考えられた。経営理念は文言として示されているだけではなく、受動のエピソードや、ユハン財団を通じて利益の社会還元といった経営のしくみやシンボルを通じて、組織内外に喧伝されていることが明らかとなった。

経営理念の浸透については、従業員へのインタビューを通じて、創業者の存在「それ自体」がプライドの源泉となっていることが明らかとなった。すなわち、「財産のほぼすべてを韓国社会に寄付する」という遺言のために、柳一韓は韓国で最も尊敬される企業家として名前が挙げられ、伝記は教科書でも取り上げられている。そのことがメンバーにとってはプライドの源泉となり、高い動機づけとなっているとのことであった。また、従業員は社会への利益還元のしくみ、手厚い福利厚生などの経営の具体的制度の中にも創業者の理念を見出していたという。つまり、文言としての経営理念ではなく、創業者のカリスマとしてのシンボルや具体的制度という形を通じて、経営者の理念は解釈され、継承されていた。しかしその一方で、若い組織メンバーにとっては、自分たちが入社する以前に経営から引退し、他界した創業者の存在は、「客観的に鑑賞すべき対象」であって、すでに自分たちのものとして受け入れていく対象ではないかのようでもあった。つまり、再解釈・解釈による理念継承のプロセスは、現段階では断絶しているという印象も受けたという。

第七章　私の人生が私のメッセージ（河口充勇）

本章は、台湾の合璧《フービー》工業有限公司（以下「合璧」）の創業理念の継承と伝播の過程を、創業者詹其力《チャンチーリー》氏、同社社員ならびに社外関係者へのインタビュー、同社工場施設での観察、資料などにより明らかにした。

戦後の台湾の経済成長にとって極めて重要な役割を果たしたのが、多数の中小企業間の「分業ネットワーク」であった。合璧も戦後台湾の高度経済成長期（一九七〇年）に、詹其力氏により創業された電子部品メーカーである。詹其力氏は「永続経営」のために何をなすべきかについて真剣に考え、中国式企業組織の「構造的弱点」ゆえ、身近なところでは「永続経営」の役割モデルが得難いため、それを日本企業に求めた。たとえば「日本語世代」教師からの教育、台湾松下での勤務経験、合璧創業後にタナベ経営から受けた指導など詹氏の個人的経験（日本への憧憬の念）は、合璧の日本式経営理念の受け入れにおいて極めて重要な意味をもった。しかし、これら日本式経営理念をそのまま受け入れたわけではなく、そこでは理念の解釈・再解釈が確認されている。これらは、確実に成果を上げたが、現在創業者から第二世代への事業承継はいまだ進行中であり、果たしてそれが創業者の思い描く理想通りに進行するかどうかは定かではないという。

この研究成果の特筆すべきところは、日本では「企業＝共同体＝公」という発想を暗黙の了解として経営理念をイメージしていたのではないかという指摘である。つまり、日本企業の経営理念は「共同体の理念」といえるのではないかという。しかしながら、台湾をはじめとした華人社会の文化においては、「企業＝共同体＝公」という発想が相対的にみて成り立ちにくく、企業組織といえども血縁関係が優先されることが少なくない。このような視点を今後の経営理念研究に導入する必要があるのではないか、と筆者は指摘しており、この点が興味深い。

第八章　「ヘゲモニー」としての経営理念（王　向華／川上あすか訳）

本章では、香港の中国系家族企業である裕記焼鵝《ユウゲイシウンゴー》飯店（裕記焼きガチョウレストラン）の創業者一族の家訓（経営理念）と経営戦略との関連性について、関係者へのインタビューや歴史資料との関連で明らかにしようとした。

中国系企業家の会社経営や、家族企業の財産分配の方法は、ほとんどの場合が「家」と「同気」の原理に合致している。中国人が起業するとき、「家」のメンバー全員が経営上何らかの役割を担い、会社に貢献することが求められる。しかし、会社の所有権は「家」ではなく「同気」の原理に基づいている。つまり、社長と「同気」の間柄にある人物のみが、会社の所有権を持つ。そのため、例えば社長の娘は父親の会社の経営に携わったり、経営で重要な役割を担ったりすることはできるが、会社の所有権を持つことはできない。また、家族企業の存続と繁栄にとって、会社の財産を息子達に均等に分配するという原則は望ましいものではない。このような事情があるため、中国の家族企業は一般に大規模になることが難しいとされる。

このような伝統的な中国企業の中で、裕記は例外的な存在である。その理由は社長の任命や所有権等の分配において、従来の中国系家族にはみられないユニークさと合理性が認められることであった。また、企業秘密である鵞鳥の丸焼き技術の伝承においても、例外的な継承が見られた。

さらに、裕記の経営理念が呉一族の家訓の形態を取っていたことも特徴的である。経営理念は実際には従業員を律するためのものであったと考えられるが、それはオーナー一族の「家訓」でもあった。結果的に、裕記の経営理念は従業員にとってごく自然なものとして受け入れられることになったのである。つまり、経営理念の効力は暗黙の了解となって浸透したと考えられる。筆者はこれを「ヘゲモニー」としてとらえ、明示的な「イデオロギー」に対置するものであると指摘した。

第九章　「包括的合理主義」のモデルとしての経営理念（住原則也）

本章では、インドの財閥タタ・グループの情報産業であり、アジア一のＩＴ企業タタ・コンサルタンシー・サービシズ（ＴＣＳ）における創業理念の生成・継承・伝播のプロセスを明らかにしている。

タタ一族はパルシー（ペルシャから来た人々）と呼ばれるゾロアスターを信ずる人々である。筆者は、タタ・グループの経営理念を根底において支えている「メタ理念」をゾロアスター教に求め、初代会長ジャムシェトジの時代から今日まで、ゾロアスター教徒としての基本的な精神がその経営に多面的に表れていると主張している。この初代からの志・精神、あるいは企業としての理念は、主に、関連する三つの柱から成っているという。第一は、単に一企業としての成功を目指すのではなく、インド国家へ貢献する、ということ。第二は、企業運営上の、遵法の精神と高い倫理観。そして第三は、「社会から得た富は、社会に還元する」という精神である。これが今日まで解釈・再解釈されて、タタの基本理念を形成しているという。

さらに筆者は、タタ・グループが初代会長以来、企業経営にも慈善事業の運営においても、ともに高い合理性と倫理性を追求しているという点に着目する。そして、「営利的価値の追求」、「人道的価値の追求」、そして「倫理的価値の追求」という、価値の全側面を包括的に、高いレベルで追求しようとする精神を、「包括的合理主義の精神」と筆者は名付けている。そして、このような包括的合理主義を具体的に実現しようとして、タタ財団という組織や、具体的な経営システムなどの仕組みを創り上げている点を指摘している。さらに、このような精神の具体的解釈を、「インドＩＴ産業の父」と呼ばれるコーリー氏へのインタビューにより、さらに具体的に示そうとした。

五　おわりに

以上、簡単に各章の要約を行ってきたが、この調査を通じて明らかになったのは、経営者の思想が確立する際にも、また経営理念が文言として制定される際にも、環境からの影響を受けながらさまざまな生成プロセスをたどることである。また、一度文言として成立した経営理念であっても、環境変化への対応の過程で、その変更を迫られ、実際に変化させている企業があることも明らかとなった。さらに、経営理念には、暗黙の了解や信念の表明、そして具体的な実行ルールにいたるまでの段階があり、それぞれが結びついて実際の「行動」へと具体化されていることが理解された。

また、本国から海外へ伝播させる際には、その国の文化・政治・経済などの条件を配慮して、経営担当者のみならず従業員に至るまで、自らの仕事の中で解釈・再解釈を繰り返し、時には新たな「文化」と呼べるものを創造しながら理念を具体化させているという姿も明らかとなった。また、そこにはさまざまな仕組みや制度が創造されてもいた。

アジア企業の経営理念研究はまだ始まったばかりであり、今回はケースを収集するにとどまっている。しかし、今後の研究へとつながるいくつかの視点が見えてきたのではないかと思われる。例えば、河口の指摘するように、日本での経営理念は「共同体」としての企業を暗黙の前提としており、それを普遍的な枠組みとしてグローバルな比較をすることは避けなければならないかもしれない。また、われわれのように経営理念を捉えた場合に、経営文化や経営風土の問題とどのように区別するのか、という疑問も浮かんでくる。このような点を、今後の課題として、さらなる研究を続けていきたいと考えている。

（三井　泉）

注

（1）　住原・三井・渡邊編（二〇〇八）ほか。
（2）　本節におけるデータ作成は、竹内惠行氏（大阪大学経済学研究科）の多大なる協力を得た。記して感謝したい。
（3）　表1の地域分類は、「外国貿易等に関する統計基本通達 別紙第1」における三桁の国別符号の一〇〇番台に基づいている。地理的には、ユーラシア大陸のロシア国境より南側でかつトルコ国境より東・南側の地域をアジア州（一〇〇番台）、それ以外をヨーロッパ州（二〇〇番台）としている。また、パナマ国境より南側のアメリカ大陸全域とフォークランド諸島を南アメリカ州（四〇〇番台）、それ以外のアメリカ大陸を北アメリカ州（三〇〇番台）と分類している。アジア州に属する旧ソ連地域は、ソ連崩壊前の期間においてはヨーロッパに分類されていることに注意されたい。
（4）　表2の地域区分は、表1と若干異なることに注意。北米の範囲はメキシコ国境より北側のアメリカ大陸（ハワイを含む）とグリーンランド等に限定されている。また、アジアには中東が含まれず、さらに旧ソ連地域も含まれない。（旧ソ連地域はヨーロッパに分類されている。）国と地域分類の対応については、財務省貿易統計のホームページ（http://www.customs.go.jp/toukei/sankou/dgorder/a1.htm）を参照のこと。
（5）　一九七〇年代のインドネシアへの直接投資額は、アジア向けの約半分に上ったが、その多くは鉱業部門の投資であった。

（6）一九八〇年代中頃に中南米への直接投資のシェアが急上昇するが、その半数程度はタックス・ヘイヴンであるパナマやケイマン諸島への投資であった。
（7）一人当たり名目ＧＤＰが一万米ドルを突破したのは、香港が一九八八年、シンガポールが一九八九年、韓国が一九九五年である。
（8）日本企業での最上位はトヨタ自動車の二五位、韓国企業での最上位はサムスン電子（Samsung Electronics）の二六位である。
（9）http://www.forbes.com/sites/scottdecarlo/2012/04/18/a-regional-look-at-the-forbes-global-2000-3/（二〇一三年一月三〇日閲覧。）
（10）住原・三井・渡邊編（二〇〇八）および、三井（二〇一〇）参照のこと。
（11）由井常彦によれば、一九七〇年代までに、経営理念に関するほとんどのテーマ（江戸から戦後にいたる経営理念の歴史研究、国際比較、理念の定義や類型、理念形成の研究、理念の必要性の議論、理念の構造論など）が提起されたという（由井一九八五）。
（12）近年は、①組織行動論の立場から、個人への理念浸透とモチベーションやアイデンティティを明らかにしようとするもの、②企業ブランドや暖簾などの無形資産との関連を明らかにしようとするもの、③経営ミッションやビジョンの生成に関わるもの、など経営理念に関わる多数の興味深い研究が公刊されている。（高尾・王二〇一二、槇谷二〇一二、田中二〇〇六など）

参考文献

浅野俊光（一九九一）『日本の近代化と経営理念』日本経済評論社。

井森陸平・倉橋重史・大西正曹（一九七六）『経営理念の社会学的研究』晃陽書房。

奥村悳一（一九九四）『現代企業を動かす経営理念』有斐閣。

北居明・松田良子（二〇〇四）「日本企業における理念浸透活動とその効果」加護野忠男・坂下昭宣・井上達彦編著『日本企業の戦略インフラの変貌』白桃書房。

住原則也・三井泉・渡邊祐介編／経営理念継承研究会著（二〇〇八）『経営理念――継承と伝播の経営人類学的研究――』ＰＨＰ研究所。

高尾義明・王英燕（二〇一二）『経営理念の浸透―アイデンティティ・プロセスからの実証分析―』有斐閣。

高田馨（一九七八）『経営目的論』千倉書房。

田中雅子（二〇〇六）『ミッションマネジメントの理論と実践―経営理論の実現にむけて』中央経済社。

土屋喬雄（二〇〇二）『日本経営理念史』麗澤大学出版会。

中川敬一郎編著（一九七二）『経営理念』ダイヤモンド社。

中牧弘允・日置弘一郎編（一九九七）『経営人類学ことはじめ：会社とサラリーマン』東方出版。

槇谷正人（二〇一二）『経営理念の機能―組織ルーティンが成長を持続させる―』中央経済社。

三井泉（二〇一〇）「経営理念研究の方法に関する一試論―『継承』と『伝播』のダイナミック・プロセスの観点から―」『産業経営研究』第三二号、日本大学経済学部。

山城章編（一九六七）『現代の経営理念（実態編）』白桃書房。

由井常彦（一九八五）「経営理念」経営史学会編『経営史学の二十年』東京大学出版会。

由井常彦（二〇〇四）「日本的経営の思想的基盤―経営史的な考究」経営学史学会編『経営学を創り上げた思想』経営学史学会年報（第十一輯）、文眞堂。

第Ⅰ部　日本企業のアジア進出と経営理念

第一章　松下幸之助の経営理念と海外展開への基本姿勢

一　はじめに――「共存共栄」という理念が生まれた背景――

海外拠点経営における基本姿勢として、松下幸之助は「共存共栄」の精神を重視した。そこでまず、松下電器（現パナソニック）で共存共栄という理念が育まれてきた経緯を振り返っておきたい。

松下幸之助が一九一八（大正七）年に松下電器（当初は松下電気器具製作所）を創業してから最初の数年間は、共存共栄の考え方があったかどうかを示す記録は残っていない。その萌芽が感じ取れる初期の事象としては、一九二四（大正一三）年一一月に初めて開かれた「代理店会議」が挙げられる。前年に売り出された「砲弾型電池式自転車ランプ」がヒットしたことにより、日本全国にランプの代理店（問屋）網が形成されつつあった時期である。このとき大阪のある代理店が、地方の販売店（小売店）への卸売も始めたため、地方の代理店から苦情が寄せられるようになった。この問題がなかなか解決しなかったことから、代理店の代表者を集めて話し合う場をもったのである。

会議において、松下幸之助は各代理店の間に立ち、なんとか融和をもたらそうと努力した。だが、話し合いは平行線のまま物別れに終わる。問題解決には至らなかったものの、幸之助としては代理店同士が争ったりせず、共にうまく立ち行くことを願っていたことが、会議の記録内容から伝わってくる。つまり、同士討ちにならない販売網を築くことで、複数のステークホルダーの共存共栄を図ろうとしたと考えられる。

一九二七（昭和二）年一一月には、全国の販売店向け機関誌『松下電器月報』が創刊されている。この中の記述にも、共存共栄につながる考え方が見て取れる。松下幸之助自身の筆になる「創刊の言葉」から一部抜粋する。

「小なりとは云へ今日の発展を見ましたるは偏に皆様の情厚き御愛顧と御援助に因る所と感謝の他何ものも御座ゐません。之れに対するに何を以て報いたら宜敷いでせうか。私共は只管優良な品物を製出して、大量に頒布し以て配給価格の低廉を計る他はないと存じます。その為には先づ皆様との連絡を計り、より親密の度を加へ、皆様の意のある所を知りそして私共の考へ行ふ所を知つて戴かなくてはなりません。」

あいさつの中で、幸之助は良い品を大量に安く提供していくことを宣言するとともに、販売店とメーカーが緊密に連絡を取り合うことを呼びかけている。これもまた、メーカーとして最大限の努力をしながら、代理店だけでなく販売店とも意見交換を行い、相互に理解を深め、共存共栄を図っていこうとする意志の表れといえよう。

一九二九（昭和四）年三月には「綱領」が発表され、松下電器がどのような姿勢で社会的責任を果たしていくかが明らかにされている。

綱領

営利ト社会正義ノ調和ニ念慮シ、国家産業ノ発達ヲ図リ、社会生活ノ改善ト向上ヲ期ス

「営利と社会正義とを調和させる」ということは、自社の利益を最大目標とするのではなく、社会にとって正しい事業活動を展開するということである。つまり、適正な利益を確保しながら、社会とともに栄えることを目指していると解釈できる。「国家産業の発達」ということは、自社だけが突出して儲ければいいという立場ではなく、自社も他社も含めた国家の産業全体の発達を願うということである。これも社会の繁栄を目指す姿勢を表している。また、「社会生活の改善と向上」も、社業を通じて人々の生活水準を引き上げていくということであり、共存共栄につながる考え方である。「綱領」という会社の経営基本方針を表す言葉の中で、これだけ強く社会への貢献を訴えたことが、その後の松下電器の歩みに大きな影響を与えているのは間違いのないところである。

ちなみに、綱領と同時に、「向上発展ハ各員の和親協力ヲ得ルニアラザレバ難シ、各員自我ヲ捨テ互譲ノ精神ヲ以テ一致協力店務ニ服スルコト」という「信条」も定められている。綱領が、社会的・対外的な基本方針であるのに対して、信条は、組織を構成するメンバーが守るべき基本的な心得であるといえる。後述するが、戦後、綱領、信条ともに、文言に修正が加えられている。

さらに一九三三（昭和八）年七月には、「松下電器の遵奉すべき精神」が制定され、綱領、信条と合わせて、松下電器の経営基本方針と位置づけられている。当初は「産業報国の精神」「公明正大の精神」「和親一致の精神」「力闘向上の精神」「礼節を尽すの精神」の五項目であった。その後一九三七（昭和一二）年八月に、「順応同化の精神」と「感謝報恩の精神」が加えられるとともに、「礼節を尽すの精神」が「礼節謙譲の精神」に改訂されている。合計七項目であることから、社員の間では「七精神」と呼ばれることも多い。七精神にはそれぞれ補足説明の文章が添えられ、パナソニックグループの各社・各部署で毎朝行われている「朝会」（事業所によっては「昼会」）において唱和されている。

綱領、信条、七精神のいずれにも、「共存共栄」という言葉そのものは含まれていない。しかし、これらの基本方針を遵守することにより、必ず共存共栄への道につながるという幸之助の信念が表れているといっても過言ではない。

二　ラジオ発売時における経営判断

話は前後するが、一九三一（昭和六）年秋に新型ラジオ「当選号」が発売された際には、明確に共存共栄の精神に基づいた経営判断がなされている。松下電器で独自に開発されたラジオには、四五円という価格がつけられていた。当時の他のメーカーのラジオの平均価格が二五円から三〇円程度だったことを考えれば、異例に高価だったと見ることができる。しかし、これには確固とした理由があった。

昭和初期の段階において、ラジオの製造技術はまだ成熟しておらず、非常に故障が多かった。世間では、ラジオは故障するのが当たり前とさえ考えられていたほどで、販売するのは、ラジオを修理する専門技術をもつ店に限られていた。そうでなければ、頻発する故障に対応できなかったからである。

松下幸之助は、このような状況に納得せず、「故障しないラジオをつくることは可能である」という信念のもと、松下電器の研究部に新しいラジオを開発するよう厳命した。そうしてできあがったのが「当選号」である。試作品の段階で東京中央放送局（ＮＨＫ）のコンクールに出品したところ、それまでの常識を打ち破る性能の高さが認められ、一等入選を果たしている。この入選を記念して「当選号」という名称が与えられたわけである。

当選号を四五円にしたのは、必要経費をまかなうのはもちろん、メーカーも代理店も正当な利益を確保しながら、さらに高性能で安価なラジオを開発していく研究費を捻出するためであった。そもそもラジオの値段が二五円から三〇円になっていたのは、ラジオ販売の競争激化によって、同業他社がダンピングまがいの廉売をしていたことが一因である。そのような過当競争に巻き込まれれば、原価割れでメーカーも代理店も疲弊してしまい、将来の発展は見込めない。もちろんラジオの技術を進歩させることもできない。

松下電器の製品を取り扱う代理店を対象に、当選号の発表会を行ったところ、他社製品よりも高価であることに代理店側がいっせいに反発した。しかし、メーカーも代理店も共に生き残り、共に将来栄えていく、つまり「共存共栄」していくために四五円という値段が必要であると、松下幸之助は熱心に説いた。やがて代理店の経営者たちも理解を示し、販売に努力することになったのである。

十分な利益と開発費を確保したおかげで、開発担当者はラジオの品質向上に努めることができた。その結果、松下電器のラジオは好評を得、発売後四年で業界トップの座を獲得している。売上げが伸びれば代理店も潤う。メーカーとしてもさらに優れたラジオが開発できる。市場が広がって大量生産できれば価格も下げられる。幸之助が訴えた「共存共栄」の理念が、現実のビジネスとして花開いた瞬間であった。

三　社会全体の共存共栄を願っていた

松下幸之助の共存共栄という発想は、自社と自社のステークホルダーだけが繁盛すればよいという狭隘な考え方ではない。昭和初期の段階から、電機業界あるいは社会全体といった広範囲での共存共栄を目指そうとしていたことが窺える。

一九三二（昭和七）年のことである。当時、ある発明家がラジオの機構の重要部分の特許を取得しており、各メーカーは特許を侵害せずにラジオを開発するのに四苦八苦していた。これを憂慮した松下幸之助は発明家から特許を買い上げ、他社も自由に使用できるように無償で公開する。このとき公開せずに自社だけで使用すれば、あるいは使用した会社に特許使用料を請求していれば、松下電器はラジオ事業でさらに大きな利益を得ていたはずだが、あえてそうはしなかった。

真の共存共栄とは、自社だけが独占的に商売をしてかなうものではない。業界全体で発展していくことによって、より大きな市場が開拓される。より高いレベルで切磋琢磨することで、共に進歩し、栄えていくことができる。このような考えのもとで、幸之助は特許の無償公開に踏み切ったのである。この英断は日本の電機業界に強いインパクトを与え、各方面から高く評価された。

ラジオの開発から販売、さらに特許の公開まで含めた一連の行き方は、先に述べた綱領で示した基本方針が、実際の経営行動として具現されたものだともいえる。このようにして「共存共栄」という信念が松下電器の経営に刻み込まれ、その後の企業活動の基本、経営判断の基準になっていった。

一九三五（昭和一〇）年に始まった「正価販売運動」も、この基本姿勢に則った取り組みだったと考えてよい。どんなジャンルの商品でも、値引き競争が激化すると代理店や販売店の利益が下がるだけでなく、「あんなに割り引いても経営が成り立つということは、最初から利益を多めに乗せて価格を決めているのだろう」と、もともとつけられていた価格に対する消費者の不信感が増してしまう。

それを防ぐために、最初から値引きする余地のない「正価」を商品に表示し、そのままの価格で販売することを各方面に呼びかけたのである。製造原価に対して、メーカー、代理店、販売店が最低限必要となる利益をプラスしただけの「正価」は、文字通り「掛け値なし」であり、これを維持することでメーカー、代理店、販売店は共存共栄を図っていくことができる。消費者にとっても、どこかにしわ寄せが出てくる無理な廉売よりも、社会全体が繁栄していく正価販売のほうによりメリットがあるはずである。

これももちろん、メーカー、代理店、販売店、消費者が共存共栄していくための王道ともいえる考え方であり方法であった。

四　松下幸之助が考える「共存共栄」とは

共存共栄の考え方について、松下幸之助は、著書や講話、記者会見などさまざまな場で著述・発言を残している。ここではそれらを引用しながら論を進めたい。

「企業は社会の公器である。したがって、企業は社会とともに発展していくのでなければならない。…（中略）…自分の会社だけが栄えるということは、一時的にはあり得ても、そういうものは長続きはしない。やはり、ともどもに栄えるというか、いわゆる共存共栄ということでなくては、真の発展、繁栄はあり得ない。それが自然の理であり、社会の理法なのである。自然も、人間社会も共存共栄が本来の姿なのである。」（松下一九七八a、四二頁）

松下幸之助は、もともと人間社会は共存共栄していくものであり、それが本来の姿だという考え方をもっていた。さらに企業活動において、「自分の会社だけが繁栄し続けるということはありえない」「社会全体として繁栄しなければならない」といった、大きな視点で物事を考えていたことがわかる。

電機業界は、メーカー同士が一方では熾烈なシェア争いを繰り広げる。ある意味では弱肉強食の生き残り競争のように映るかもしれない。しかし、一方では、そうしてさまざまな企業が真面目に努力し続けることによって、社会全体が健全に発展していくのである。その中でそれぞれの企業は、社会から求められるだけの、需要に応じた規模に成長することになる。共存共栄は社会のあるべき姿でもあり、個々の企業、個々の働く人たちの努力の成果でもあるわけである。

「私は自主経営と共存共栄とは共通性があると思うんです。自主経営というものは、みずからの責任において仕事をするということですね。…（中略）…自主経営でない場合には、人の力を借りるとか、何か人から助けてもらうとかいうことになりますから、人に迷惑をかけますね。これは共存共栄にはならないわけです。」（松下 一九六四）

共存共栄していくためには、「自主経営」の状態を維持することが不可欠である。例えば悪化した財務状況を改善するため、協力会社に理不尽な値引きを要求したり、同じグループの他の会社の利益で赤字や損失を補塡したり、支払いや返済を待ってもらったり、税金が払えなくて滞納したりすると、いろいろな人たちに迷惑をかけることになる。

それで一時的にしのいだとしても、無理なことをして延命しているだけであり、辛うじて共存はしていても共栄していることにはなっていない。それぞれの会社単位で毎期黒字を出し、税金と給料を払える状態を自社の力で維持してこそ、自社やステークホルダーの繁栄、社会の発展に役立つことができるのである。

「お互い個々人でも、自分の住んでいる隣り近所、さらには地域の人びとと相互に協力し合い、たすけ合いつつ仲良く円滑な人間関係をむすび、進んでその地域社会の向上発展に寄与していくことが大事なことはいうまでもありません。まして、広い土地を占有し、多数の人を擁している企業にとっては、地域社会や環境と一体化するというような心がまえをもって、これと調和しつつ、さらにはその発展に貢献していくことがつよく求められると思います。いいかえれば、その地域社会から喜ばれるような企業にならなくてはいけないということです。そうしたことも、企業の社会的責任の一つとして考えられましょう。…（中略）…そういう基本の心がまえを持ちつつ、日々起こってくるいろいろな事がらに誠意をもって処していくならば、真に喜ばれる企業として地域社会と共存共栄しつつ活動していくことができると思います。」（牛尾ほか一九七五、一六〇―一頁）

一企業であっても、自社の利益だけを考えるのではなく、社屋や店舗、工場などが存在する地域に根づき、地域に喜ばれるような会社を目指すことが大切なのはいうまでもない。松下幸之助は、これを単なる目標というレベルではなく、「企業の社会的責任」とまで言い切っている。つまり企業として存在する限り、地域の発展に寄与し、地域社会との共存共栄を図っていくことは、必ず果たすべき義務だと考えていたのである。

企業にそうした理念があれば、公害を出さないよう努力したり、地域の人材を積極的に雇用したり、何らかの形で地域貢献活動を行ったりといったことが、当たり前のようにできるはずである。利益の何％かを地域のために使うだけでも、その会社は地域における存在価値を何倍も大きくすることだろう。

このように、ステークホルダーとの共存共栄、ライバル会社との共存共栄、地域社会との共存共栄、そして国家や世界レベルでの共存共栄を考えていくことが、企業の基本姿勢、基本理念に含まれるべきではないか。それを発想し、実際に行動に移して成果を残してきたのが、松下幸之助の経営者としての歩みだったと考えられる。

五　海外進出における基本的な考え方

次に、海外進出の考え方について、講演会等での発言の中から重要なポイントを引用しつつ、松下幸之助がどのような姿勢で海外での事業に取り組んでいたかを探ってみたい。

「松下電器は相当輸出もしておりますし、海外で工場を経営しているということもございます。しかし、これらの会社の指導精神というものは、基本的には共存共栄ということ、その国のプラスになるということを主眼として、いっさいが勘案されております。結局、そういう指導精神が、結論としていちばん会社の利益に結びつくということになるわけであります。…（中略）…そういう基本方針を今日まで堅持してやってきております。」（松下 一九七七）

特徴的なエピソードがある。一九六二（昭和三七）年、ドイツ（当時は西ドイツ）の港湾都市・ハンブルグにおいて、「ハンブルグ松下電器」が設立された。松下製品のヨーロッパ市場での販売業務を手がける拠点である。一九六〇年代の段階では、ヨーロッパの電機メーカーのほうが優れた製品をつくっており、松下電器のほとんどの商品は歯が立たなかった。乾電池やインターフォンなど、限られた商材で勝負しなければならず、苦戦を強いられていたのである。それでも欧州各国に代理店を開拓して、少しずつ市場を広げていた。

そうしたなか、一九六九（昭和四四）年六月、松下幸之助がヨーロッパ視察に訪れ、ハンブルグ松下電器で懇親会が開かれた際、次のように語った。

「ベルギー、オランダ、ドイツの三カ国を訪問して、家電の販売店を見て回ったが、わが社の商品はドイツやオランダのメーカーに負けているな。三年間猶予をくれないか。その間に欧州メーカーにも日本の他のメーカーにも負けない商品をつくる。それまでに、ヨーロッパの販売網をもっと強くしておいてほしい」

これに対してハンブルグ松下電器の森三千男が、「商品が負けている状態のままで販売網を強くせよとおっしゃるのは、矛盾しているのではないでしょうか」と尋ねた。

幸之助はしばし沈思黙考したのち、こう答えた。

「松下電器には売るものがある。それは松下電器の経営理念だ。お得意様には松下電器の考え方や理念を売ってほしい」

ハンブルグ松下電器のスタッフは、この禅問答のようなやりとりに最初は真意を測りかねたが、やがて「共存共栄」の精神を発揮すべきだということに気づいた。そこでまず、代理店が適正利益を確保できるように、適正価格で販売することを指導した。さらにさまざまな面で企業の社会的責任を果たしていくよう努力したことで信頼を獲得し、販売網を強化することができた。のちに、テクニクスブランドのオーディオセットなどの商品が生まれて欧州で大ヒットし、マーケットの拡大に成功したのである。

昭和初期の「当選号」の発売時に適正価格での販売に徹し、日本国内の代理店と共存共栄したときと同じような場面が、ヨーロッパでも展開されたことになる。

その他、海外進出に関する松下幸之助の発言を取り上げておきたい。

「経済交流の基本は相手国優先ということでなくてはならないと思う。まず相手国の利益を第一に考える。…（中略）…総合的に見て、その国の発展、その国の人々の福祉増進に役立つものであることが大切であって、そうでないものはいくら自分の企業の利益、自国の利益になるようなことでもやってはならないという考え方である。…（中略）…そうなってくれれば、国際間の摩擦も少なくなり、各国の共存共栄が実現されてくると思う。」（松下 一九七八b）

「松下電器の経営のいっさいと申しますか、製品だけではなくて経営の理念から何から、あらゆるものを相手に認識してもらって、〝なるほどこれであれば安心できる会社である。値段は必ずしも安くない。けれども松下電器のやり方、取引の考え方、また会社の経営理念というものは立派なものだ〟という信頼を獲得して、初めて貿易をなせるのであります。」（松下 一九六六）

自社や自国の利益よりも、相手国の利益や福祉増進を優先する気持ちをもって、それを実践するのは簡単なことではない。海外で物を売ったりつくったりするのは、とりもなおさず自分たちが事業を成功させて利益を得るのが大きな目的である。それよりも相手国を優先するとはどのような意味であろうか。

これは海外企業に進出される相手国の人々の心情を慮って導き出された考え方ではないかと思われる。相手国からすれば、外国の電機メーカーが営業所をつくり、国内の代理店（問屋）に売り込みをかけられたら、心中穏やかではいられないだろう。国内メーカーのシェアを奪われ、自国の金が外国に出ていくことにつながるからである。だからこそ、幸之助は相手国の人々に何らかの利益をもたらしたり、社会貢献したりできる形を確立するのが先決であり、それが共存共栄の道であると訴えたのである。

共存共栄の理念が相手国の人々に認識され、理解されれば、安心して取引してもらえるうえ、いつしか愛され、尊敬されるようになるであろう。いったんファンになってもらえれば、その国での事業はスムーズに進展していくはずだという信念がここにはある。

「日本的経営が国際的に見直されているという。その当否についての議論も盛んだけれども、私に言わせれば、経営する者も働く者も人間である以上、日本も外国もない。みな同じだと思う。

また、同じだと思うところによき経営の根本がある。生活習慣や風俗はもちろん違うけれども、人間としての基本的なものに変わりはないはずだ。世界の三十カ国にわが社は工場を持っている、何万人という外国人を使っている。その経営者としての私の、これは実感なのである。」（松下 一九八二）

国が変わっても、使う言語が異なっていても、文化的背景がかけ離れていても、肌の色や目の色が違っていても、人間としての基本は同じだと松下幸之助はいう。これは決して哲学的考察や博愛主義的理想論などではない。世界中のさまざまな国でビジネスを成功させてきた「体験に基づく実感」であるところに説得力がある。

「人間はみな同じだ」「人類は平等だ」と語る人は多いが、企業経営の現場からそういう言葉が発せられるのは珍しいといえる。むしろ諸外国と自国との習慣や常識の違いによってもたらされる苦労、ビジネス上の注意点などが指摘されることが多い。もちろん、さまざまな違いへの対応が必要なのは当然だが、そのとき「人間の基本は同じ」という考えがベースにあれば、諸問題を乗り越える力が湧いてくるのではないか。外国人に対して、「彼らは私たちとは違う種類の人間だ」といった思いを一度もってしまうと、中途半端にあきらめたり、妥協したり、反対に強権的になったりする危険性が生じる。それでは高いレベルで共存共栄を図っていくことはできない。また、同じ人間だからこそ必ず共存共栄していかなければならない、という決意が含まれているとも考えられる。

共存共栄を重視する松下電器の海外事業展開は高く評価され、『タイム』『ライフ』『ニューヨークタイムズ』といった著名な海外メディアで取り上げられた。なかでも一九六二年二月二三日号の『タイム』誌では松下幸之助が表紙を飾り、松下電器の歴史や経営理念について、五頁にわたって詳しく紹介されている。以後、松下電器の国際的な信用の向上につながったのはいうまでもない。

六　戦前から戦中にかけての海外事業の動き

企業の海外展開に際しては、理念を表明・共有する精神的な取り組みだけでなく、組織づくり・体制の変革といった、より具体的な対策も当然必要となる。ここで、松下電器の海外事業関連の組織の変遷を紹介しておくことにしよう。特に戦後の松下電器は、巨大企業へと成長していく過程で、組織構成が非常に複雑かつ大規模になっている。そのためあくまでも概要の説明に止めたい。

一九一八（大正七）年の松下電器創業から一三年後、ラジオの「当選号」が発売された一九三一（昭和六）年には、同社初の英文カタログが発行されている。従業員数が九〇〇名にも満たない規模の段階で、早くも国際的な視野をもって事業を展開しようとしていたことになる。また同年、台湾において「松下電器台湾配給所」という販売拠点がオープンしている。

翌一九三二（昭和七）年には「貿易部」が新設された。自社製品の輸出事業を、可能な限り自前の組織・人員で行っていくためである。当時の電機業界において、貿易は商社を通じて行うのが一般的であった。メーカーが直接貿易事業に取り組むのは非常に珍しく、画期的だったといってよい。こうした積極策を打ち出すほど、松下幸之助は海外展開への強い意欲をもっていたといえる。京城（現在のソウル）出張所が開設されたのもこの年である。

初期の段階では、中国に向けて配線器具やランプ、乾電池などを輸出していた。その後、インドネシア、フィリピン、タイなどにも進出し、一九三五（昭和一〇）年には旧満州に奉天出張所が開かれるなど、着実に商圏を広げていった。また同年、松下製品の輸出を専門に手がける「松下電器貿易株式会社」を設立し、体制をさらに強化した。

一九三八（昭和一三）年には「輸入部」が設けられ、電気製品の製造に必要となる資材・原材料の輸入事業が始まる。インドから雲母、ポーランドから亜鉛板、インドネシアやフィリピンから煉物用の樹脂、ドイツからアルミホイル、マレーから錫などが輸入された。

初の海外工場は、一九三九（昭和一四）年に開設された松下乾電池上海工場である。翌四〇（昭和一五）年にはイギリスに向けて乾電池を輸出。その他メキシコやジャワにまで販路を拡大するなど、戦前から戦中にかけて、松下電器の海外進出はかなり進んでいた。

ところが一九四五（昭和二〇）年に終戦を迎えた際、三九カ所に増えていた海外の拠点はすべて接収され、この時点で海外事業はいったんゼロになってしまう。

七　世界に広がる販売網と生産拠点を支える本社組織

戦後、松下電器はＧＨＱによる厳しい管理下に置かれ、財閥家族の指定や公職追放など、種々の制限を課せられる。自分の資産に手をつけることができなくなり、思うように事業が進められないなか、松下幸之助は一九四六（昭和二一）年、２ページで紹介した自社の「綱領」および「信条」を次のように改訂している。

綱領
産業人タルノ本分ニ徹シ、社會生活ノ改善ト向上ヲ圖り、世界文化ノ進展ニ寄興センコトヲ期ス

信条
向上発展ハ各員ノ和親協力ヲ得ルニアラザレバ得難シ、各員至誠ヲ旨トシ一致団結社務ニ服スルコト

幸之助は、海外拠点をすべて失い、経営危機に陥ってもなお、世界に羽ばたき、世界に貢献できる企業であろうとする熱意をなくさなかったのである。

その後、ＧＨＱに対して粘り強く財閥家族の指定解除の交渉を続け、ようやく自由を勝ち取った松下幸之助と松下電器は、欧米の先進技術を導入するため、一九五二（昭和二七）年にオランダ・フィリップス社と技術提携を結び、共同出資会社として「松下電子工業株式会社」（現在はパナソニックに吸収合併）を設立する。フィリップス社の技術援助のもとで、電球、蛍光灯、真空管、トランジスタなどの電子管や半導体を生産する会社である。これらの部品を使うことにより、松下電器の各事業部は、高性能なラジオやテレビ、テープレコーダー、音響・照明機器などが製造できるようになった。こうして世界レベルの製品づくりに努力しながら、再び海外事業を展開させていくことになる。

一九五三（昭和二八）年にはニューヨーク出張所を開設し、アメリカでの販売網構築を開始した。その後、昭和三〇年代に入ってからは、神武景気および岩戸景気という高度経済成長期のもと、松下電器そのものの急速な

巨大化に応じて、輸出を中心とする海外事業も急成長していく。海外事業を支える国内組織も、めまぐるしく改革・再編成が繰り返されており、組織図の変化を見ると、年々規模が大きくなる様子がわかる。

おおまかな流れとしては、一九五〇（昭和二五）年に、商品ジャンルごとに組織を分割する「事業部制」が復活したあと、次々と新しい事業分野を開拓し、そのたびに新しく事業部を増やしていった。事業部の数が増えたことで、全体を統括・運営していくための「事業本部」が一九五四（昭和二九）年に設けられた。そして一九五六（昭和三一）年、この事業本部の下に「輸出部」が設置されている。

実は、一九三五（昭和一〇）年に設立された松下電器貿易はこのときも存続しており、松下製品の輸出を手がけていた。それでもあえて輸出部を新たにつくったのは、松下電器自体が急激に成長していたこともあり、本社の事業本部内にも輸出業務に関する機能をもたせる必要性が出てきたからであろう。

その後も急成長は続き、一九五八（昭和三三）年には、輸出部をさらに発展させた「輸出事業本部」が設置され、特に北米大陸（アメリカ・カナダ・メキシコ）への輸出体制が強化されている。翌五九（昭和三四）年には早くも改編されて「国際本部」が設けられ、製品の輸出に加えて、技術や資本の輸出を含めた総合的な活動を行うようになった。

戦後初の海外工場は、一九六一（昭和三六）年に設立された「ナショナル・タイ（現パナソニック・タイ）」である。以後、翌六二（昭和三七）年に設立した「台湾松下電器股份有限公司」をはじめ、世界各国に現地工場を築いていく。同六二年にはヨーロッパの販売拠点である「ハンブルグ松下電器」も設立され、松下電器の世界戦略はその範囲を大きく広げていったのである。

一九六四（昭和三九）年には、拡大し続ける海外事業全体を統括運営していくため、松下電器の本社組織は、「国内経営局」と「海外経営局」とを二本の柱として再編成される。国内は二代目社長の松下正治、海外は同社の大番頭といわれた副社長の髙橋荒太郎（いずれも当時）が局長に就任した。海外経営局の下に、輸出や海外工場への技術援助を手がける「海外事業本部」と、各種交渉を担当する「国際本部」が置かれている。後述するが、髙橋荒太郎は優れた指導力を発揮し、海外事業の発展に多大なる成果を残している。

髙橋荒太郎が副社長から会長へと退く際、海外経営局は廃止され、一九七四（昭和四九）年には国際本部も廃止されて、海外事業を運営するすべての機能が「海外事業本部」に集約された。一九八一（昭和五六）年に大きな組織変更が行われ、海外事業本部は解消されて「海外統括本部」が設置されている。さらに一九八八（昭和六三）年には、松下電器と松下電器貿易が合併。この時点で一枚岩の組織が築かれたといえよう。

二〇〇一（平成一三）年以降は、全世界を大きく五つのエリアに分け、それぞれのエリアで最適なビジネスが展開できる組織づくりが進められた。これは「世界五極体制」と呼ばれ、南北アメリカ大陸を担当する「米州本部」をはじめ、「欧州本部」「ＣＩＳ中近東アフリカ本部」「アジア太平洋本部」「中国本部」が設けられた。

以上、概略ではあるが、海外事業に関する松下電器の国内組織の変遷についてまとめた。全年代を通じて、市場全体の拡大、会社の拡大、進出エリアの拡大、進出形態の変化、需要の変化などに応じて、頻繁かつ柔軟に組織が改編され続けてきたことがわかる。二〇一三（平成二五）年現在、全世界にパナソニックの市場が広がっているのは、こうした不断の企業努力の賜物といってよい。

八　髙橋荒太郎が果たした役割

ここで、松下電器の歴史の中で、長年幹部として辣腕をふるった髙橋荒太郎について紹介しておこう。

松下幸之助は同氏を、「もし長年にわたって自ら番頭としての立場に徹し、松下電器のために誠心誠意尽くしてくれた髙橋さんの活躍がなかったならば、今日の松下電器は存在しなかったといっても決して過言ではない」と評している。

二代目社長の松下正治は、髙橋の仕事に対する姿勢について、次のように述べている。『ミスター経営基本方針』といわれるほどに、父幸之助が定めた経営の基本方針に徹しきっておられた」「髙橋さんは、経営理念の意義や大切さを説き、いかなる場合でも経営の基本方針を遵守するよう求め、訴え続けられました」（髙橋二〇〇八）。

髙橋荒太郎は、一九三六（昭和一一）年、松下電器と提携関係にあった朝日乾電池という会社から、松下幸之助に引き抜かれる形で入社している。戦後はＧＨＱから受けた制限を解除する交渉に尽力。四年間に一〇〇回近くも東京のＧＨＱに出頭し、ついに財閥家族の指定解除に漕ぎつけた。フィリップス社との提携時には、オランダに出向いて交渉にあたり、一時は決裂寸前にまでなりながらも、数々の難題を乗り越えて松下側の主張を認めさせた。

国内の松下グループ各社の発展に力を注いだのち、アメリカ松下電器㈱、ナショナル・タイ㈱、台湾松下電器股份有限公司、ナショナル・メヒカーナ㈱、マレーシア松下電器㈱、ナショナル・ペルアーナ㈱、東アフリカ松下電器㈱ほか、多くの海外工場、海外拠点の取締役や社長を兼任した。前述の「海外経営局」局長も務めながら、まさしく松下電器の海外戦略の要としての役割を果たしたのである。

海外に赴任する人たちに対して、髙橋荒太郎は必ず次のような話をしたという。

「海外でどんな仕事をするにしても、あくまでも松下電器の経営の基本方針に沿って仕事をするのだということを忘れないでほしい。どんな製品を売ればその国の人たちにプラスになるのか、どうすればその国に貢献できるのかをまず考え、ものごとを検討していくことが大切である。何でも売りさえすればいい、儲ければいいという考え方では、それは必ず行き詰まる」（髙橋 二〇〇八、一一九頁）

例えば一九六二（昭和三七）年に、台湾の事業家である洪建全氏との合弁で設立した台湾松下電器股份有限公司（以下、台湾松下と記述）の経営に関して、次の三つの方針を示している。一つめは、あくまでも台湾の会社であるという認識のもと、経営者や幹部の育成に力を入れて、いずれは台湾人のみで経営できるようにすること。二つめは、世界の一級品として認められる製品をつくり、それまで二級品といわれていた台湾製品の評価を高めること。三つめは、自主責任経営を貫き、資金面でも技術面でも日本の松下電器本社からの援助を必要としない会社にすること、である。

台湾人の経営者を育てて、台湾の工場で一流の製品をつくり、台湾松下の資金と技術で経営できるようにするということは、即ち台湾の人たち、台湾の産業、台湾の社会にとってプラスになる会社をつくるということにほかならない。特に自主責任経営に関しては、台湾の金融機関の高金利に悩まされた現地スタッフが資金援助を求めてきた際、援助を断って厳しく指導したこともあった。台湾の他の企業と同じ条件のもとで経営を成り立たせなければ、台湾で仕事をする資格がないとさえ考えていたのである。ここまでフェアな経営に徹した結果、台湾松下は大きな成功を収め、松下電器における海外経営のモデルケースの一つとなった。

髙橋荒太郎は、一九七七（昭和五二）年に、海外活動の基本的な考え方を次の五項目にまとめている。「ミスター経営基本方針」の通称に違わず、そこには松下幸之助の経営理念が色濃く反映されている。（松下電器産業株式会社社史室 二〇〇八、一七頁）

①　海外活動にあたっての基本方針
・相手国の方針、国情を尊重した上での自主責任経営
②　輸出についての考え方
・市場秩序、販売のルールを守った製品供給
③　海外事業についての考え方
・現地社員の雇用と登用
・自力で運営できる財務、資金
・将来のリーダーは日本派遣、習得の機会を付与
④　発展途上国に対する考え方
・先進国の義務としての援助、育成
⑤　利益についての考え方
・貢献度合いに応じて与えられる結果

松下幸之助は、前述の通り、海外事業において「共存共栄」の理念、「相手国優先」の姿勢が重要であると説いている。髙橋もこれにならい、相手国の方針、国情を尊重すると述べている。また、共存共栄していくためには自主責任経営が不可欠であるという考え方も織り込まれている。加えて、発展途上国と共存共栄していくために、先進国の義務として援助・育成していくという方針を打ち出しているところも興味深い。

髙橋荒太郎は、国内外を問わず、ただひたすら松下幸之助の経営理念を守り、経営基本方針に則って事業を推進していくことを強調し続けた。何十年にもわたってこのような指導を徹底し、松下イズムの浸透に全力を注い

だのである。その結果、世界中の松下電器の拠点は、基本の理念から離れることなく運営されてきたといってもよいであろう。

九　歴代社長の海外事業に関する考え方

次に、松下電器歴代社長における海外事業方針の変化について考察しておきたい。初代の松下幸之助については、本章の前半で述べた通りである。そこで二代目の松下正治以降の方針を紹介し、要点を絞って紹介したい。ここでは、幸之助の海外進出の基本理念が、歴代社長によってどのように解釈・再解釈されているかを探ることも目的としている。

松下正治（社長在任期間＝一九六一～一九七七年）

松下正治は、一九七二（昭和四七）年の経営方針発表会において、海外事業に関する考え方を述べている。以下、その内容を要約する（松下電器産業株式会社社史室 二〇〇八、一四頁）。

「松下電器も多国籍企業になったといわれる。しかし、多国籍企業という言葉の意味が、世界のどこか有利な条件の国や地域に資本を投下して、できるだけ多くの利潤を得るということなら、松下電器の考え方は根本的に違う。わが社が海外で事業を営む際には、雇用を創出し、入社された現地の方々に仕事に習熟していただきながら、松下電器の使命に共感していただくことを本旨としている。またその会社の活動が、その国の発展、福祉向上、生活向上のためになることをモットーとして展開していくのである。輸出についても、いたずらに量を求めるのではなく、当初から質を重視している。松下電器の製品が、どこの国に渡ってもその国の消費者に喜んで買い求められ、立派に効用を発揮し、愛用されることが重要である。」

この考え方の基底には、松下幸之助の共存共栄の精神、その国のためになる事業を進める姿勢が貫かれている。松下正治は「国内経営局」局長を務めており、基本的にはそちらに軸足を置きながらも、折々に海外拠点の視察を行うなど、海外への目配りも怠らなかった。

山下俊彦（社長在任期間＝一九七七〜一九八六年）

山下俊彦は、海外事業の進め方について、次の六つのポイントを提起している（松下電器産業株式会社社史室二〇〇八、一一八頁）。

①　その国に歓迎される事業であること
②　その国の政府の方針に従って事業を推進するとともに、その国の政府に松下電器の考え方を十分理解してもらえる努力をすること
③　技術移転を積極的に行うこと
④　海外工場で生産される商品は、品質・性能・コストにおいて、国際的な競争力をもっていること
⑤　利益を生む企業体質をつくり上げ、その会社が事業拡張のために必要とする資金は、自らが生み出すこと
⑥　現地従業員を育成すること

山下俊彦も松下幸之助の考え方を継承し、最も基本的な要件である「共存共栄」および「自主責任経営」の大切さを強調している。海外工場への技術移転に力を入れることを明確に謳っているところが、彼の新しい視点だといえる。

山下俊彦は、一九八七（昭和六二）年に中国で設立された「北京・松下彩色顕像管有限公司」を自身のプロジェクトと位置づけ、その準備段階から非常に力を注いでいる。設立時には社長を退いていたが、実質的な準備は山下社長時代に進められた。同社は完成品ではなく、ブラウン管を製造する会社で、これは、カラーテレビの普及が遅れていた中国において、現地の電機メーカーに高品質なブラウン管を安く提供するためであった。現地に歓迎され、現地の経済活性化や中国の人たちの生活向上につながる事業を熟慮した結果、中国の産業界と共存共栄していける会社がつくられたのである。

谷井昭雄（社長在任期間＝一九八六～一九九三年）

谷井昭雄在任時は、激動と変革の時代だったといえる。一九八五（昭和六〇）年のプラザ合意の後、円高ドル安が急激に進んで輸出部門が打撃を受けたため、輸出主導型からの脱却が図られた。松下電器では真のグローバル企業を目指して、地球規模で経営戦略の練り直しが進められた。

組織的には、先に述べたように、松下電器と松下電器貿易との対等合併が一九八八（昭和六三）年に実現している。これにともなって、この時点では米州本部、欧州アフリカ本部、アジア中近東本部などの地域本部、国際商事本部、東京輸出本部などが置かれた。

海外事業の基本的な考え方として、谷井昭雄は「地域に根ざす経営」を重視した。これは、松下幸之助の「地域に溶け込む経営」の彼の解釈である。具体的には、米州本部と欧州アフリカ本部の主要な機能が、日本の本社から現地へと移された。
また、海外工場や販売拠点の運営に関して、それまで以上に現地の人々を信頼して仕事を任せる姿勢を打ち出している。そのようにして海外の工場や販売会社がその国の企業になりきり、その国の人々のために事業活動を行うというあり方を明確にしたのである。地域に溶け込み、地域に根ざした経営が推進されたことで、現地スタッフはさらに熱心に働くようになったという。

森下洋一（社長在任期間＝一九九三～二〇〇〇年）

森下洋一は、グローバル経営の基本となる以下のような六カ条をまとめ、その実践に努めた（松下電器産業株式会社社史室 二〇〇八、二二一―二二頁）。

①　その国で歓迎される事業を行い、現地に根差した事業活動を行うこと
②　その国の方針に沿って事業を推進していくこと。それとともに常日頃、松下電器の考え方をその国に十分御理解頂けるよう努力すること
③　品質、性能、コストにおいて、国際競争力のある製品とサービスを生み出し、顧客に豊かな価値を提供すること
④　グローバルな研究・開発体制のもと、グローバルな技術移転・技術交流を推進すること
⑤　自主責任経営の実践のもと、強固な経営体質をつくり上げ、事業を拡大するための資金は自ら生み出すこと
⑥　現地従業員とともに経営し、現地従業員の育成・登用に努力すること

基本的には山下俊彦が提起した六つのポイントを継承しながら、そこに「グローバル経営」の視点を加えたものとなっている。これも時代の流れを反映した森下の解釈であるといえる。

さらに「グローバル展開に伴う企業行動規範」として、①その国の各種法律を順守すること、②良好で適正な労使関係を確立すること、③その国の産業との共存共栄をはかり、業界活動においては尊敬されるメンバーとなること、④地球環境の維持と改善に貢献する事業活動をすすめること、⑤地域コミュニティの社会活動、文化活動等への積極的な参画を行うことが定められた（松下電器産業株式会社社史室 二〇〇八、二二頁）。「共存共栄」「地球環境」「社会・文化活動」といったキーワードが盛り込まれているところに、「地域に根ざした経営」を彼なりに再解釈して具体化していることが表れている。

中村邦夫（社長在任期間＝二〇〇〇～二〇〇六年）

森下時代に打ち出されたグローバル経営の考え方を、中村邦夫はさらに発展させていくことになる。国内市場が飽和状態となり、デフレ傾向が強まるなかにあって、国内を主戦場として大きく成長していくことは困難である。そうした過去の戦略の延長ではなく、世界市場こそが松下電器の成長エンジンであるという新しい見方を提示した。

具体的には、海外での製造・販売業務において目標利益を達成するとともに、赤字会社をなくし、投資に見合った回収ができるようにしていく方針が打ち出された。そのようにして世界の松下グループ全体で、キャッシュフローを重視した自主責任経営の徹底を図ったのである。

もう一つ、中村時代には大きな改革が行われた。二〇〇三（平成一五）年に、グローバルブランドが「Panasonic」に統一されたのである。この時点では国内の白物家電などにナショナルブランドが残っていたが、新時代の到来を感じさせる改革であった。

大坪文雄（社長在任期間＝二〇〇六〜二〇一二年）

社長就任時、大坪文雄は「グローバルエクセレンスの仲間入り」を目標に掲げることを言明した。グローバルエクセレンスの定義については、「たゆまぬイノベーションで成長を持続し、世界規模で健全な事業活動を展開することにより、世界中のすべてのステークホルダーに支持される企業となること」と説明している。

さらに、海外での販売を年平均で二桁成長させるという大きな指針も示した。実現のためには、地域の特性に応じた現地発のマーケティング、製造と販売の連携による商品力の強化、商品力の徹底訴求を軸にしたブランド力の強化が必要だと訴えている。

また、海外製造事業に関して、「撤退基準」を導入したことも注目される。評価項目を設定し、基準に満たない製造拠点から撤退することで、赤字事業の撲滅に力を注いだ。

その他、松下電器からパナソニック株式会社への社名変更、三洋電機とパナソニック電工の完全子会社化など、パナソニックグループ全体の再編成も推進している。

以上、駆け足の説明となったが、歴代社長も基本的には松下幸之助の理念を受け継ぎながら、それぞれの時代に応じた解釈を行い、独自の海外戦略を打ち出してきているのが理解できよう。二一世紀に入ってからは、急激な社会の変化への対応に苦慮しながら、世界における松下電器のあり方を追求し続けている。

一〇　おわりに――ベーシック・ビジネス・フィロソフィーを旨として――

海外展開における経営理念の伝播という意味でいえば、松下電器では、経営基本方針を英文で「ベーシック・ビジネス・フィロソフィー（Basic Business Philosophy：通称ＢＢＰ）」と呼んでいる。朝会が行われている海外拠点では、国内のパナソニックと同じように社員全員でＢＢＰが唱和されているケースも多い。当然、現地の人材教育でも活用されている。

海外向けの経営基本方針といっても、目新しいものではない。実は、昭和初期につくられた「綱領」「信条」「遵奉すべき精神（七精神）」を英訳したものである。ここであえて繰り返し述べることは避けるが、一見、極めて「日本的」と思われるこれらの経営基本方針が、二一世紀において全世界的に通用しているのは、驚異的な事実といわなければならないであろう。つまり、松下電器の経営における理念や方針は、時代も国境も民族も文化も超えた普遍性を有しているということである。

松下幸之助が綱領、信条、七精神などを発想した時期と、松下電器が海外展開を始めた時期はいずれも昭和初期で、多少のずれはあるもののほぼ重なっている。その時点で、どれだけ海外を意識していたのかはわからないが、三〇代の青年社長だった松下幸之助の頭の中では、よほど大きなスケールで思索が深まっていたものと想像される。早い時期から世界で通用する理念・方針を掲げていたからこそ、戦争という大きな危機を乗り越えて、松下電器、パナソニックは世界的企業に成長したという見方もできよう。

昨今の世界情勢の変化は激しく、大企業といえども大海原に浮かぶ小舟のように揺さぶられ、常に安定した経営状態を維持するのは非常に難しい時代だといえる。しかしそうしたなかでも、創業初期から続く「共存共栄」

の精神を大切にすることにより、パナソニックグループは、世界の企業の規範となるであろう。

（佐藤　悌二郎）

参考文献

牛尾治朗・堤清二・加藤寛・中山素平・松下幸之助（一九七五）『明日の企業に何があるか』ＰＨＰ研究所。

髙橋荒太郎（二〇〇八）『語り継ぐ松下経営』ＰＨＰ研究所。

松下幸之助（一九六四）神奈川ナショナル店会連合会結成記念大会での話［ＰＨＰ総合研究所研究本部「松下幸之助発言集」編纂室『松下幸之助発言集 第三四巻』ＰＨＰ研究所、一九九二年、所収］。

――（一九六六）松下電器全寮文化講演会での話［ＰＨＰ総合研究所研究本部「松下幸之助発言集」編纂室『松下幸之助発言集第三三巻』ＰＨＰ研究所、一九九二年、所収］。

――（一九七七）ジェトロ一行懇談会での話［ＰＨＰ総合研究所研究本部「松下幸之助発言集」編纂室『松下幸之助発言集第三四巻』ＰＨＰ研究所、一九九二年、所収］。

――（一九七八ａ）『実践経営哲学』ＰＨＰ研究所。

――（一九七八ｂ）「共存共栄の経済交流を」『ロータリーの友』四月一日号。

――（一九八二）「この年齢になって教えられたこと」『新潮４５＋』五月号。

松下電器産業株式会社　社史室（二〇〇八）『社史　松下電器　変革の三十年』松下電器産業株式会社。

松下電器産業株式会社　創業五十周年記念行事準備委員会（一九六八）『松下電器五十年の略史』松下電器産業株式会社。

第二章　松下電器のアジア進出と経営理念の伝播

――インドネシア・台湾・中国の事例――

一　はじめに

松下電器（現パナソニック）は、昭和初期から、アジアを中心に積極的に海外展開に取り組んできた。それらはすべて戦争でいったん途切れたが、高度成長期に入って、再び活発な海外展開を始めた。

戦後初の本格的な海外販売会社は、一九五九（昭和三四）年に設立されたアメリカ松下電器である。続いて一九六一（昭和三六）年には、戦後初の海外製造会社であるナショナルタイが設立された。これらを皮切りに、一九六〇年代以降、世界各国に販売会社や製造会社がつくられ、松下グループは全世界的なマーケットを築き上げた。

本章では、松下電器が一九五〇年代から八〇年代にかけて立ち上げた海外拠点の中から、インドネシア、台湾、中国の製造会社をピックアップし、考察を進めていくこととする。この三カ国を選んだ理由は、本書のテーマが「アジア企業の経営理念」であることに加え、筆者自身が二〇一〇（平成二二）年秋に、インドネシアのナショナルゴーベル社で社長を務めた木下一氏、台湾の台湾松下電器股份有限公司で総経理を務めた堀正幸氏、中国の北京・松下彩色顕像管有限公司で営業部長を務めた青木俊一郎氏（以下、敬称略）にインタビューし、貴重な体験談をうかがう機会を得たからである。
考察の前提として、戦前から一九八〇年代あたりまでの、国内企業のグローバル化の流れについて整理しておくことにする。

二　間接輸出から直接輸出への転換

日本のほとんどのメーカーは、戦前から戦後しばらくの間、総合商社を通じて製品を輸出していた。日本で工業化が進んだのは、明治維新後の一九世紀後半以降であり、多くの会社は輸出にまでなかなか手が回らなかっただろうし、ノウハウを獲得するのも難しかったのだろう。物づくりと海外での販売を両方とも手掛けるメーカーが少なかったのは、ごく当前だったのかもしれない。

そのような中、松下電器は一九三二（昭和七）年に「貿易部」を設置して、自前の組織・スタッフで輸出業務に取り組んでいた。これは当時としては非常に珍しいケースだった。ちなみにこの貿易部は、一九三五（昭和一〇）年に分離独立して、「松下電器貿易株式会社」となり、一九八八（昭和六三）年に再び松下電器と合併するまで、しめて五十数年間、松下グループの製品を世界中に輸出し続けた。

戦後の復興期から高度成長期にかけて、多くのメーカーが総合商社に頼らず、松下電器と同様、自前の組織・スタッフで輸出を手掛けるようになっていった。その理由は、商社に輸出業務を任せる「間接輸出」のデメリットが顕在化してきたからである。

まず、メーカーとユーザーとの間に総合商社が介在していると、メーカーは海外のエンドユーザーの姿を直接見ることができない。ユーザーが見えないとは、海外マーケットのニーズを把握しにくいということであり、商品開発に支障が生じる。当然、海外のエンドユーザーに向けた宣伝活動を行うこともできない。

次に、海外で自社製品を販売している代理店や販売店に対して、メーカーから直接支援したり、商品に関する知識や情報を伝えたりすることもできない。ユーザー向けのアフターサービス、修理等の技術的サービスの提供、クレームに対応することも困難となる。

もちろん商社に任せるメリットも失われてはいない。輸出業務を全面的に委託すれば、自力で輸出部門をつくらなくて済む。海外に販売拠点や生産拠点を設ける必要もないので、そのための人材育成もしなくていい。当然、経営コストは格段に安くなる。

しかし、そのような商社任せのやり方をしていると、世界の市場に向けて、メーカーが主体的かつ戦略的に事業展開していくことができない。プラスマイナスで考えれば、たとえコストがかかっても、「直接輸出」によって得られるメリットのほうがはるかに大きい。諸外国にはどのようなユーザーがいて、どのようなものを求めているのか、ニーズをしっかりと把握しながら商品を開発し、効果的な販売方法や宣伝方法を駆使していくことができるからである。

こうして国内各分野のメーカーの多くが、自社で輸出するようになった。なかでも自動車メーカーや電機メーカーはその中心となった。

欧米では販売会社、発展途上国では製造会社

一九五〇〜六〇年代における日本企業、特に自動車メーカーや電機メーカーの海外進出は、欧米への輸出を中心に進展していた。各分野も、日本のメーカーの技術レベルは欧米よりも劣っていたが、貨幣の交換レートが一ドル＝三六〇円の固定相場であったため、国際競争力の点で日本は有利な立場だったからである。購買力が非

常に高い欧米市場に目が向いたのは、ごく自然な流れだったといえよう。

松下電器でも、冒頭で述べたアメリカ松下電器に続いて、ハンブルグ松下電器（一九六一）、カナダ松下電器（一九六六）などを設立し、欧米での販売体制強化に努めた。

一方、アジアを中心とする発展途上国においては、繊維メーカーや電機メーカーは製造会社をつくり、現地生産による展開をしていった。ただし、この年代におけるアジアでの現地生産の動きは、今日のように、日本よりも賃金の安い労働力を求めて、日本企業のほうから積極的に取り組んだものではない。当時、多くの発展途上国政府は、海外から完成品を輸入するのではなく、海外メーカーの工場誘致によって、自国の近代化を推進しようとしていた。日本をはじめとする諸外国の企業に現地生産を行うよう求めていたのである。

日本企業からすれば、アジアも大事な市場である。将来的な市場の確保のために、途上国政府の求めに応じて現地生産を行うという判断をした。つまり、どちらかといえば受け身の立場での進出であった。松下電器は、アジア諸国において、一九六〇年代には製造会社五社を設立している。

急激に進んだ円高ドル安への対応

一九七一（昭和四六）年八月に、ニクソン米大統領（当時）がドル紙幣と金との兌換禁止を発表した、いわゆる「ニクソン・ショック」が起こる。この影響を受けて、同年一二月には、円とドルの交換レートが三六〇円から一気に三〇八円へと切り上げられた。さらに一九七三（昭和四八）年二月、固定相場制から変動相場制へと移行。全体的には円高傾向が強まり、一ドル＝二五〇〜二〇〇円前後の時代がしばらく続いた。

円高が常態となり、当然、日本の輸出産業は大打撃を被ることになる。特に、欧米への輸出が大きな比率を占める自動車メーカーや電機メーカーは、製造コストを下げなければならなくなった。ここにきて、賃金の安い発展途上国で製造会社を設立する意味が大きくクローズアップされることとなる。

このような背景から、日本の多くのメーカーがアジア諸国に製造会社をつくるようになった。松下電器は、一九七〇（昭和四五）年から七九（昭和五四）年の間に、アジアの国々で一四社の製造会社を立ち上げている。一九六〇年代の三倍近いスピードで海外生産拠点を増やしたのは、松下電器自体の成長に加えて、ニクソン不況、円高不況の影響も大きかったと考えられる。その後、一九八五（昭和六〇）年秋の「プラザ合意」によって、さらにドル安の方向に誘導され、円は高騰を続け、二〇一二（平成二四）年現在に至っては、欧米の経済危機の煽りを受け、一ドル＝七〇円台という超円高状態が継続しており、それでも持ちこたえている。ここに、「カイゼン」に根ざした日本企業のしなやかさ、強みがあるともいえるのだが、輸出の比率が高い産業・会社にとっては、非常に厳しい時代が続いている。

欧米諸国との貿易摩擦

このように、円高ドル安は日本の輸出産業に大きな影響をもたらした。ただし、一九五四（昭和二九）年に始まった神武景気以降、高度成長を続けていた日本の対米貿易収支の黒字化も、アメリカの不況、ひいては円高ドル安を招いた要因の一つであることは間違いない。日本企業、日本の産業人の努力が、結果的に日米間の貿易摩擦につながるという皮肉な結果となった。

例えばアメリカ製品と少なくとも同程度の品質の商品を、アメリカ製品よりも極端に安く販売して、アメリカの国内産業を圧迫したとする。するとそこに不公平感が生まれ、赤字を被った側からは「日本のせいでわれわれは損をした」ということになる。これが国家レベルでは「貿易摩擦」と認識される。

一九五〇年代半ばからは、繊維製品の輸出によって貿易摩擦が起こっている。鉄鋼・カラーテレビの貿易摩擦は、一九七七（昭和五二）年に日本側が対米輸出を自主規制したことによって収まった。しかし、それでも一九七〇～八〇年代において、品質や性能が著しく向上した日本の自動車や電気製品は、アメリカ市場を席巻する勢いで売れ続けた。特に八〇年代以降は、自動車、半導体、農産物などに関して日米貿易摩擦が頻発した。

こうした貿易上の不均衡が問題視され、アメリカでは「ジャパン・バッシング」が巻き起こった。労働者たちによるデモンストレーションとして、日本の自動車などを破壊するパフォーマンスが行われたのもこの時期である。

この流れを受けて、日本の自動車メーカーや電機メーカーは、一九八〇年代以降、アメリカでの現地生産に乗り出した。現地で雇用を生み、現地に税金を納めるようになれば、さまざまな形でアメリカに貢献できるし、激しいジャパン・バッシングを和らげられる。松下電器も、一九八〇年代に北米大陸で製造会社を五社設立して対応した。

またこの時代、アメリカだけでなくヨーロッパ市場でも日本との貿易摩擦が起こり、電機メーカー、自動車メーカー、精密機器メーカーなどを中心に、ヨーロッパ各国で現地生産が行われるようになった。欧米での現地生産に関しては、欧米の巨大マーケットに対応するため、発展途上国の現地生産に比べて非常に規模が大きいという特徴があった。また、発展途上国で製造工場をつくる際には、高い確率で現地資本を入れて合弁会社が設立されていたが、欧米では日本企業が完全所有する子会社が多かった。新会社・新工場をゼロから立ち上げるだけでなく、欧米の既存の会社・工場を買収して現地生産を始めるケースもあった。

海外拠点の出向者の的確な経営判断

ここで海外拠点の運営について見ておこう。海外で製造会社や販売会社を設立した場合、日本国内にある本社と諸外国の拠点との連絡方法が大きな問題となる。特に一九七〇年代までは、海外赴任者が本社とこまめに連絡を取り合うことは非常に難しかった。

例えば国際電話の高額な通話料金は、海外拠点の営業コストに影響する。時差が大きい国からは、電話をかける時間帯も制限される。そのためいつでも気軽に電話をかけるわけにはいかない。

その当時はテレックスが広く使われていた。テレックスは、電話とキーボードとプリンターが一体になったような通信機器で、電話で相手を呼び出しておいて、文章をキーボードで打ち込んで送信すると、相手側のプリンターで印刷されるという仕組みである。テレックスも通信料がかかるため、費用を抑えるためにできるだけ略語を用いた。より手軽なファクシミリの普及は一九八〇年代以降、電子メールが一般化したのはさらに遅れて一九九〇年代以降のことである。

また、外国の現場を知らない本社が、海の向こうの拠点に対して、常に適切な指示を与えられるわけでもない。海外拠点の側からしても、素早い対応が求められるとき、その度ごとに本社の決裁を待っているわけにはいかない。こうした事情から、海外拠点で働く人たちは、現地で適宜経営判断を行わなければならない状況に置かれていた。このとき、適切な判断を下すためには何らかの基準・指針が必要となる。すべて現場の事情に合わせたり、担当者の思いつきで対応したりしたのでは、それぞれの会社のアイデンティティからかけ離れた経営になってしまいかねないからだ。

そこで大きな力を発揮したのが、その会社の「経営基本方針」や「経営理念」であった。経営判断に迷ったとき、普遍性のある基本方針や経営理念に照らして考えれば、おのずと正しい答えが導き出せるからである。このような時代背景を踏まえたうえで、次節からは、松下電器が設立・運営してきたアジアの製造工場の実例を取り上げ、その運営と経営理念との関係性について述べていきたい(1)。

三　ナショナルゴーベル社の事例──松下電器のインドネシアへの進出──

まずは、一九七〇（昭和四五）年にインドネシアで設立された、ナショナルゴーベル株式会社（現パナソニック・ゴーベルインドネシア株式会社）を木下一の証言（木下 二〇一〇、二〇一一）によって紹介していくことにしよう。この会社の創設は、一九五〇年代までさかのぼる。

インドネシアの独立に貢献したスカルノ初代大統領は、大小約一万八〇〇〇の島々に分かれて暮らす国民に情報を提供したり、教育を充実させたりしていくために、ラジオやテレビを普及させなければいけないと考えた。そうした情報網の整備が必要であることを、国民にも強く訴えていたという。しかし、自国にはラジオやテレビを製造する技術はなく、外国から完成品を輸入するにしても、高額なので国民に広く普及させることができない。そこで、海外電機メーカーの協力を仰いで、なんとか自国でつくれるようにしたいと考えた。前述した、途上国政府から先進国への企業誘致の働きかけの一つのパターンである。

これを実現するため、スカルノ大統領は、一九五七（昭和三二）年に視察団を日本に送り込んだ。このメンバーの中に、後に松下電器とパートナーシップを結ぶことになるモハマド・ゴーベル氏がいた。国会議員であり実業家でもあったゴーベル青年は、このとき日本の電機メーカー数社を訪ねて、ラジオの部品提供を依頼して回った。ところが注文数があまりにも少なかったことから、どのメーカーも、協力する姿勢を示さなかった。

そうして何社目かに訪ねたのが、大阪の松下電器であった。松下幸之助と面会する機会を得たゴーベル氏は、インドネシアの国情や、いかにラジオやテレビを必要としているかについて熱心に説明した。ゴーベル氏の国を思う熱意に打たれた松下幸之助は、たとえ数量が少なくても協力していくことを約束した。技術援助に関する契約が正式に結ばれたのは、一九六〇（昭和三五）年で、ゴーベル氏の所有する工場に、松下電器から製造技術を持ち込んでラジオなどの生産を開始した。

のちにナショナルゴーベル社の運営で中心的な役割を果たすことになる松下電器貿易所属の木下が、インドネシアに最初に赴任したのは、一九六四（昭和三九）年のことだ。木下によれば、当時、インドネシアのある国営会社がオランダのフィリップス社と提携して電球をつくっていたが、スカルノ政権がフィリップスの現地会社を凍結し、電球用のガラス玉がオランダから供給されなくなる事態が発生した。そこで、フィリップス社と提携関係にあった松下電器が問題解決に当たることになり、松下電器貿易の若手社員だった木下がインドネシアに送り込まれたのである。

木下は、戦後賠償でつくられたＳＡＲＩＮＡＨ百貨店がオープンする際、電気製品を一括で供給する契約を締結、ゴーベル氏の工場で、ラジオやテレビ、扇風機といったさまざまな電気製品を組み立てる段取りを整えた。こうしてインドネシアでの事業は、成長していくものと思われた。

ところが翌一九六五（昭和四〇）年の九月三〇日にクーデターが勃発、スカルノ大統領は失脚した。外出禁止令が発布され、木下は現地で身動きがとれない状態となる。木下が宿泊していたホテルの前には戦車が陣取り、日本への連絡も禁止された。当然、同国におけるビジネスはすべて暗礁に乗り上げた。クーデターの三カ月後にようやくインドネシアを離れ、シンガポールに移っている。さらに一九六七（昭和四二）年には、マレーシアに転勤した。

同六七年、インドネシアではスハルト政権が成立した。さっそく外資法を発令、外資の導入や技術移転を進める方針を打ち出した。同時に、国内産業の保護育成のため、電気製品など完成品の輸入が禁止された。海外の企業を誘致することによって、雇用の拡大を図り、経済を再建し、近代化を進めようとしたのである。落ち着きを取り戻したインドネシアに、一九七〇年代以降、多くの日本企業が進出し、次々と合弁会社等を設立していった。

ゴーベル氏も事業再開を計画し、関係のあった松下電器を再び誘致することにした。ゴーベル氏は、最初に手を差し伸べてくれた松下幸之助を心から信奉していたこともあり、協力を仰いで、電気製品づくりを軌道に乗せたいと考えたのである。一九六九（昭和四四）年、ゴーベル氏はマレーシアに滞在していた木下を訪ねて、工場誘致を依頼した。木下はこれに応えて松下電器の関係各部署に働きかけ、再びインドネシアで事業を始める準備を進めることになった。

インドネシアのプリブミとの合弁会社

一九七〇（昭和四五）年七月に「ナショナルゴーベル」という新しい製造会社が、松下電器とゴーベル氏との合弁によって設立された。資本金は一二〇万ドルで、出資比率は松下電器が六〇％、ゴーベル氏が四〇％の割合であった。一三〇人の従業員で、ラジオの製造からスタートした。設立に際し、日本に一時帰国していた木下は、松下幸之助から次のような言葉をかけられたという。

「海外で事業を行うときは、その国の発展に寄与し、その国の人々のためになるように取り組まなければならない。ゴーベル氏とは、一九六〇（昭和三五）年に技術援助を始めてからの一〇年間は、いわば婚約期間のようなものだった。これからは正式な結婚であり、君はゴーベル氏の奥さんになったつもりで、精一杯尽くしていくことが大切だ。日本の松下電器のことはいっさい心配しなくていい。」（木下 二〇一〇）

松下幸之助はゴーベル氏の熱意や人柄を買って、インドネシアの現地の企業家である同氏と手を組んだわけだが、これは日本企業では稀であった。当時、インドネシアで資金力を持っていたのはほとんど華僑であり、同国に進出した日本企業の大半は、華僑の有力者と資本提携していたからである。

インドネシアの地元の人々は「プリブミ」と呼ばれており、他の日本企業から、「松下電器はプリブミと組んで貧乏くじを引いた」などと揶揄されたこともあったという。なぜなら、電気製品を売り込みに行く相手である販売店も、ほとんどは華僑による経営であった。それほど当時のインドネシアでは、たくましく商売を展開する華僑に富が偏っていた。しかし松下幸之助としては、「インドネシアのためになる事業を遂行するためには、プリブミと手を結び、かつてのオランダ植民地時代から搾取され続けた彼らを助けてやらなければならない」という信念を持っていた。

ところが、プリブミと組んだことがプラスに転ずる時期が訪れる。

一九七〇年代、多くの日本企業は自社の利益を最優先して、インドネシアで得た収益をすべて日本に持ち帰り、地元への還元をほとんど行わなかった。インドネシアの人々は、そうした日本企業を「エコノミックアニマル」と評して嫌悪するようになった。さらに、日本本社からの命令に一方的に従わせようとする横柄な態度も、「テレックスマネジメント」と称して反感を買う要因となった。

一九七四（昭和四九）年一月に、田中角栄総理大臣（当時）がインドネシアを訪れたとき、溜まっていた怒りや不満が爆発し、大規模な反日暴動が起こった。華僑と結んでいた多くの日本企業の施設が攻撃され、大きな被害を受けたという。ところがプリブミと組んでいた松下電器は、攻撃対象から外されていた。現地に密着し、現地のための事業をしようとしていた姿勢が、地元にしっかりと理解されていたのである。しかも親日派のゴーベル氏は、反日感情が渦巻く中で、田中首相を歓迎する広告を堂々と出していた。こうした勇気ある行動は、その後、「日本企業はすべてエコノミックアニマルである」という誤解や悪評を打ち消すきっかけになったようである。

さまざまな問題を乗り越えながら、ゴーベル氏と木下は信頼関係を深めていった。毎年一月に行われる松下電器の経営方針発表会には、いつも二人揃って出席し、松下幸之助と対談する時間を持った。そのたびに松下はゴーベル氏を激励し、ともに熱く語り合い、三〇分の予定をオーバーして一時間以上話し込むことも珍しくなかったという。ゴーベル氏は、松下から聞いた話の意味や内容を、ホテルに帰ってから木下と確認し合っていたという。こうして、年を追うごとに生産品目も増え、ラジオ、テレビ、扇風機に加えて、ラジカセ（ラジオとカセットテープレコーダーが一体となったもの）、洗濯機、冷蔵庫、エアコン、その他の部品等も製造販売するようになった。さながらインドネシアにおける「ミニ松下」のごとく、ナショナルゴーベル社は大きく成長していった。

松下電器の理念を生かした経営の実践

ナショナルゴーベル社では、物づくりの技術だけでなく、経営のあり方についても、松下電器の考え方や手法が導入され、大きな効果を発揮していた。例えば当時の松下電器では、会社全体が「大家族」のような温かい人間関係を保つことを大切にしてきたが、ナショナルゴーベル社も同様に、家族的な雰囲気をつくっていこうとしていた。

また、松下電器で毎朝行われている「朝会」も、同社の開業時から導入している。日本と同じように、松下電器の経営基本方針である「綱領」「信条」「遵奉すべき精神」をインドネシア語で唱和し、社歌を斉唱し、所感を発表し合い、体操をしてから仕事に取り掛かる。遵奉すべき精神とは、「産業報国の精神」「公明正大の精神」「和親一致の精神」「力闘向上の精神」「礼節謙譲の精神」「順応同化の精神」「感謝報恩の精神」の七つで、それぞれに補足説明する短文がついている。

朝会はコミュニケーションを深める場であり、価値観を共有する場であり、また社員教育の場でもある。ナショナルゴーベル社においても、朝会の効果が大いに実を結び、高いモチベーションと強固なチームワークが形成された。また、当時の一般的なインドネシアの企業は、始業時間までにだらだらと社員が集まり、誰からともなく仕事を始めるところが多かったが、朝会を取り入れたことにより、皆が定時に仕事を開始するようになった。

そのほか、松下電器には「水道哲学」と呼ばれる経営理念がある。これは「道端の水道水を通行人が飲んでもとがめられないのは、水が豊富で安価だからである。松下電器も、物資を水道の水のように安価で無尽蔵に供給して、この世に楽土を建設していく」という考え方である。(2) これを現地の社員に教えようとしたところ、インドネシアでは水は貴重なものであり、そのままでは理解されないことが分かった。そこで「水道」を、現地ではごくありふれた食べ物である「バナナ」に置き換えて「バナナ哲学」として説明すると、社員たちはその意味をよく理解したという。これは、経営理念の現地における解釈の典型的な事例であるといえよう。

このように、松下電器の経営理念、経営の基本方針の導入によって、社員一人ひとりの意識が高まり、ナショナルゴーベル社は理念志向の高い製造会社へと成長していった。もちろん、日本の松下電器と瓜二つの会社になったわけではないが、それはそれで問題はないと木下はいう。木下は、インドネシアに赴任する後輩に対して、次のようなアドバイスをすることがある。

「松下電器の理念を持ち込むのは、いわば日本からインドネシアに『いい種』を持ち込むようなものである。ただ、その種は、日本で真っ赤な大きい花を咲かせるからといって、インドネシアでも同じ花が咲くわけではない。もしかするとピンク色の小さな花が咲くかもしれない。しかしそれは、日本とインドネシアの土壌が違うからであって、どちらがいいとか悪いとかいう問題ではない。インドネシアの社員たちにしっかりと勉強してもらい、インドネシアならではの美しい花が咲くようにしていくことが大切だ。」

日本から経営理念を持ち込むといっても、それをただ押しつけて、日本と同じ花を咲かせようとするのは間違っている。現地の土壌を生かし、現地のためになる事業に徹すれば、最終的には素晴らしい果実を収穫できるようになる。このような現地に即した理念解釈により経営したことによって、ナショナルゴーベル社は現地で愛される会社になれた。

ちなみに木下は一九七八（昭和五三）年から同社の社長を務め、一九八九（平成元）年に帰国。現地での実績が高く評価され、インドネシア政府から国家開発功労賞、日本政府から海外経済協力貢献賞を授与されている。

四　台湾松下の事例——松下経営理念の伝播——

二つめの事例として、一九六二（昭和三七）年に設立された台湾松下電器股份有限公司（現パナソニック台湾株式会社、以下「台湾松下」と記す）を取り上げる。(3) こちらもまず、設立までの経緯を振り返っておきたい。

台湾における合弁事業のパートナーは、現地の実業家の洪建全《ホンツェンツアン》氏である。同氏は一九五三（昭和二八）年頃から、ラジオや音響用の電気部品を日本から輸入して販売する業務を手掛けていた。当初から松下電器の部品を輸入していたが、他のメーカーからも多様な部品を輸入していた。ところが台湾政府は、国内産業保護を目的に、台湾で生産が始まった品目については輸入規制をかけるようになる。輸入できない品目が増えてきたことで、洪建全氏は、欠品を出さないために自社で部品づくりに取り組むことにした。しかし、それまで主に輸入・販売のみを手掛けてきた同氏にとって、物づくりは専門外である。度重なる失敗で経営が圧迫されるようになった。

この時点で、洪建全氏から松下電器に相談が持ちかけられ、検討を重ねた結果、インドネシアのゴーベル氏のケースと同じく、技術援助契約を結ぶことになった。一九五六（昭和三一）年に、技術援助に加えて完成品の輸入も始めている。松下電器からは無線事業部の技術者が、松下電器貿易からは初代駐在員が派遣され、現地での部品製造が本格的に始まった。

その後、生産体制を充実させるために新しい工場を建設し、配備する機械を松下電器から輸入したとき、予想外の問題が発生した。新たに輸入した機械設備が新品ではなく中古品だったことから、新品の輸入を原則とする台湾政府に指摘され、新品にはかからない高額の関税をかけられ、再び経営が圧迫される事態となったのである。しかも、せっかく輸入したその機械設備も、将来利用することを予想して導入したものの、結果的にはあまり活用されなかった。こうした余分な出費に加えて、物づくりの経験の浅い現地の社員たちへの技術指導が十分行きわたらず、不良品が多発し、会社の信頼まで失墜してしまう事態となり、倒産の可能性すらあった。

事態を重く見た松下電器の髙橋荒太郎副社長（当時）は、台湾の洪建全氏の工場を視察して善後策を検討した。現地スタッフともよく話し合った結果、松下電器が資本を投入して合弁会社を設立する以外に、洪氏のビジネスを救う方法はないと判断された。最終的に洪氏の会社の株を松下電器が買い取る形で合弁会社にする方針が決まった。

株式の割合は、洪氏との交渉によって、松下電器側が六〇％、洪氏側が四〇％にしたのだが、台湾政府が難色を示した。それ以前に日本の他の電機メーカーが資本を入れた合弁会社は、日本側の株式割合がいずれも五〇％もしくは五〇％未満に抑えられていたことから、松下電器が過半数の株を持つことに警戒感を抱いたのである。台湾政府との交渉には、髙橋荒太郎副社長が自ら臨んだ。関係者を何人も介しているうちに、蒋介石総統の秘書長を務めていた張群《チャンジェン》氏と話し合えることになり、髙橋副社長は松下電器としての基本の考え方を説明した。髙橋副社長が提示した方針を引用しておこう。文中の「台松」とは、「台湾松下電器股份有限公司」の略称である。

第一には、良い商品を作り、人々に提供し、豊かな電化生活を築き、この国家、社会の発展に貢献する。

第二には、合弁企業・台松の経営の基本三原則を政府に約束した。

① 台松は台湾の会社であり、台湾の人々により経営する自主自立の会社にする。

② 世界市場に通用する品質の秀れた品物を作る会社にする。

③ 資金的にも現地で自己調達し、自立経営できる会社にする。(4)

この方針を聞いた張群秘書長はいたく感激し、台湾政府は株式割合を承認するに至ったのである。髙橋荒太郎が示した方針は、「海外で事業を行うときは、その国の発展に寄与し、その国の人々のためになる事業でなければならない」という松下幸之助の考え方を自分なりに解釈して継承し、より具体的に表現したものであるといえよう。自主自立の経営ということも、やはり松下幸之助の経営理念を反映したものである。

こうして一九六二（昭和三七）年一〇月、同社は正式に発足する運びとなった。

「物をつくる前に人をつくる」の徹底

台湾松下の滑り出しは、必ずしも順調とはいえなかった。当初、現地の社員の意識がまだ低かったためか、工場が十分に稼働しなかったからである。販売に関しても、既存の問屋の力が非常に強く、言い値でしか仕入れてもらえない有り様だった。このような当時の商習慣から抜け出すことができず、一年目から大きな赤字を出してしまう。

設立した翌年の一九六三（昭和三八）年七月には、松下電器から新しい総経理（中国語で社長、代表者にあたる）として岡田重治が送り込まれ、徹底的なテコ入れが行われた。さらに同年一〇月には、やはり松下電器から、のちに総経理を務める堀正幸が営業担当として赴任した。

新たな陣容になって、まず力を入れたのは「人づくり」であった。松下電器には「物をつくる前に人をつくる」という経営理念があるが、これに従った取り組みが始まった。一つには、ナショナルゴーベル社と同じく、毎日「朝会」を行うようにした。朝会で唱和する松下電器の「綱領」「信条」「遵奉すべき精神」、皆で斉唱する「社歌」をすべて中国語に翻訳し、きちんと意味内容が分かる形で実施した(5)。

ただ唱和させるだけでなく、総経理をはじめとする松下側スタッフと現地の社員との間で、できるだけ対話をする機会をつくり、松下電器の理念や考え方を丁寧に伝えた。さらに、先に記した髙橋荒太郎の方針や基本三原則についても、ことあるごとに詳しく教え続けた。そうしているうちに、だんだん社員の仕事に対する取り組み方が前向きに変わっていった。

仕事以外では、福利厚生の充実を図るとともに、レクリエーション活動、クラブ活動といったグループ活動も取り入れた。これによってチームワークを高めつつ、円滑な人間関係を構築できる。気分転換が図られ、よりいっそう仕事に打ち込めるようにもなる。

事業が順調に推移するようになってからも、堀が中心となって社員教育に力を注ぎ続けた。例えば設立五年目からは、入社したばかりの人たちを対象に社員導入訓練を行うようになった。台湾松下の概要、経営の基本、職場の規律、作業に関する注意事項、作業の仕方などについて、一週間かけてみっちりと教え込む。

また、入社三年目から五年目の社員の中から、「ＢＳ（Big Sister）」および「ＳＣ（Senior Companion）」という名称の「世話係」を選び、新入社員に仕事を教えたり、社会生活の基本を指導したりする制度もつくった。これもまた、スタッフの社会人としての成長と人間関係構築に大きな成果を示した。

営業部門の教育訓練においては、松下幸之助の著書『商売心得帖』『社員心得帖』などを中国語に翻訳し、テキストにして商売の基本から指導することにした。この中で、現金回収がいかに重要であるか、安易な値引きがいかに経営を圧迫するかといったことを繰り返し教えるとともに、教えたことについてレポートを書いてもらうなどして、一人ひとりが確実に成長できるよう努めたのである。[6]

さらに、堀の提案により「教育訓練センター」が設置され、台湾松下の社員全員が松下電器の理念を理解、体得し、仕事で実践していかれるよう教育を施した。こうして徹底的に「人づくり」を行ったことで、台湾松下はその後大きく成長していくことになった。こうした方針は当時の日本企業の中ではかなり特殊であった。

従業員を解雇せずに石油危機を克服

松下電器に関してよく語られるエピソードの一つに、一九二九（昭和四）年の世界恐慌で在庫の山ができたときの、松下幸之助の対応がある。[7] 従業員削減を訴えた幹部に対して、松下は「誰の首も切ってはならない。生産をただちに半減し、工場を半日勤務とする。給料は全額支給する。その代わり店員（営業担当）は休日を返上して在庫の販売に全力をあげよ」と指示した。これで従業員は安心し、販売に力を尽くしたところ、二カ月で在庫を完売し、間もなく工場もフル稼働できる状態になったのである。

台湾松下でも、これによく似た出来事があった。一九七三（昭和四八）年のオイルショック時に、輸出商品や部品製造の業績が急激に悪化し、約三二〇〇名に増えていた社員のうち、約八〇〇名の現場作業員に与える仕事が一時的になくなってしまった。業績が悪化したのは他の会社も同じで、多くの会社が社員の大量解雇に踏み切ったため、社会問題となっていた。

台湾松下でも動揺が走ったが、堀は、オイルショックという危機を、人を大切にする松下電器の姿勢を示すチャンスと考えた。まずは社員たちの不安を払拭することが重要と考え、台湾松下では「社員の解雇はしない」と宣言した。それでも人が余っていることに変わりはないので、そうした人員については、台湾中の約二〇〇軒の販売店に応援に行かせることにした。一店につき二、三人程度、掃除道具を持ち込み手弁当で、各販売店の整理整頓などを手伝わせたのである。堀は、販売店の理解を得るために、一店一店説明をして回ったという。

このときの対応により、台湾松下の社会的評価は一気に高まった。新聞に取り上げられ、台湾政府にも知られることとなる。販売店からは歓迎され、「弁当なんて持ってこないで、うちの従業員と一緒に食べなさい」と言ってもらえるまでになった。

こうした経験を経て、従業員の会社への忠誠心が高まり、その後は離職率が大幅に下がったという。

松下流の「事業部制」を導入

台湾松下の組織づくりの大きな特徴は、日本からの出向者は、総経理以外誰も組織の中に入らなかったことであろう。いずれも各部門の責任者の顧問という立場で仕事を行った。経験が浅い社員にも重要な役職を与えて、本人の自覚と努力を促すためであった。現実には、初期の段階では台湾側の責任者のスキルがまだまだ低かったため、出向者が部門リーダーとしての仕事もすべてしなければならなかった。そのため社員からは、顧問であるにもかかわらず、「部長」などと呼ばれることも多かったという。

しかし、設立から十数年経った頃には、出向者は肩書き通りに「顧問」と呼ばれるようになった。台湾側の責任者の自覚とスキルが高まり、部下たちから、部長なら部長として認められるだけの働きをするようになったからである。

一九七六（昭和五一）年には、現地幹部の経営者育成という意味も込めて、事業部制が導入された。事業部制とは、会社組織を製品部門ごとに分割して、製造から販売まで、個々の事業部が独立した会社のように運営していく組織である。当然、事業部長は社長並みの権限と責任を持つことになる。日本では一九〇八（明治四一）年に岩崎久彌が三菱合資会社で採用したのが最初とされるが、製品別事業部制では松下電器がもっとも早い段階で採用した。これも松下電器の自主責任経営という理想を具現できる組織として合理的だったのであろう。

二〇一二（平成二四）年現在、パナソニック台湾は従業員四五〇〇人を擁する企業グループとなっている。

五　北京松下電器の事例——松下の中国進出——

最後に、すでに二〇〇九（平成二一）年に合弁を解消しているが、中国での松下電器の最初の合弁会社として一九八七（昭和六二）年に設立された、「北京・松下彩色顕像管有限公司（のちの北京・松下ディスプレイデバイス）」の事例を同じく社史や青木へのヒアリング（青木二〇一〇、二〇一一）から明らかにしたい。

日中国交正常化が果たされたのは、一九七二（昭和四七）年である。鉄鋼業の新日鉄や重電系の東芝、日立、三菱といった会社は、中国側の求めもあって、日本企業の中ではいち早く進出した。当時は毛沢東らによる文化大革命の真っ只中で、国民生活は疲弊しており、おそらく中国側も家庭用電気製品にまでは手が回らなかったのであろう。松下電器の中国進出は、文化大革命の収束後、鄧小平が実権を回復するまで待たなければならなかった。周知の通り、鄧小平は「改革・開放」政策を打ち出し、外資の導入を推進した。

その鄧小平が、日中平和友好条約を批准するために来日したのは、一九七八（昭和五三）年一〇月であった。このとき松下電器は、松下幸之助の意向を受けて、鄧小平の民間企業視察スケジュールに同社を組み込むことに成功し、鄧小平と松下幸之助との会談が実現した。会談では、次のような会話が交わされたという（青木二〇一〇）。

「松下さん、あなたは日本では経営の神様といわれていますね。これから中国の近代化を手伝っていただけませんか。」

「世界の文明は四大文明に始まって、西欧に行き、今はアメリカが最も繁栄しているけれども、巡って二十一世紀にはアジアの時代になると思います。そのときには日本と中国が手を取り合って、世界の平和と繁栄に貢献するべきです。松下電器は一企業ですが、できる限り中国の近代化に協力しましょう。」

この言葉に感激した鄧小平は、松下幸之助を中国に招待することを約束した。

その後松下幸之助は、一九七九（昭和五四）年と一九八〇（昭和五五）年に訪中している。一度目の訪中では、「日中電子工業合弁構想」について話し合いが持たれた。これは、日本電子工業会の有力企業十数社と中華人民共和国政府が共同出資して、日中合弁企業をつくり、その傘下にテレビやラジオ、音響機器の製造会社を置くという壮大な計画であった。発想は素晴らしかったが、インフラ整備すら十分に進んでいない中国で、そうした事業を始めることには難がなあるとして、日本の他の電機メーカーは、一部を除いて同調しなかった。そこで、翌年の訪中時には、「松下グループ単独で、他社の手本となるような合弁会社をつくる」という意志を表明し、鄧小平から快諾を得た。

操業開始早々の大きな危機

合弁会社設立の準備は、松下電器の三代目社長である山下俊彦の指揮下で進められている。また、台湾松下やナショナルゴーベル社で営業職としての経験を積み、のちに北京・松下彩色顕像管有限公司（ブラウン管の製造工場）の営業部長、松下電器有限公司（中国の松下電器関連会社を総括的に支援する会社）の総経理などを務めた青木俊一郎は、一九七九（昭和五四）年五月から北京に駐在して山下社長を補佐した。

四年の歳月をかけて市場調査等さまざまな準備を行い、最終的には、カラーテレビ用のブラウン管を製造する会社をつくるという構想がまとまった。当時の中国ではブラウン管は外国からの輸入に頼っていた。そのためテレビは高価で、普及も遅れていた。中国国内で高品質のブラウン管を安価で提供できれば、中国の電機産業も潤い、人民の生活向上にもつなげられる。これが山下社長の結論だった。こうして設立に向けた道筋をある程度つけ、一九八六（昭和六一）年、松下電器の社長は山下俊彦から谷井昭雄へとバトンタッチされた。

さらに各方面の交渉は進み、新会社の資本金は日本円に換算して二〇〇億円相当で、北京側が五〇％、松下側が五〇％の出資比率となった。また、工場の所在地は中国の首都である北京市に決まった。そして一九八七（昭和六二）年に調印が交わされ、「北京・松下彩色顕像管有限公司」が設立された。

その後も、松下電器の経営理念に沿った取り組みが行われている。工場建屋の建設に約二年を要することもあって、中国の新工場で働く予定の社員二五〇名の教育訓練を行った。「物をつくる前に人をつくる」という理念をそのまま導入したのである。具体的には、二五〇名全員を日本の松下電子工業（当時）に招き、半年から一年間かけて実習を積ませた。来日当初は日本人スタッフの作業スピードにまったく追いつけなかった中国人スタッフも、半年後には日本人とほぼ同レベルの技術を身につけていたという。

松下幸之助が亡くなったのは、北京・松下彩色顕像管有限公司の工場で最終的な準備が進められていた一九八九（平成元）年四月二七日のことで、同社が本格的に稼働し始めるのを見届けることはできなかった。それでも、北京にできた工場建屋の写真を入院先の病室で見て、「鄧小平さんとの約束を果たせた」と、喜びの表情を見せていたという。

果たして、一九八九（平成元）年六月三日に、ブラウン管の第一号機が完成した。本来なら記念すべきスタートになるはずだったがその翌日に天安門事件が勃発して、北京は大混乱に陥ってしまった。

北京の日本大使館からは、「不要不急の日本人は速やかに帰国」という通達が出された。近隣の国営工場は、事件が起こる前から休業状態になっていて、通常なら、稼働したばかりのこの新工場も、騒動が収まるまで休業もやむなしの状況だった。ところが、翌六月五日の月曜日でも、九〇％以上の社員が出社し、問題なく生産ラインを動かすことができた。また、交通手段が麻痺していたにもかかわらず、受付担当の女性社員は、徒歩で片道六時間もかけて出勤してきた。この状況でもほとんどの人が集まったことに皆が感激し、かえって結束力が強まったという。

このとき中国側のパートナーの一人である張彭《チャンポン》董事長から、松下電器の谷井社長に向けて、「日本人スタッフの生命と安全は責任を持って守るので、生産を続けさせてほしい」という連絡があった。これを受けて松下側でも情報分析を行った結果、青木を含む日本人スタッフは全員中国に留まった。青木が特に親しくしていた張仲文《チャンチョンウエン》副総経理は、連日社宅に泊り込んで、稼働を続けられるよう努力をしてくれた。

天安門事件のさなかにあっても、中国人と日本人が協力し合ってブラウン管の製造を続けたことが業界の評判となり、同社の売り上げは初年度から予想以上の伸びを見せた。その結果、一年目から黒字を出し、配当まで行うという快挙を達成したのである。ここに松下の理念の具体的な実現の姿を見ることができよう。

中国で松下電器の経営理念が通用した理由

北京・松下彩色顕像管有限公司の社員たちが示した高い結束力に一役買ったのは、松下電器で伝統的に行われ、ナショナルゴーベル社や台湾松下でも導入された「朝会」である。

これは、松下電器側から一方的に指導したわけではなかった。むしろ山下俊彦社長は、日本文化の源流でもある中国文化を非常に尊敬していたからか、朝会で唱和する「綱領」や「信条」「遵奉すべき精神」などを彼らに押しつけるべきではないという考えを持っていた。それよりも、正確に技術を伝えて、商品が売れるように努力せよと、青木らに伝えていた。青木も自分から勧めるつもりはなかった。ところが、松下電子工業で実習を受けていた二五〇名の中国人スタッフが、日本の社員たちが朝会を行っている様子を見て、「これは非常にいい。中国でもぜひやりたい」と言ってきたのである。

そのとき、ただ中国語に翻訳するだけでなく、中国流にアレンジをしようということになり、例えば七精神は「友好合作の精神」「自覚守紀の精神」「実事求是の精神」という項目を加えて「遵奉すべき十精神」とした。「友好合作」は文字通りの意味で、「自覚守紀」は「みずから風紀を守ること」、「実事求是」とは、中国語で「事実に基づき、真理を追求すること」という意味とのことである。さらに体操も、中国式の体操に置き換えられたのだが、そこに流れている精神は松下電器の経営理念の本質は変えず、一方で国民性に柔軟に配慮するということであった。長年にわたって中国での事業に携わってきた青木は、経営理念のあり方について次のように語っている。

「海外で事業を行う場合、経営理念にはグローカライゼーションという考え方を盛り込むべきではないでしょうか。グローカライゼーションとは、現地化を意味するローカライゼーションと、世界的な普遍化を意味するグローバライゼーションとをミックスした造語です。普遍的な意味を持ちながら、それぞれの場所に適した形にアレンジすることで、本物の経営理念というものができあがるのだと思います。」

経営理念というと、永久に不変であるかのようなイメージもある。しかし、国内はともかく、海外において現地の人たちとともに事業を展開する場合には、根本の精神を守りながらも、柔軟にアレンジしていく姿勢が今後必要とされるかもしれない。

その後中国では、次々と松下グループの会社が設立され、二〇一二（平成二四）年現在、八〇の関連会社で合計一〇万人の人たちが勤務している。

六　おわりに

本章で取り上げてきたナショナルゴーベル社、台湾松下電器股份有限公司、北京・松下彩色顕像管有限公司の三社は、いずれも「合弁会社」として設立された。ナショナルゴーベル社と台湾松下電器は、松下側が六〇％で現地側が四〇％、北京・松下彩色顕像管有限公司は、松下側も北京側もともに五〇％と、出資比率に違いはあるものの、現地の資本が入っているという意味では共通している。

もちろん松下電器の海外展開において、すべての海外販売会社や海外製造会社が「合弁」だったわけではない。松下の一〇〇％出資というケースもある。しかし、基本的には合弁会社が多かったといってよい。松下電器としては、「現地の資本を入れることで、現地の会社として運営し、現地のためになる事業を進めていく」という理念が貫かれていたのは間違いない。

忘れられがちなことだが、合弁のパートナーとなる現地側の経営者にも、その会社で働く現地の人たちにも、「海外から資本を入れ、技術援助を受けてはいるが、この会社は、あくまでも自分たちの国にできた自分たちの会社だ」という意識がある。また、そのように考えてもらうことが、自社のアイデンティティを維持するためには非常に大切である。

ところが日本に限らず、先進国の多くの企業が発展途上国で子会社をつくり始めた当初、まるで支配者のように振る舞い、利益をすべて本国に持ち帰り、「自分たちはその国で雇用を生み、現地人に働かせてやっているのだ」とでも言わんばかりの態度で経営されていたところが多かった。これでは現地の人々の心を傷つけ、反感を買う。

松下幸之助は、「私に言わせれば、経営する者も働く者も人間である以上、日本も外国もない。みな同じだと思う」と述べている（松下 一九八二）。

もちろん、ビジネスである以上利益を生まなければならない。しかし、そのために倫理を忘れ、人の道から外れたような経営に走ってはならない。現地の人々が喜び、現地の発展につながる事業を展開し、可能な限り利益を現地に還元したうえで、適正な利益を本国にもたらすことができれば、そのビジネスは成功といえるのではないか。暴利を貪ろうとすれば、軋轢が生まれるのは当然である。

先進国も発展途上国も、ともに「共存共栄」していくことが松下理念における理想の姿である。これを実現するために必要なのが、倫理的にも正しく、共有できる「経営理念」である。そして経営理念を心に刻み、経営理念に基づいたビジネスを展開してこそ、現地の人たちから尊敬され、愛される会社となれるのである。松下電器の理念伝播のケースは、このことを示しているように思われる。

（渡邊　祐介）

注

（1）冒頭で紹介した木下、堀、青木の三氏のヒアリングと関連資料をもとに、以後、論を進めていく。

（2）松下（一九六二）二五六―五七頁の記述には、以下のようにある。

「あの水道の水は加工され価あるものである。今日、価あるものを盗めば咎を受けるのが常識である。しかるに道端にある水道の水の栓を捻って、あまりの暑さに行人が喉を潤さんとて存分にこれを盗み飲んだとしても、その無作法さをこそ咎める場合はあっても、水そのものについての咎め立てはないのである。これはなぜであるか。それはその価があまりに廉いからである。何が故に価が廉いか、それはその生産量があまりに豊富であるからである。いわゆる無尽蔵に等しいがためである。ここだ、われわれ、実業人、生産人の狙い所たる真の使命は。すべての物資を水のごとく無尽蔵たらしめよう。水道の水のごとく価を廉ならしめよう。ここにきて始めて貧は征服される。

宗教道徳の精神的な安定と、物資の無尽蔵な供給とが相俟って、はじめて人生の幸福が安定する。ここに実業人の真の使命がある。自分が我が松下電器の真使命として感得したのはこの点である。ここに諸君にお話しする松下電器の真の使命は、生産に次ぐ生産により、物資をして無尽蔵たらしめ、もって楽土の建設を本旨とするのである。」なお、本書は現在、ＰＨＰ文庫として一九八六年より再刊されている。同書では二九五―二九六頁である。

（3）パナソニック社史資料、堀の著書（堀 二〇〇〇）、ヒアリング（堀 二〇一〇、二〇一一）によって考察を進めていくこととする。

（4）堀（二〇〇〇）三一頁。

（5）厳密な直訳とはいえない。国民性、文化の違いを反映させている。

（6）当時、台湾では問屋に値切られるだけでなく、長期の約束手形での支払いが当たり前で、代金回収が常に滞りがちで、これを正常化することが大きな課題となっていた。

（7）松下（一九六二）二〇二頁、前述の文庫版では二三四頁を参照されたい。

参考文献

青木俊一郎（二〇一〇）「ヒアリング」（於ＰＨＰ研究所京都本部、二〇一〇年一〇月一〇日）。

木下一（二〇一〇）「ヒアリング」（於ＰＨＰ研究所京都本部、二〇一〇年一〇月八日）。

髙橋荒太郎（二〇〇八）『語り継ぐ松下経営』ＰＨＰ研究所。

堀正幸（二〇〇〇）『松下の海外経営』同文舘出版。

――（二〇一〇）「ヒアリング」（於ＰＨＰ研究所京都本部、二〇一〇年九月二二日）。

堀正幸、木下一、青木俊一郎、渡邊祐介（二〇一一）日本大学経済学部・中国アジア研究センター、香港大学・現代言語学部共同主催国際シンポジウム「アジア企業における経営理念の生成・伝播・継承」における発表、（二〇一一年一一月五日、六日）

松下幸之助（一九六二）『私の行き方 考え方―わが半生の記録』実業之日本社。

――（一九八二）『新潮４５＋』五月号、新潮社。

松下電器産業株式会社　社史室（二〇〇八）『社史　松下電器　変革の三十年』松下電器産業株式会社。

その他、社内資料。

第三章　島津製作所の中国進出と経営理念
――動的平衡進化状態における継承・伝播――

一　はじめに

本章で取り上げる企業は、「科学技術で社会に貢献する」を経営理念に掲げる創業約一四〇年の、株式会社島津製作所（以後、島津と呼ぶ）である。同社は二〇〇二年に社員の中からノーベル賞受賞者が選出されたことで話題になったが、元来、トップクラスの理化学分析機器を提供することで有名な企業である。京都で老舗といえば、伝統工芸を想起することが多いが、島津は老舗でありながら、先端的な科学技術のフロンティアでもある。同社は日本の理化学の黎明期に初代島津源蔵により設立され、「日本のエジソン」と呼ばれた二代目島津源蔵が、さらに発展させて現在に至っている。日進月歩の科学技術に関わる企業で、このように高度なレベルを維持しつつ長期間継続できる企業は少ない。長い歴史の中で島津を取り巻く内外の社会的環境は大きく変化しているが、それぞれの時代の社員は、どのように理念を継承してきたのだろうか。それは世界に展開する際、どのように伝播されていったのだろうか。

また島津の顧客の多くは、高レベルな専門職を雇用している組織であることが多いため、その技術を支える島津の社員や代理店も高度な知識を有する必要がある。専門的な知識をもつ人々は所属組織よりもその専門性に関心をもちやすく、組織への一体化を促す経営理念の浸透は、容易ではないことが予測される。かつての日本のように成長期にある国家では、企業への組織コミットメントを強く求められたかもしれないし、工場の労務管理で行ってきたような同調や斉一性を求めるような経営理念浸透のしくみもうまくいったかもしれない。しかしそれらは、研究、開発に関わる高度な知識を有する人々に効果をもたらすのだろうか。以下では、このような問いを明らかにするために、制度論、職業社会学などの観点から、経営理念の継承、伝播に関する分析枠組みを示す。

二　本章における経営理念の分析枠組み

動的平衡進化状態における経営理念

バッキ（E. Bakke）は、組織を「動的平衡進化状態（an evolving state of dynamic equilibrium）」という概念を用いて、組織内外の社会的環境の変化に対して平衡が保たれ、進化する状態として説明している。彼は環境の変化に対して、統一性を恒常的に維持するためには、受け身で影響を受けるだけでなく、その力に対して自意識的に「全体のイメージ」を構成しなければならないと示唆している。そして組織成員が、このイメージを拠り所や方向性として用いる時、組織の統一性が保たれ、組織が環境の変化に適合することができたならば、組織は進化すると述べている（Bakke 1987, p. 66–7）。そしてバッキが組織の全体のイメージと呼んでいるものをセルズニック（P. Selznick）は「組織性格」と呼んでいる。彼は「組織が手段としての評価だけではなく、直接的な個人の欲求充足や集団統一性の媒介として評価されるような価値が注入された時、制度となるのである。制度化が十分発達すれば、慣習や志向、あるいはその他の組織への関与などが統合され、組織のあらゆる側面を色づけし、それが正式な手続きや指示を超えた『社会的統一性』を付与する」と述べている（Selznick 1984, p.

40)。そして北野利信はこのような組織性格を成員が公認し、文書に表したものが経営理念であると述べる（北野 一九七二、二〇三頁）。

経営理念の制度化とは、組織のための行動が個人の欲求充足と重なり、個人にその価値が内面化された状態といえよう。そのためには、その組織で是と考えられることを理解する必要がある。成員が組織で期待される行動、知識、技能、規範を身につけることは「組織社会化」と呼ばれ、職場には技術的なこと以外にもさまざまなルールや期待される望ましさが存在し、組織行動に影響を及ぼす（田尾 一九九七）。さらにスコット（R. Scott）は制度の維持・普及を担う存在として個人を捉え、組織成員は環境との相互作用の中で社会化されるが、受動的な弱い立場ではなく、能動的に合理的選択（経済的合理性だけとは限らない）を行い、環境に影響を与える立場にもなると述べている（Scott 2001）。人々はさまざまな社会圏に属しており、必ずしも所属している企業の経営理念だけを重視している訳ではないし、雇用されている社員の全員が愛社精神を持っている訳でもない。したがって、理念の継承や伝播は、成員にその精神（実践を含む）を是として、あるいは当為（まさになすべきこと、なさざるをえないこと）として理解されなければ成しえないのである。例えば、その組織で働くことが「社会貢献という尊いこと」をしている、つまり就業が尊いことへの近接というような信念になった時、それは人々のよりどころとなり、経済活動以上の価値、喜びになるだろう。

働く意義と経営理念

経営理念が継承されるためには、人々がその企業の仕事に従事する意義を感じなければ困難である。仕事の意義や働きがいを付与されない就業は人々のやる気を奪う。尾高邦雄によれば、職業という言葉は「職」と「業」の二つの概念から構成されており、「職」は職業において要求される能力（個性）の発揮およびその職業において果たされる寄与（役割）の部分を指し（働きがいや自己実現）、「業」は生業のため、生活費を稼ぐという経済的理由での就業を指す。尾高は「職業とはつまり『職分』のことである。それは人間として尽くすべき本分あるいは使命である。各人はそれぞれ一定の社会的分担をもっている。この分担を果たすことは各人に課せられた任務である。そしてこの任務の遂行が職業に他ならない。人間の社会生活は各人がその役割を果たし、これを通じてたがいに協力することによってのみ可能である」と述べている（尾高 一九九五、二八―九頁）。自分の果たすべき本分を全うできる、そのことが企業の理念と一致しているならば、人々は働きがいを感じるだろう。

荻原勝は一九七〇年代の労働者調査のデータを用い、職種による働きがいの阻害の有無などを分析している。その結果、管理職、専門職、高学歴者は、仕事の内容に対する満足度や自分の仕事は社会貢献度が高いと感じており、事務職、製造職はそれらを阻害されていると感じていることが示された（荻原 一九七九）。その後の研究でも、大卒ホワイトカラーは製造職よりも、変化に富んだ仕事、自己実現できる仕事を求める傾向があることが示されている（稲上・川喜多 一九九九、藤本 二〇〇五）。

大卒ホワイトカラー、専門職と組織の関係

では成員のほとんどが大卒ホワイトカラーで構成された組織の場合、多くが自己実現できる仕事を求めるとすると、どのようなしくみをもって自己実現を図ることと組織の理念の一致がもたらされ、組織に社会的統一性を付与することができるのだろうか。すべての社員が企業の方針とは関係なく自らの好奇心だけで動けば、事業は成り立たない。実際、産学連携プロジェクトなどで企業側が困り果てるのは、大学の研究者が自己の研究関心を追求するあまり、事業目的と個人の目的が乖離してしまうことである。また専門職を多く雇用する組織によく見られることであるが、彼らは自らの専門分野に強くコミットし、その専門性を高めることに注力し、所属組織よ

りも専門職集団（例えば学会など）の価値意識に準拠しがちである（藤本二〇〇五）。

職種による志向の違いは、理念浸透のしくみにも影響を及ぼす。例えば、パナソニック（旧松下電気産業株式会社）は、途上国のブルーカラーと先進国のホワイトカラーでは、理念浸透の形式を変え、先進国では同調行動を求めずに理念の共有を図っていたという。アメリカのように個人の自由の尊重という価値観が優先される社会において「みんな一緒」に行動すること（sync）を求めるのは、自由を圧迫するものと捉えられ、誰にでも公平（fair）な機会があるという意味での一緒（even）ではないと考えられる。この事例のリーダーは、アメリカの大卒ホワイトカラーには、工場で行われていた制服の着用や毎朝の社歌の斉唱などの同調を強く求めず、また意思決定の際は社員に選択肢を与えつつ、理念に沿った選択を行うことを論理的に説明するように心掛けていたという（藤本二〇〇八）。

組織内外の環境の変化と経営理念の継承

以下では、島津の事例に対する分析枠組みを示す。長期に継続している組織は、内外の環境の変化の中で、経営理念を構成し、平衡を保ちつつ、進化して、現在に至っていると予想される。島津の創業時と現代では外部環境、事業、組織成員の構成も大きく変化しているが、百年以上前の経営理念は全体のイメージとして維持されている。時代によって社会にとって価値のあること、就業における成員の欲求充足、そして組織にとって重要なことは変化する。それがたとえ同じ文言で表現されていても付与される意味は異なるだろう。組織の理念に沿った仕事が、成員に働きがいをもたらし、本分と認識される時、それは理念の浸透と読み取ることができるだろう。しかし、組織の中で全体のイメージが維持されるのは容易ではなく、それにはしくみの存在が不可欠である。日常の中で理念が継承されるしくみがなければ、それはお題目に過ぎないものになり、成員に共感されなくなる。

以下では島津の経営理念について、(一)創業当時の理念、(二)島津を取り巻く組織内外の社会的環境変化と理念の解釈、(三)現代の島津の社員の働きがいと理念継承のしくみ、(四)海外への伝播過程という観点から分析を行い、どのように継承されてきたのかを検討する。

三　島津製作所の創業の理念

島津製作所の概要

島津製作所は、一八七五(明治八)年に島津源蔵によって京都市で創業された。業種は理化学系計測機器メーカーであり、分析・計測機器、医療用機器、航空機器、半導体関連産業機器などを扱う。資本金は約二六六億円で、グループ従業員を含めた社員数は九八一九名(二〇一一年三月三一日現在)であり、連結売上高は二五二七億円(二〇一一年三月期)である。以下では島津製作所の社史(島津製作所 一九六七、一九八五、二〇〇五)と拙著(藤本 二〇〇五、二〇〇九)の記述をもとに島津の歴史的経緯を概観する。

科学技術啓蒙への決意―初代源蔵の時代―

創業者の島津源蔵は江戸時代末期に仏具職人として開業したが、一八六九(明治二)年の東京遷都による人口移動、廃仏棄釈による京都の産業危機に直面した。翌年、衰退が危ぶまれた京都産業を活性化させるために科学技術政策として京都府立舎密局(当時の工業試験場)が設置された。そこで源蔵は事業の展開を期待し、ここで物理学の講座を受け、理化学機器の使用目的、正確な使い方、機器のしくみなどを学び、外国語で書かれた文献の挿絵を頼りに、仏具職人の器用さを活かして実験器具の製作に取り組んだ。

初代 島津源蔵
出所：（株）島津製作所提供。

当時、西洋の先進国では科学（基礎科学系）と技術（応用科学系）の間に学問的序列意識があったが、西洋列国に植民地化されないために、早急に殖産興業の振興に当たる必然性があった日本では、科学と技術の序列意識が芽生える前に「西洋文化」として同時に取り入れた。東京の工部省、大阪舎密局、京都舎密局は近代科学技術導入の最先端の拠点であり、お雇い外国人技師たちにより熱心に指導された。彼らの教育理念は、体系化された知識をもたない職人ではなく、また学理偏重の役に立たない学徒でもない、「学問ある専門職」としての技術者の養成であった。そして京都舎密局発足三年後、ドイツ人技師ワグネル（G. Wagener）が招かれ、源蔵はさらにさまざまな技術を身につける機会を得た。ワグネルは源蔵を弟子としてだけでなく、信頼できる技術者として認め、当時、数少ない理化学機器製作に必要な木製旋盤機（ヨーロッパからの輸入）を贈っている。源蔵は座学を実践に活かす重要性を師弟関係の中で強く感じながら学んでいった。

源蔵の製作した機器は手作りでありながら、驚くべき高水準で水平、垂直、均衡が実現されており、政府から厚い信頼を受けた。源蔵は政府の依頼を受けて、明日の日本を担う子供たちのために小学校・中学校・高等学校用の理化器械を製作し、日本を「科学の国」にすることを決心したという。源蔵は七年間で百十種類の理化器械を提供したが、この時、財政的に厳しい多くの学校のために、三段階（高・中・低）の価格帯で製作した。少しでも多くの子供たちに科学技術を学ばせたいという思いは、先端的で高価なものだけでなく、安価でも科学技術を学べる器械にも注力する姿勢からうかがえる。こうして源蔵は次世代育成への「科学技術啓蒙への使命感」によって、仏具製造業から理化学機器製造業へ移行していったのである。

先端科学技術による実学志向―二代目源蔵の時代―

初代源蔵の長男・梅次郎も、父の姿勢を見て育ち、西洋技術を試行錯誤しながら学んでいった。梅次郎は家業の手伝いで学校には二年間しか通っていないが、父に借りてきてもらった外国の物理書を独学で読み解き、絵図を元にさまざまな機器類の製作に成功している。その中でも、一五歳の時にイギリスのウィムズハースト式誘導起電機（静電気を起こさせる発電機）を一八八四（明治一七）年（発明された翌年）に製作して周囲を驚かせた。その後、初代源蔵の急死により、梅次郎は二六歳で二代目源蔵を襲名した。

二代目 島津源蔵
出所：（株）島津製作所提供。

西欧の科学技術の吸収が急がれる中、レントゲン博士がX線を発見した翌年の一八九六（明治二九）年に、第三高等学校（現 京都大学）の村岡範為馳が、島津の発電技術を頼りにX線撮影の実験を依頼してきた。二代目源蔵は受注後、数カ月でX線写真の撮影に成功している。この時期、村岡を始めとする何人もの研究者がX線の研究を行っていたが、みな学術研究を目的としてX線写真撮影に

1921年頃のX線装置による診察風景
出所：（株）島津製作所提供。

よる知見を得ることに満足して、その応用への関心は低かった。二代目源蔵はこの知見を人のために活かすべきと考え、政府にも働きかけ、実用化を目指した。X線発見の二年後に「日本初の教育用X線装置」を完成させ、さらにその一二年後には「医療用X線装置国産第一号」として世に送り出した。

その後、二代目源蔵は第一次世界大戦による外国製の部品の調達難から、国の強い要請を受けて一九三〇（昭和五）年に「易反応性鉛粉製造法」を確立し、国産の鉛蓄電池を完成させている。電池はその後、ますます需要が高まり、企業の一部門では対応できないほどの事業となり、島津から分離して日本電池（株）となり、現在は（株）GSユアサ（GSは島津源蔵のイニシャル）となっている。後に二代目源蔵は、この功績により「日本の十大発明家」の一人に選ばれ、京都近代工業の祖として「日本のエジソン」と呼ばれるようになった。

島津はその後も「日本初」「世界初」の製品を世に送り出し続けており、現代でも医療分野、産業用機械分野、航空分野、分析機器関連の事業へと展開している。

四　島津を取り巻く内外の社会的環境の変化

世界の中の日本の科学技術の地位の変化

現代の島津を取り巻く社会的環境は、創業の頃から大きく変わった。初代源蔵の時代は、西欧諸国に植民地化されないために、必死で科学技術政策を強化しなければならず、官民挙げて、名実共に「国の存亡」をかけて科学技術立国が目指された。二代目源蔵の時代はいくつもの戦争、経済恐慌を経て、国の存亡が危ぶまれる時期もあったが、いかに「世界で通用する」ようになるか、という状況の中、科学技術立国が目指された。日本は一九七〇年代に工業化による環境破壊、公害が顕在化し、経済成長と人々の健康へのジレンマを経験した。バブル期には研究開発へ潤沢な予算配分が行われ、日本の技術力は非常に高まり、ついにマイクロエレクトロニクス産業においては、アメリカに脅威を与えるレベルに達した。しかし日本は貿易黒字に対して世界から圧力を受けるようになった。そして現在は、「高い科学技術力をもつ日本」と世界での評価が定着し、追う立場から追われる立場になった。しかし、日本の経済はバブル崩壊期以降、厳しい状況が継続し、将来のための基礎研究も、その費用の膨大さに民間企業だけで持ちこたえるのが難しくなり、政府からの支援が欠かせない状況となっている。このように少資源国家である日本に科学技術という付加価値が重要であることに変わりはないが、日本の科学技術の地位は、明治期から現代まで大きく変化し、島津の科学技術による社会への貢献も世界規模に広がっていった。

島津の社員の構成の変化

科学技術立国を目指す日本の製造業は、製造職から研究開発職まで、さまざまな業務を担う人々によって構成されており、高品質製品を低コストで顧客へ提供することを目指している。そのため、多くの企業がコスト削減・消費地への近接のために海外に工場の拠点を置いている。技術の高度化、工場の海外展開により、日本国内の製造業の就業構造は大きく変化している。二〇〇四（平成一六）年の男子新卒者のうちで製造業に正規雇用された者のうち大卒・大学院卒者の就職比率は約三〇％であったが、二〇一一（平成二三）年には、約五〇％となり、七年間で高学歴化が一層進んでいることがわかる（文部科学省二〇一二）。さらに大学院卒者が最も多く入職するのは製造業であり、理系の新入社員は研究開発に従事することが期待されている（藤本二〇〇八）。

島津の場合も、高度な理化学機器を研究開発し続けるということもあり、現代の新卒採用者のほとんどは、大卒・大学院卒者で占められている。初代源蔵、二代目源蔵の初期の時代には多くの人々が学校教育を十分受けられないまま就業しており、自社内での育成が欠かせなかったが、時代と共に組織の成員の学歴構成は大きく変化している。

現代の島津の理念

島津の場合、基本的には「科学技術で社会に貢献する」という理念で一貫しているが、その解釈は時代によって、より具体的な表現をしている。例えば、日本の公害が深刻な問題として世界的に認識された一九七〇年代には、島津はこれからの百年に向けて、「総合経営の理念」という展望を示している。その内容には「生命の安全（病気からの開放）、産業の発達（貧乏からの開放）、科学の進歩（無知からの開放）、労力の軽減（労苦からの開放）」といった、より具体的な解釈が示されている。島津は、当時の人々の苦しみを自社の技術でどのよう

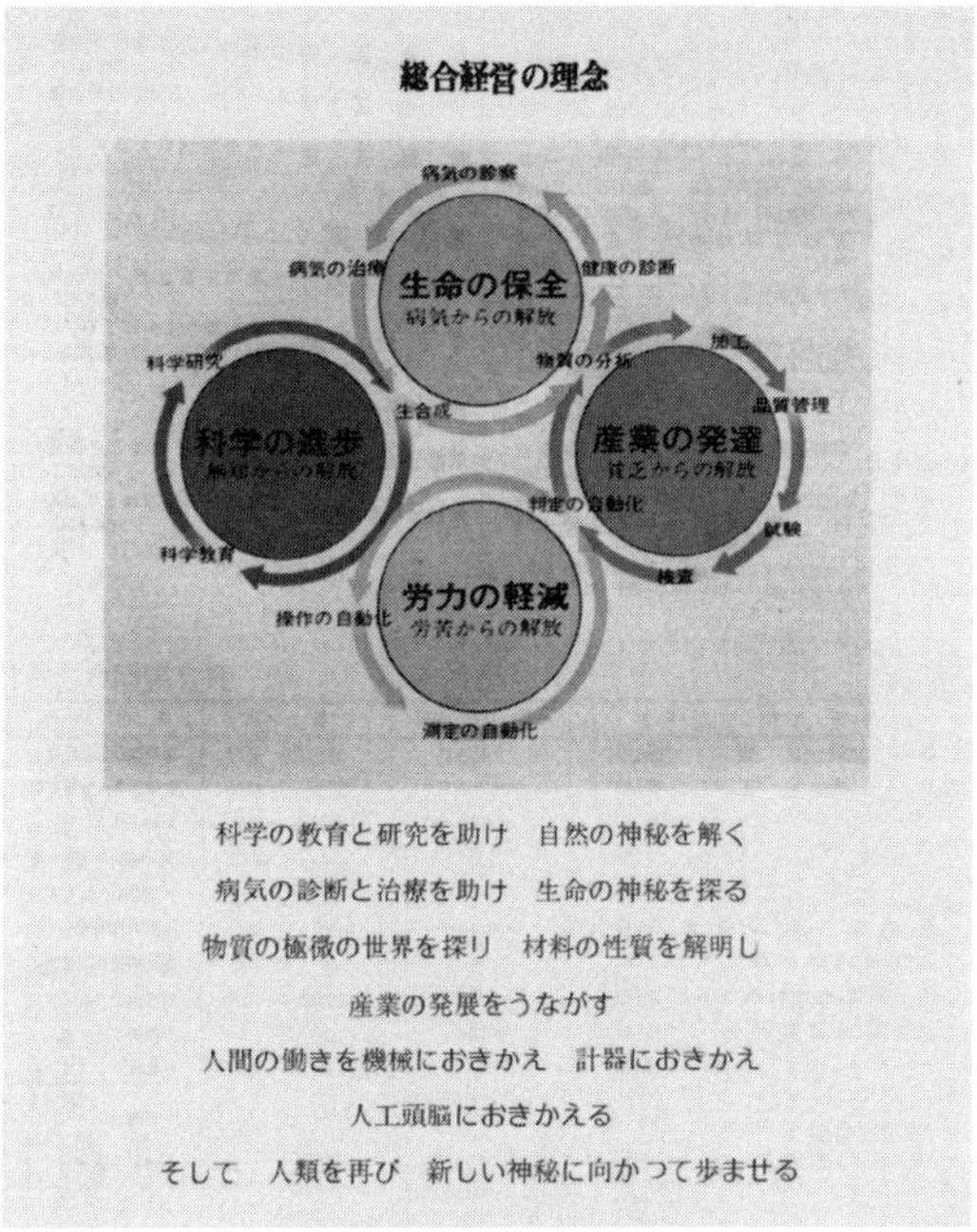

1970年代の島津の経営理念
出所：島津製作所（1975）。

に解決できるのかを考え、「島津が社会に提供できるものは、研究開発機器であり、人々の健康を護る医療機器であり、公害の実態を探り防除する機器、産業と航空の安全と効率を高める機器である。物量の豊かさだけが人の幸福を呼ぶものではない。真の幸福を求め、それを助けることを願うのが、企業の目指す方向である」と述べている（島津製作所一九七五、一四三頁）。

また社会が企業の社会的責任を問う現代においては、一九九二（平成四）年に「科学技術で社会に貢献する」は社是となり、経営理念として「『人と地球の健康』への願いを実現する」、行動原則として「お客様本位、公正・透明な行動、ステークホルダーへの対応、地球環境の保全と人類の健康への貢献、社員の創造性と個性の尊重、企業市民としての社会貢献、国際社会との協調、組織としての取り組み」と、より具体的な解釈がなされている。これまでの経営理念が社会に役立つことを表してきたのに対して、現代では公正・透明な行動やステークホルダーの存在などを意識しており、明らかに環境の変化に適応した形でこれまでと異なる要素を追加している。このように組織を取り巻く内外の社会的環境は変化し、各時代でさまざまに具体的な理念の再解釈がなされていることがわかる。

五　現代の島津の経営理念と社員の意識

社会の縁の下の力持ちとしての科学技術実践集団

では、現代の島津の社員はどのような意識をもって仕事に従事しているのだろうか。島津には、研究費の一割も投資するという最先端の基礎研究を行う研究所や商品化を目指す応用研究所などがある。一般的に基礎研究系の研究者は、「応用研究は誰かが行うもので、自分は具体的な出口まで考える役割ではない」という志向が強いため、事業に直接役立つ研究に動機づけることは容易ではない。日本のサイエンスリンケージ（学術研究と産業化のつながり）の悪さは大きな課題とされているが、島津の研究発表会では、現場の研究者たちが事業、社会への貢献度の高い技術につながる研究であることを、非常に熱く語るという（藤本 二〇〇九）。島津の技術力の高さは人々の知るところであるが、彼らの目的は顧客が何かの発見、発明、品質改良をするための手伝いをすることであり、縁の下の力持ちとしての技術を提供し、社会に貢献すること、それが「本分」だという。

そしてそれには社員を動機づける環境づくりが重要である。島津製の機器類には力学、音学、熱学、光学、磁気学、静電気学、動電気学、さらに医学、工学などを集結させた製品がある。それぞれの専門家が集まり、知見を融合させ、分析機器、はかり、計器、医用機器、航空機器などさまざまな製品を世に送り出している。研究者、技術者はこの多分野の連携に大変刺激を受けるという。さらに、日々の業務以外に「未経験なことへチャレンジできる環境、テーマづくり」を重視している。初代、二代目源蔵が、初めての技術に試行錯誤して挑戦したように、「わからないことを解明する機会」は、技術者には何よりも代え難い動機づけであり、「好きなことをやらせてもらって幸せでした」という感想をアンケートに書く社員もいるという。技術者は言うに及ばず、多くの職種の人々が頻繁に転職するシリコンバレーでも、優秀な人々を他社に奪われないために興味深いテーマの付与が重要であることが確認されている（藤本 二〇〇八）。専門性の高い社員が多い企業の中で、管理職は部下に（どのような仕事であっても）いかに興味深いものとして与えられるか、あるいは仕事の裁量をどのように与えられるかということが、彼らへの動機づけにつながる。

基礎研究系の場合、多くの研究所で「何も邪魔をしないのが最もよいマネジメント」ということが神話となりがちである。しかし、島津ではむやみに自由研究を奨励せず、経営側が「目利き」を常に行い、興味深いテーマを選りすぐり、期間を限定して自由に研究をさせている。しかも、これらの挑戦的な課題の発端は、顧客が直面した困難の解決を求められたことによる場合も多く、社会の需要をいかに取得するかが重視されている（後述する営業との連携）。ある島津の役員[1]は「技術者はわれわれのわからない宇宙語で、その研究の継続の重要性を訴える。しかし、こちらも経営を考えなければ、彼らを食べさせてやることができない。研究者、技術者を抱える組織は経営と研究、開発の目的の相違という矛盾を統合していかねばならないんですよ」と語った（藤本 二〇〇五、一五頁）。

同社で行われた社員の意識調査[2]は「島津の社員であることに誇りを持つ」が九三％、「仕事を通じて社会に貢献している」が八七％、「当社の事業が社会貢献していると、社会から評価されている」が九三％という結果であった。所属組織へのコミットメントが低いとされる専門職を多く抱える企業でありながら、社員の愛社精神、誇り、事業への自負が非常に強く、科学技術による社会貢献という理念が内面化されていることがうかがえる。

顧客のために学習が慣習化された社員教育

島津は、創業当時から「顧客の困った」を解決することが自社の使命だという。事業が拡大するにつれ、島津は専門的な機器を使用する顧客に対して、高度な理化学知識をもたない社員を一から教育する必要があり、二代目源蔵の時代から、長期間（現業職、営業職には一〇年間）の教育制度を整えてきた。現在の社員の構成は変わったが、現在も教育熱心な姿勢は変わらない。一般的には企業では、新人教育で自社の業務内容を概観させ、顧客対応、経営理念の研修などを行うが、島津ではこれらの研修に加え、大学院修了者に対しても、専門レベルの向上を目的とした英語、数学、化学など、半年間にわたって徹底的に学習させる。この他、新人研修のみならず、社内での技術勉強会、各部での製品別、市場別の勉強会が自発的に行われている。さらに管理職研修も主任レベルから課長、部長、最上幹部、また営業に対しては機器の講習など、非常に高い頻度で行われる。島津には日常的に勉強会が染み込んでおり、研究者、技術者だけでなく、営業職にも恒常的に学ぶことが制度化されているのである。

六　ヨーロッパの代理店への経営理念の伝播

ヨーロッパへの展開

島津の海外進出は比較的早く、一九二二（大正一一）年にベルリンに事務所を設け、一一三社にも上る企業から先端的機器の輸入販売を行っている。これにより当時の先端技術を吸収し、技術力を高めた。島津が自社製品で海外展開するには、各国のトップ層（中央官庁、アカデミア）から信頼を勝ち得る必要があり、それには営業職の努力が欠かせない。これまで研究者、技術者の立場から島津を見てきたが、以下では営業職による代理店への理念の伝播についてまとめる。ここでは先進国[3]において、島津が海外市場の開拓で売り上げを伸ばした頃の事例を取り上げる。[4]この頃の島津は国内だけでなく、海外でも技術力を評価されたい時期であり、基本的に政府系機関、公的機関、大学を対象とし、直接的に政府ではない場合も、例えばＯＤＡやＪＩＣＡなどの政府系の下部機関で使用されるよう努力した。島津は一九六八（昭和四三）年に住友商事と合弁会社でヨーロッパに進出して一〇年の経験を積んだ後、単独でヨーロッパで展開をしているが、このときヨーロッパでのシェアは二～三％程度で、約二〇年後の一九八〇年半ばでも四～五％に過ぎなかったという。アメリカとの貿易摩擦を経て、ヨーロッパでも日本製品は安価で信頼性が高いと評価され、購入者が増加したため、島津はドイツに拠点を置き、本格的にヨーロッパで展開した。

代理店との信頼関係

島津がヨーロッパに進出した当初はＯＥＭから始まった。それが行き渡り、実はそれは島津製だということで知名度を高めるように展開していったという。その際、島津の理念「科学技術で社会に貢献する」（ために努力を惜しまず、島津の精神、技術を理解できる）ことを、共有できる代理店を見つける必要があった。島津の代理店は、理化学系に強くなければならないが、ヨーロッパ展開において後発の日本は、パートナーになってくれる代理店を見つけるのも容易ではない。その中でアメリカ系の企業が契約を打ち切った代理店の中で実力がありそうな所を探したり、代理店側からも展示会などで島津に接近するという事があった。その中から何社かの経営状態や「知識量」を調べ、信頼して任せられるかどうかを判断し、パートナーとして選んだという。

ヨーロッパでは顧客や代理店から、島津にはない技術の実現を要求されたことが度々あり、営業部は次々に本社の研究開発部にその難題を突きつけた。企業の成長期でもあり、それに応えようと研究開発部は努力し、それによってまた技術が発展した。営業部は難しい要望を伝えてくる「嫌われ者」だったが、その要望は非常に重要で、結果として島津のレベルはさらに向上していった。社内においても営業部の難題を嫌がりながらも対応しようとする関係があり、部署間関係がよかったという。

島津は戦略として代理店も官庁系に強い所、あるいは縁故の強い社会ではルートを持っている所を選んでいる。この頃、島津はハイエンド・ユーザーへの機器を販売していたため、大企業や公的機関が対象であった。各国への展開方法は、一国一代理店という方針で相手を信じて任せる方式で行われた[5]。島津は選んだ代理店が大きくなれるように積極的にサポートして成長を助けた。この背景には島津の製品が一般の商品とは異なり専門的であるため、限定的な市場で代理店に販売を依頼しなければならないことがある。代理店は島津の製品を扱うことで生き残れなければ、もう扱わなくなり、島津はより多くの人々に対して科学技術で貢献を行えなくなるのである。そのため代理店のレベルの向上、当該社会での認知まで、何度も何度も根気良く繰り返し、共にその国でのアピールに努めた。こうして島津は代理店との信頼関係を築いていったのである。

顧客、代理店、営業職の専門性向上教育

島津の顧客サポートは、X線機器のオペレーションが危険を伴うものであったこともあり、顧客を守るために使用方法のトレーニングを熱心に行ってきたことに始まっている。現在も、社会の根幹に関わる分析機器（例えば、人が食べても問題がない物であるか、人々が生活する上で安全な濃度であるかなどを計測）を提供しているが、顧客も高水準の不慣れな技術を使いこなすことは大変難しい。そのため単に販売するだけではなく、また顧客から質問が来るまで放置するのではなく、顧客が積極的に機器を活用し、よい成果を出せるようなセミナー、トレーニング・サービスを頻繁に行っている。

新製品を販売するときには備え付けと同時に、これから起こるであろう顧客からの質問、顧客のトレーニングなども含めて、代理店にも徹底的に教育をする。これを日常的に継続してきた。さらに「営業技術職」という理

系のサービス職を、営業と研究開発の間に置いている。この営業技術職には英語および各国の言語教育を行い、また営業を担う島津の関係会社にもレベル向上のための努力を求めた。それはヨーロッパ拠点のドイツだけでなく、中東や中国など世界各国に営業職、営業技術職を駐在させて徹底する。

ヨーロッパのホワイトカラー、それもかなり高レベルな知識を有する人々には、ただ頑張れと言うだけでは受け入れられず、チームとしての方針と、それぞれ自分の果たす役割を明確にし、一緒に「チーム島津」として頑張ろう！と、理念を共に実現するために働きかけたという。リーダーによれば、非常に素直に共感してくれる現地社員が多く、長期間、一緒に頑張れる仲間が多かったという。その結果、ドイツの代理店の社員や島津のヨーロッパ拠点の現地社員は、当時から転職せずに一〇年以上の長期勤続者が少なくないという。

七　中国におけるすべての層への科学技術の提供(6)

都会人としての上海人の労務管理の難しさ

中国が経済大国になるにつれ、世界中の多くの企業が中国に集まった。島津も事業上、中国という市場は大きな魅力であり、販売、開発、研究拠点を展開した。島津の中国の海外関係会社として重要な拠点が上海にある。上海の人々は、高等教育を受け、都会人としての「上海人」に誇りを持っている。浦東《プードン》地区には外国帰りのトップクラスの科学技術系の研究者が集まる地域があり、彼らは上海を越えたワールドワイドなコスモポリタンである。トップクラスの研究者ではなくても、そもそも上海人は外部からの流入者が多く、転職することに抵抗が低い。ただし、中国で上海人であることは非常にステータスが高いため、この地域から出たがる者は少なく、企業間移動に抵抗が低いだけである。上海は住居にかかる費用が非常に高く、給与が高くなければ通勤に二時間を要する郊外から通わなければならない。そのため社員同士の交流、日本人出向者と現地社員の交流のためにアフターファイブのインフォーマル・コミュニケーションに時間を費やすのも難しい。工場などでよく行われてきた社内レクリエーションは、高学歴な若年層にとってまったく無意味で、そのようなものに付き合わされるくらいなら、お金で支払われることを望むという。企業の理念を伝える時間や社員として親和性を高める行為も就業時間内に限られる。このような状況の中、社員に定着を促すためには、事業に意義を感じるような働きがいの付与が非常に重要である。

上海で研究、開発をする人々

島津は最先端の研究開発は本社で行っており、イギリスのマンチェスターに設立された基礎研究所は、海外で研究を行う初めての事例であった。研究所を率いたのは日本から出向した研究リーダー[7]であった。そこにはイギリスだけでなく、ヨーロッパ諸国、アジア各国から研究者が集まり、さまざまな刺激を与え合う研究所であった。現在、上海に移転された同研究所の中国人のトップクラスの研究者[8]は、マンチェスターで作られた「Kスタイル」（ひと月に何度も集まってオープンマインドでディスカッションをして、他のプロジェクトの人々へのアドバイス、情報共有を厭わない。下の立場の人もよい研究を生み出すためと思えば、意見を言いやすいフラットな環境づくりをし、みんなが支援の手を差し伸べ、刺激し合う）もそのまま移植されたという。彼は「自分たちはリーダーに育てられ、研究への関心、島津の哲学も共有していたし、今もその精神を持ち続けている。今度はそれを中国に適合的な形で展開していく必要があると思う。中国の研究者には、高額の給与を示す所に魅力を感じる人もいるだろうが、高レベルな人々は興味深い仕事ができる環境を重視する。このことが優秀な人材を定着させる鍵だと思う」と述べ、転職が多い中国にあっても約一五年間も島津で研究をしている。やはり彼も論文を

2009年9月　島津国際貿易（上海）有限公司にて
出所：筆者撮影。

書くことは重視するが、基礎研究に留まらず、製品化も意識するという。Ｋスタイルの浸透は、海外での島津の理念伝播の事例の一つである。研究所創設メンバーの三〇歳くらいの若手の中国人研究者は、「自分の友人で金融関係に勤める人がしょっちゅう自分の収入を明かし、なぜ、その給料でその研究所にいるのだと誘うが、自分はお金のために研究をしているのではないし、この研究所で化学、電気工学、機械工学などいろいろな分野の研究者に刺激を受けながら研究を行う喜びには変えられない。通勤に往復四時間かかってもここを作り上げた誇りがあるから辞めない」と語った。

上海の関係会社には、基礎研究を行う所だけではなく、ミドル、ローエンド・ユーザーへの開発を行う中国人技術者たちもいる。彼らは国営などの中国の企業で開発を行ってきた人々である。ある一定以上の技術者は必ずしも給与だけで転職する訳ではなく、自分が注力したい分野、興味深い仕事をさせてもらえるかどうかで企業を選択するという。あるベテラン技術者の前職は香港の企業であり、友人が島津の開発部のリーダーを務めることになったため、誘われたという。彼は「友人とのネットワークだけでなく、島津が名門企業なので来た。名門にふさわしい企業行動を期待している」と語った。

ハイエンド・ユーザーによる信頼の獲得と逆リバース・エンジニアリングでの苦慮

中国でもハイエンド・ユーザーからの島津への信頼、認知度の高さは定着している。島津に期待された役割は、政府が指定する基準をクリアする機器を提供することであり、アセスメントなど、重要な局面で用いられる。政府レベルや大学への活動は、例えば国連大学への継続的なスポンサーとしての支援や中国の学会に「島津杯」というものを設け、その分野のトップクラスの研究者賞を与えたりしている。しかし、技術レベルの高さで信頼を得ることに注力してきた島津であるが、ハイエンド・ユーザーだけでは業績向上に限界があり、市場としてミドル、ローエンド・ユーザーというボリュームゾーンへの提供も意識して中国展開を行う必要があった。上海には世界各社の研究開発拠点が集まっており、レベル上の地位、市場における地位の両方を獲得、維持するのは至難の業であり、あまり低い所ばかりに注力するとブランドイメージを損なわれるため、バランスが重要であるという。

二〇〇〇年初頭、中国の国民は、あまり安心、安全な生活に興味を示さなかったが、二〇〇八年に発覚した粉ミルク事件以降、市民が当局を信用できないと立ち上がり始めた。水、空気、食品などに混入した見えない毒物、不純物、加工されて外から安心であるかわからない物などを測定する必要が出てきた。島津はハイエンド・ユーザーには、日本で研究開発されたものを現地に輸出してきたが、二〇〇四年からＵＶ分析機器（紫外可視分光光度計）などを手始めとして、ミドル、ローエンド・ユーザー対象製品を現地で開発するようになった。ミドル、ローエンド・ユーザーに展開するためには、その階層の人々が手にできる安価な分析機器を開発する必要があったが、当初、それを日本で開発して中国で生産しようとすると、部品の現地化率を高めるのは難しかった。現地で展開するためには、逆リバース・エンジニアリング（本来、途上国が先進国の製品を分解して、構造を学習するプロセスをリバース・エンジニアリングと呼ぶが、この場合、どのようにしてレベルとコストを下げるかを高レベル者が学習すること）が必要であった。かつて島津は西欧の先端的な機器類を輸入して学んできたが、レベルを下げるために学ぶということはなかった。日本で高品質の開発に慣れている日本人の技術者たちは、「そんな部品を使っては精度が出ない、島津のレベルとして出す訳にはいかない」と、よい物を作りたいという志向が品質を落とせず、コストダウンは成功しなかった。しかし、（当時の）社長が彼らの反対を押し切り、経験を積んだベテラン中国人技術者にミドル、ロー水準の仕様に合わせた設計をさせたところ、彼らは現地で安い部品を調達し、一〇〇万円のコストを六〇万円に下げることに成功した。(9) いろいろな層の人々が安心、安全のために分析機器を探し求めた時、それぞれのレベルで島津の製品を購入することができたという。

このことはハイエンド・ユーザーに特化してきた島津に、ビジネス上、中国のボリュームゾーンに注力したいという事情があったとはいえ、複数の技術レベルですべての顧客層のニーズに応えることの重要性を実感させる出来事であった。それは結果として、初代源蔵が財政困難な学校に通う子たちのために、三段階で理化学機器を提供したように、高レベルな機器の購入者だけが島津の顧客ではなく、必要とするすべての顧客層にその技術を届けるという、原点に回帰する契機となったのである。

中国でも社員教育、顧客トレーニング・サービス

現地の社員は営業も含め、すべて理系の学士・修士、博士学位取得者である。島津の中国人社員は自社を誇りに思っているが、高流動性社会である中国では、常に一定数の転職者がいる。そのため、できる限り優秀な社員の定着を促すために社内報を中国語で発信したり、熱心に社員教育を行っている。先に示したヨーロッパの事例のように、中国でも顧客に自社製品を役立ててもらうために、オペレーション講習を徹底的に行っている。さらに顧客が講習を受けやすいように三カ月に一回、代理店への講習会も行っている。また八つの代理店の社長を年

に四回集め、自社の理念、経営方針の共有、機器のトレーニングも行っている。この八社には二カ月に一回、幹部の経営教育も行っている。日本で展開してきた顧客への丁寧なトレーニング体制は、中国でも徹底して行われている。島津は日本と同様に、現地社員、代理店に学習機会を提供し、地道に勉強を継続して慣習化するしくみによって、それぞれが実力を磨き、顧客へ高レベルなサービスを提供するという精神を伝播しているのである。

八　おわりに――地道な努力への自負と誇り――

社会的環境の変化と理念の関係

現代の高度な科学技術を扱う社員への経営理念の浸透は、かつて行われていた社員同士の親和性を高めるようなレクリエーションや一斉の体操、また理念を毎朝復唱するというようなしくみは用いられていない。しかし、島津には「静かな一体感」とでも言えるものがある。彼らに見る経営理念の浸透は、自らの能力を発揮して社会貢献をする自己実現の道具として企業が存在するがごとく、彼らの仕事のゴールは社会貢献に向いており、その就業に誇りと働きがいを感じていることがうかがえる。ある中堅社員[10]は、自社の製品が名実ともに社会に「必要不可欠なもの」を提供しているという自負心が社員に強く抱かれていると語った。顧客も専門職であるため、責任ある結果を求められ、外部から常に厳しい評価の目に晒されていることが、島津の社員の姿勢を律しているのかもしれない。

これまで述べてきたように、島津の経営理念は初代源蔵の時代には、理化学教育の啓蒙という科学技術の普及が目指され、二代目源蔵の時代には、世界に追いつくことで日本を牽引する役割を担い、そして現在では世界のフロントランナー集団として、先端的な科学技術で科学技術立国の一翼を担っている。時代の流れと共に社会的環境が変わる中、島津が果たす役割も変化している。最先端の基礎研究は世界中のライバルが時間との勝負で競っており、研究に集中しなければ、よい成果が上げられない。そのため、ともすれば基礎研究に集中すると、研究中心主義に陥りがちである。しかし、島津はノーベル賞受賞の研究でさえも、「本来の目的はタンパク質の分析機器を完成させることだった。他の研究者の論文にそのことが発見されていれば、自分たちで研究せずにそれを利用していた。しかし誰も行っていなかったため、その分析機器の完成のために、さらに基礎研究を極めていった結果だ[11]」と、あくまでも「実用化」のためだったという。創業から約一四〇年が経った今でも、実践に活かせない学問は死に学問、という精神は継承されている。

その一方で、世界経済がめまぐるしく動く中、ヒエラルヒーの上層に位置する者として、最先端だけでなく、ミドル、ローエンドのユーザーへの意識をもって、世界中のあらゆる所で、あらゆる層の人々が安心、安全を求めている事にも想像力を働かさなければならない。島津が上を目指しつつ、横への広がりを意識した時、社会貢献の意味や次元は変化し、さらなる理念の再解釈が必要となった。中国への展開は、本分に立ち戻る重要性を気づかされる契機の一つとなったのである。

島津の理念の継承、伝播のしくみ

島津が長い時を経ても変わらず大切にしてきたものとして、社員、代理店への徹底的な教育が挙げられる。高レベルな機器の取り扱いには、研究者、技術者だけでなく、それを販売する営業職や代理店にも高レベルな科学技術の知識が求められる。事例で見てきたように、すべての社員、国内外の関係会社、代理店でも徹底的に地道な勉強会が繰り返されている。彼らは本分を果たすために、日々の慣習の中で学習を継続しているのである。社員や代理店は、顧客への専門的知識や技術の提供によって、顧客に十分にその機器を用いて成果を出せるよう支援し、顧客もまたそれによって社会貢献ができるのである。島津の社員たちは、それを行っている自社に誇りをもち、働きがいを感じていた。

社会的統一性を共有することが難しそうな専門性の高い人々で構成されたこの企業では、継続的で高頻度な学習という地道な努力がなされ、それが本分を全うし、自己実現につながることとして徹底されていた。長い歴史の中で、組織内外の社会的環境の変化によって、島津の経営理念の目指す次元は変わることを求められ、それに適合するために、その都度、再解釈されていた。島津にとって経営理念は、動的でありながら平衡を保ち、進化し続けるものであるといえよう。

謝辞
本調査においては、株式会社島津製作所に大変ご協力頂いた。記して御礼を申し上げる。

（藤本　昌代）

注

（1）二〇〇二年に行った取締役人事部長 藤城亨氏へのインタビュー（所属、職位はインタビュー当時）。
（2）主任以上の社員が母集団で対象は約一六〇〇人。
（3）ドイツ、イギリス、フランス、アメリカ、オーストラリア。
（4）二〇一一年一一月 取締役海外事業開発部統括の徳増安則氏へのインタビュー（所属、職位はインタビュー当時）。
（5）十分発展した場合、機種を分けて一国に二つ以上の代理店と提携することもある。
（6）二〇〇九年九月、二〇一一年一一月に行われた島津国際貿易（上海）有限公司の総経理 古澤宏二氏、企画部部長 小谷崎眞氏、負責人（営業部部長）井上統雄氏、環境関係部署管理職（日本からの出向者）松久浩明氏、現地研究開発職へのインタビュー（所属、職位はインタビュー当時）。

（7） 島津英国研究所 元所長 熊代州三夫氏。

（8） 二〇一一年三月 Shimadzu Research Laboratory (Shanghai) Co. Ltd. 勤務 シニアリサーチャー Dr. Li Ding 氏（所属、職位はインタビュー当時）。

（9） 二〇〇九年八月に行った服部重彦会長へのインタビュー。

（10） 二〇一一年一一月 広報課課長 坂ノ下健氏へのインタビュー（所属、職位はインタビュー当時）。

（11） 二〇〇五年一二月 取締役・基盤研究所所長 吉田多見男氏による同志社大学セミナーより（所属、職位はセミナー当時）。

参考文献

Bakke, E. W. (1987) "Concept of the Social Organization," edited by Haire, M., *Modern Organization Theory: A Symposium of the Foundation for Research on Human Behavior*, Garland Publications.

Scott, W. R. (1995) *Institutions and Organizations*, Sage Publications.（河野昭三・板橋慶明訳『制度と組織』税務経理協会、一九九八年。）

Selznick, P. (1984) *Leadership in Administration: A Sociological Interpretation*, University of California Press.

稲上毅・川喜多喬編（一九九九）『講座社会学 六　労働』東京大学出版会。

荻原勝（一九七九）『働きがいの構造―日本的ＱＷＬの課題を探る』ダイヤモンド社。

尾高邦雄（一九九五）『尾高邦雄撰集　第一巻　職業社会学』夢窓庵。

北野利信（一九七二）「経営理念の構造」中川敬一郎編著『現代経営学全集 第三巻　経営理念』ダイヤモンド社。

佐藤博樹・佐藤厚（二〇一二）『仕事の社会学』有斐閣。

島津製作所（一九六七）『島津製作所史』島津製作所。

――（一九八五）『島津製作所百十年史』島津製作所。

――（二〇〇五）『科学技術で未来を拓く―島津製作所百三十年の歩み』島津製作所。

田尾雅夫編（一九九七）『「会社人間」の研究―組織コミットメントの理論と実際』京都大学学術出版会。

藤本昌代（二〇〇五）『専門職の転職構造―組織準拠性と移動』文眞堂。

――（二〇〇八）「経営理念の異文化伝播」住原則也・三井泉・渡邊祐介編著『経営理念―継承と伝播の経営人類学的研究』ＰＨＰ研究所、二三三―二五九頁。

――（二〇〇九）「経営理念の継承―経営人類学者の視点（六）　株式会社 島津製作所（京都市）」『ＰＨＰビジネスレビュー』第五八号、六―一七頁。

島津製作所ウェブサイト（http://www.shimadzu.co.jp/aboutus/company/profile.html, 2012/10/12）

第四章　本田技研工業の海外進出と経営理念の伝播・継承

――「夢」を実現する理念の力――

一　はじめに

本田技研工業㈱（以下ホンダ）の起源は、本田宗一郎によって、一九四八（昭和二三）年九月に従業員約二〇名、資本金一〇〇万円で、静岡県浜松市に設立されたオートバイの生産販売会社に始まる。一九四九年に初の二輪車「ドリーム号D型」の生産を開始して以来、ホンダは異彩を放つ創業者本田宗一郎の夢とスピリット、そして経営パートナーである藤澤武夫のセンスと判断力、という二人のリーダシップにより、斬新で高性能な製品を次々と開発し販売していった。その結果、創業七年で日本一のオートバイ生産会社になり、創業一〇年後の一九五八年には超ロングセラーとなる「スーパーカブ」を発売し、世界一の販売台数を誇る会社に急成長した。

一九五九（昭和三四）年には米国に現地法人を設立し、後に「グローバル企業」と言われるようになる海外展開の第一歩を築いた。一九六三年には自動車（四輪）の製造・販売を開始、その後、順調にオートバイ、自動車、汎用機の三本柱で世界を舞台にビジネスを拡大し、現在では世界の四一カ国に計一七八の生産、販売、開発拠点を有している。二〇〇八年には、連結売り上げ一二兆円、従業員一七万七〇〇〇人を擁し、販売台数は毎年、二輪・四輪・汎用機合計で二〇〇〇万台を超える規模にまで成長した。

このようなグローバル企業の躍進を根底で支えたのは、創業以来一貫して流れている経営理念であった。本章では、この経営理念がどのようなものであり、海外にどのように伝播され、時代と共に継承されるにあたってどのような工夫や翻訳がなされてきたのかということを、筆者のひとり（小杉正孝）の体験や、経験者へのインタビューならびに公開資料等を通じて明らかにしていきたい(1)。

二　ホンダの海外進出とその基盤

ここで、ホンダの海外進出の軌跡を簡単にたどっておこう。ホンダは一九五五（昭和三〇）年に二輪車生産台数で国内第一位となっているが、それに先立つ一九五二年には既に二輪車の輸出を開始している。それと並行して、一九五九年には英国マン島で行われた世界最高峰のオートバイレース（Ｔ・Ｔレース）に初出場し、一九六一年には一二五ＣＣ、二五〇ＣＣの両クラスで一位から五位までを独占して完全優勝を成し遂げ、世界を驚かせた。「技術で世界一を目指す」という本田宗一郎の最初の夢はこの時点で実現され、これ以降ホンダの世界進出は加速化していく。上記のように、一九五九年に米国ロサンゼルスに現地法人を設立し、一九六三年には、ベルギーで二輪車のホンダ初の海外生産が開始され、一九六〇年代から七〇年代には、米国・カナダへも輸出が拡大していった。その後、アジアへの需要増加も含め、二輪車の世界生産は著しい進展を遂げ、二〇〇八（平成二〇）年には世界生産累計二億台を達成した。その中でも人気シリーズの「スーパーカブ」は世界生産累計六〇〇〇万台を達成した。

一方、一九六三（昭和三八）年には四輪車の生産も開始され、一九六七年には、大ヒットとなった軽自動車「Ｎ３６０」が発売され、一九六八年には国内軽自動車生産第一位となる。これと呼応して、一九六九年には、台湾でホンダ初の四輪車の海外生産を開始する。一九七二年には、極めて厳しい環境基準である米国・マスキー法を世界で初めてクリアした低公害エンジン「ＣＶＣＣ」の開発にいたっている。この時もまた「世界一」の基準を実現したことになる。一九七五年にはアジアの市場をターゲットにし、インドネシアで四輪車の生産を開始する。そして、一九八二年には、米国で日本メーカー初の自動車生産を開始し、一九八九年には、米国モデル別乗用車販売台数で「アコード」が第一位となる。その後、二〇〇一（平成一三）年には、北米での四輪生産累計は一〇〇〇万台を達成、二〇〇三年には全世界の四輪車生産累計五〇〇〇万台を達成している。近年では、地球環境問題に配慮したハイブリッド車の世界展開や、アジア市場へ向けた小型車の提供などにも力を入れ、グローバル企業としての地位を確固たるものにしている。(2)

以上のような展開を遂げてグローバル企業となったホンダであるが、その基盤を築いた大きな理由の一つは藤澤武夫の先見性であった。藤澤の自伝によれば、最初に海外取引をしたのは、台湾で商社を通じてエンジンを三〇〇台ほど販売した時であったという。「二輪車の市場はアジアから」そして「商社を通じて」というのが、その時の通例であったとのことであるが、藤澤は最初から「流通経路は商社を頼らず自社自身で」そして「主戦場は米国」と照準を定めていた。「自社で作ったパイプ（経路）であればいつでも使えるが、もしも他人の作ったものであれば一杯になった時には弾き出される可能性がある」との思いからであった。また、主戦場を米国に決めていたのは、世界の消費の発信地である米国で需要を起こせればその商品に見込みはあるが、そうでないものは将来性がないであろう、との信念からであった。（藤澤 一九九八、一七四―六頁）この狙いは見事に成功し、ホンダは日本の自動車会社で初めて米国での生産を行うとともに、米国での日本車人気のけん引役となっていった。

このような海外展開の基本になったのは、創業以来の技術力や革新力はもちろんのこと、その根本にあるホンダの経営理念であった。次にそれをやや詳細に見ていくことにしよう。

三　ホンダの経営理念

経営理念の生成

ここではホンダの経営理念の生成の過程について述べたいと思う。

ホンダの経営理念は、従業員二〇人程で本田技研工業㈱が設立された創業時（一九四八年）から、本田宗一郎と藤澤武夫（創業翌年に入社。常務、専務を経て副社長）が、日々社員に直接説いてきたことと、後に数ページの印刷物として配布されるようになった社内報『ホンダ月報』に、この二人の訓話が活字という形となって記されたものが基礎になっている。それを土台に、創業七年後の一九五六年に検討が加えられ、「社是」「運営方針」として正式に制定され発表されるや、社内外の関係者に大きな影響を与え、社の「礎」とも「羅針盤」ともいえるものになった。

さらに、右記の海外進出に伴って一九六二年には、「社是」と「運営方針」が英文に翻訳され、常に国内、国外の社員がホンダで働く上での指標や行動指針となった。後年、若干の修正・追加はあったものの、創業後六三年経過した現在も、ホンダの社員たちの血となり肉となり、力となっているホンダの「ＤＮＡ」の源泉である。

ホンダの経営理念は、制定された頃から全体をまとめて「ホンダフィロソフィー（ホンダの哲学）」と呼ばれ、社内・社外にもその愛称で親しまれてきている。

経営理念の構造

ホンダの経営理念の骨格は、明文化され社内でオーソライズされた以下の三つ、すなわち「基本理念」「社是」「運営方針」と、明文化されてはいないが、ホンダの日々の活動の中に血となり肉となって、長年にわたって脈々と受け継がれている数多くの流儀、すなわち「ホンダウェイ（Rest of Honda way）＝（図1ホンダ理念の構成を参照）」から成り立っている。以下それを説明したい。

（1）基本理念（Our fundamental beliefs）
　①　人間尊重（Respect for the individual）
　②　三つの喜び（The three joys）：「買う喜び」「売る喜び」「創る喜び」(3)

（2）社是（The Honda company principle）
「わたしたちは地球的視野に立ち世界中の顧客の満足のために質の高い商品を適正な価格で供給することに全力を尽くす」

（3）運営方針（Honda management policies）
　①　常に夢と若さをたもつこと
　②　理論とアイデアと時間を尊重すること
　③　仕事を愛しコミュニケーションを大切にすること
　④　調和の取れた仕事の流れを作り上げること
　⑤　不断の研究と努力を忘れないこと

（4）ホンダウェイ（Rest of Honda way）
〈構成図（図1後述）にのみ一括表記され、個々の項目やその定義について公式に表現されてはいない〉

右記について、それぞれ詳しく説明しておこう。

第一の「基本理念」とは、ホンダグループの恒久の信念であり、「人間尊重」と「三つの喜び」である。

「人間尊重」の精神はホンダのいたるところに現れている。人間は本来、夢や希望を抱いてその実現のために思考し、創造する自由で個性的な存在である。人間尊重とは自立した個性を尊重しあい、平等な関係に立ち、信頼し、持てる力を尽くすことで共に喜びをわかちあいたいという理念である。ホンダにおける人間尊重の柱は、「自立（initiative）」「平等（equality）」「信頼（trust）」の三つから成り立っている。ここでの「自立」とは、既成概念にとらわれぬ自由な発想や主体性ある行動、結果への責任を指す。また、「平等」とは、個の違いの尊重、意欲ある者への属性（国籍、性別、学歴など）に関係ない均等な機会の付与を意味している。そして「信頼」とは、互いを認め、不足を補い合い、誠意をもち自分の役割を遂行すること、つまり相互信頼ということを示している。

「三つの喜び」は、人間尊重に基づいて、ホンダの企業活動にかかわりを持つすべての人たち一人ひとりと喜びを共に分かちあえる信頼関係を築いていきたい、という信念を表したものである。創業者自身もそして従業員全員も、事あるごとにこの言葉を口にして、自らの仕事のよりどころとしている。大変重要な考え方なので、以下では宗一郎の言葉を引用して、内容を説明しておこう（本田二〇〇一、二二五–六頁）。

「第一の作る喜び(3)とは、技術者のみに与えられた喜びであって、造物主がその無限に豊富な創作欲によって宇宙自然の万物を作ったように、技術者がその独自のアイデアによって文化社会に貢献する製品を作りだすことは何物にも替え難い喜びである。しかもその製品が優れたもので社会に歓迎されるとき、技術者の喜びは絶対無比である。技術者の一人である私は、かような製品を作ることを常に念願とし努力している。

第二の喜びは、製品の販売に当たる者の喜びである。わが社はメーカーである。わが社で作った製品は代理店や販売店各位の協力と努力によって、需要者各位の手に渡るのである。この場合に、その製品の品質、性能が優秀で、価格が低廉であるとき、販売に尽力される方々に喜んでいただけることは言うまでもない。よくて安い品は必ず迎えられる。よく売れるところに利潤もあり、その品を扱う誇りがあり、喜びがある。売る人に喜ばれないような製品を作る者は、メーカーとしての失格者である。

第三の喜び、すなわち買った人の喜びこそ、最も公平な製品の価値を決定するものである。製品の価値を最もよく知り、最後の審判を与えるものはメーカーでもなければディーラーでもない。日常、製品を使用する購買者その人である。「ああ、この品を買ってよかった」という喜びこそ、製品の価値の上に置かれた栄冠である。…（中略）…三つの喜びはわが社のモットーである。私は、全力を傾けてこの実現に努力している。」（一九五一（昭和二六）年一二月）

次に第二の「社是」について説明しよう。これはホンダグループの目的と存在理由を表す、経営理念の中核とも呼べるものである。

この社是は、一九九一年と一九九八年に手直しがされたものであるが、創業七年目の一九五六（昭和三一）年に初めて作られたものは以下であり、それは宗一郎存命中の一九九一年まで三五年間使用されてきた。「わが社は、**世界的視野**に立ち、顧客の要請に応えて性能の優れた廉価な製品を生産する」これは日本文制定の六年後の一九六二年に英訳され、国内外で外国人社員を中心に用いられた。英訳版の社是は次のようなものであり、こちらは一九九八年まで三六年間このままの形で使用された。

Maintaining an ***international viewpoint*** we are dedicated to supplying products of the highest ***efficiency*** yet at a reasonable price for worldwide customer satisfaction.

しかしその後、更なるグローバル化の進展に伴い「世界的視野」を「地球的視野」に変更し、一九九八年から現在の形になった。また、この時に英文の efficienciy が quality に書き換えられた。その日本語と英訳を以下に併記しておく。

「わたしたちは**地球的視野**に立ち世界中の顧客の満足のために質の高い商品を適正な価格で供給することに全力を尽くす」

Maintaining a ***global viewpoint*** we are dedicated to supplying products of the highest ***quality*** yet at a reasonable price for worldwide customer satisfaction.

このように、会社の基本指針と言える社是であろうとも、時代の変化に適応するために、文言を変化させていることがわかる。そのことにより、国内国外の社員ならびに関係者に一層スムーズに受け入れられるようになった。

第三の「運営方針」についてであるが、これは、ホンダで働くすべての人たちがホンダの基本理念と社是を理解し、共有し、日々の業務の中で、創業以来ホンダの文化として受け継がれてきた「自由闊達」「チャレンジ精神」「誠意誠実」の心を大切にして実践するためのものである。英語版運営方針（Honda management policies）は以下の通りである。

＊ Proceed always with ambition and youthfulness.
＊ Respect sound theory develop fresh ideas and make the most effective use of time.
＊ Enjoy your work and encourage open communications.
＊ Strive constantly for harmonious flow of work.
＊ Be ever mindful of the value of research and endeavor.

第四の「ホンダウェイ」（Rest of Honda way）であるが、これは正式には明文化されたものはなく、ホンダの経営理念の核である基本理念（人間尊重、三つの喜び）や社是、運営方針に基づく、流儀（行動指針、具体施策）といった、核を覆うものである。

このホンダウェイは大別すると二つにわかれる。一つは行動指針的なもので、いくつかの例を挙げると、①すべてのことにレーシングスピリットを、②松明は自分の手で掲げよう、③現場・現物・現実主義、④失敗を恐れるな、⑤品質は工程で作られる、⑥需要のあるところで生産する、⑦小さく産んで大きく育てる、というようなものである。

もう一つは、施策となり、具体的に日々の業務に定着しているもので、そのいくつかを例に挙げると、①社長を含めて全員が白いユニフォーム、②呼称「〇〇さん」の徹底、③役員を含めた大部屋主義、④積極的な中途採用やその登用などによる混血主義、⑤技術論争に上下の隔てなし、⑥幹部の師弟は申し合わせで入社させない、などのようなものである。これらは、ホンダウェイの中でもごく一部のものであり、その他多くのホンダウェイが世界中の職場の中で具体性を持って実施され、根付いている。

図１　ホンダの経営理念の構成

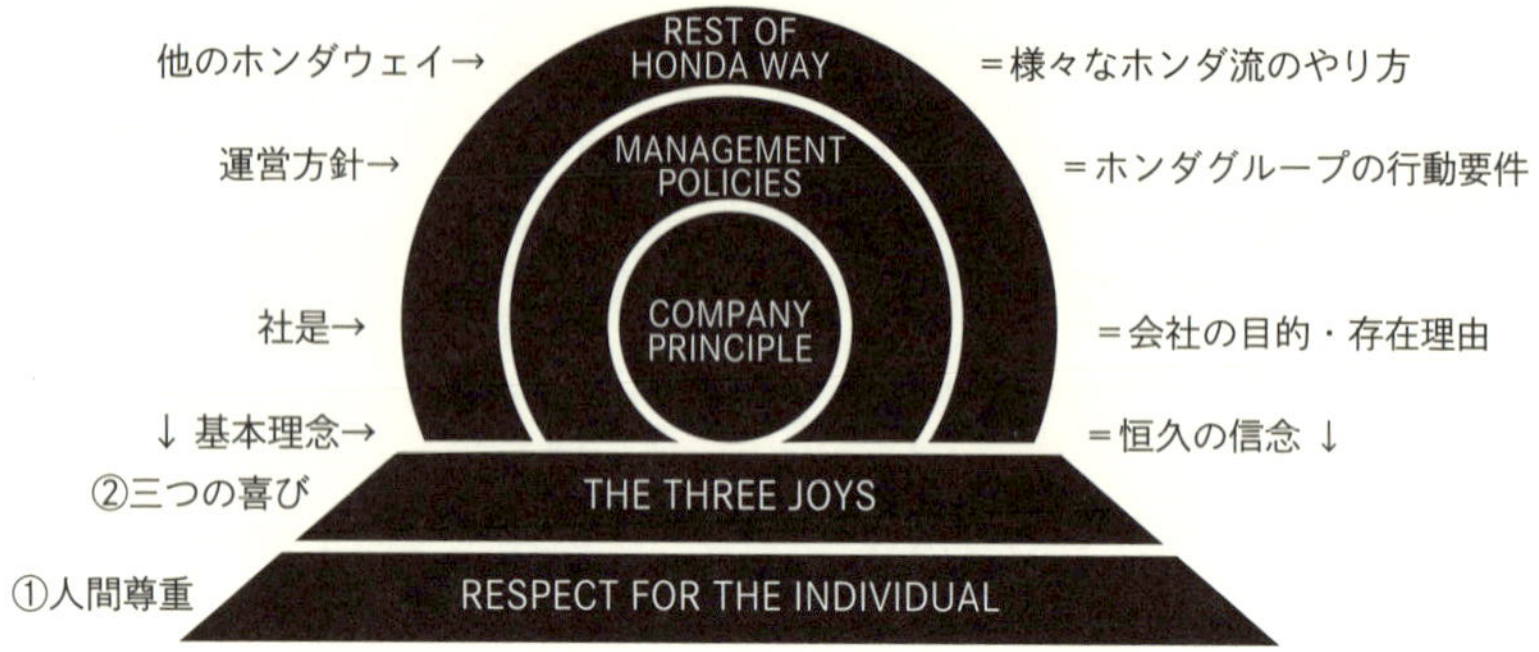

出所：Honda Philosophy English text July 1992, Honda Motor Co. Ltd. を参考に筆者作成。

四　経営理念の伝播

基本理念の海外伝播に伴う部分改定

右記の経営理念の構造としての四つを紹介したが、創業以来長い間、当初の経営理念の体系はもう少しシンプルであり、「社是」と「運営方針」の二つだけであった。すなわち現行の基本理念にある「人間尊重」と「三つの喜び」という思想は、創業当初から創業者によって再三語られ、社員の間でも重んじられてはいたが、社是や運営方針に優先する土台や基礎といった重みを持つものではなかった。

しかし一九九〇（平成二）年に就任した四代目社長より、当時の経営理念に含まれていた「社是」と「運営方針」が制定後三五年を迎え、会社や事業の規模、置かれた環境の変化の中で、「点検・見直しをしてみる必要があるのではないか」との示唆があった。これを受けて、一九九一年に海外社員を含めてグローバルベースで本格的な議論・討論、見直しが始まった。

その結果、新たに体系すべての基礎になる「基本理念」（土台）として「人間尊重」と「三つの喜び」が位置づけられたものである。その結果、全体の構成は図１のようになった。

冒頭で前述したが、ホンダの経営理念は制定時から今日まで、全体を包括して世界中の事業所で「ホンダフィロソフィー」と呼ばれており、外部からは「ホンダイズム」や「ホンダウェイ」と呼ばれることもある。

海外伝播に伴う日本語社是の修整

海外で活躍する駐在員や駐在経験者、そして海外の現地人幹部や人事担当者などが経営理念を伝播する折に、現地社員より「日本人が教えてくれるホンダフィロソフィー（経営理念）と、英文で読むフィロソフィーに齟齬があるようだ、しっくりこない」との声が上がり、再度、一九六二（昭和三七）年に英訳された「社是」から日本語に訳し直して、英語版の「社是」、「運営方針」は変えずに訳し直した日本語表現そのままの形に変更することにした。

> わが社は、世界的視野に立ち、顧客の要請に応えて性能の優れた廉価な製品を生産する。（一九五六年一月制定）

その英文版

> Maintaining an international viewpoint, we are dedicated to supplying products of the highest **efficiency** yet at a reasonable price for worldwide customer satisfaction.（一九六二年訳出）

一九九一年、その一部 efficiency（性能）を quality（品質）に変更したことにより次のようになった。

> Maintaining an international viewpoint, we are dedicated to supplying products **excellent in quality** yet at a reasonable price for worldwide customer satisfaction.（一九九一年部分改定）

これを一九九二年に日本語に再度訳し直した。

わたしたちは、世界的視野に立ち、世界の顧客の満足のために、**質の高い商品を適正な価格で供給することに全力を尽くす。**（一九九二年一月改定）

その六年後、創業五〇周年を迎えた一九九八年に再度若干の見直しが行われ、海外の現地社員から、「地球環境が叫ばれている時代に『世界的視野』で良いのか、地球温暖化や、化石燃料の限界が叫ばれている今、自動車会社であるホンダはもはや**『地球的視野』に立脚する時代に来たのではないか**」との提言があり、これを採用し、英文に若干手を加えて以下のようになり、

Maintaining a **global** viewpoint we are dedicated to supplying products of the highest quality yet at a reasonable price for worldwide customer satisfaction.（一九九八年三月改定）

日本語版は以下のようになった。

わたしたちは、**地球的**視野に立ち、世界中の顧客の満足のために、質の高い商品を適正な価格で供給することに全力を尽くす。（一九九八年三月改定）

また、この折に運営方針の三番目にあった「仕事を愛し職場を明るくすること」の後半部分「職場を明るくする」（and brighten your working atmosphere）という表現が、「日本人には分かるが国や民族によっては抽象的で分かりにくい」との意見があり、具体的にこの後半部分を「コミュニケーションを大切にすること」（and encourage open communications）に改定することにした。

以上のように、文言としての経営理念は、海外伝播とともにその地域の言語に訳出され、その段階でより具体的な形にわかりやすく書き換えられていくことになった。基本的考え方を貫くために、文言そのものが変容を迫

られてきたということが大変興味深い。

五　経営理念の継承

ホンダの創業者であり、経営理念の基を作った本田宗一郎と一心同体で歩んだ藤澤武夫の両者は、創業二五年目を節目とし、一九七三（昭和四八）年に二人揃って社長・副社長の地位を明け渡し、二〇歳近く若い四五歳の河島喜好に社長の座を譲り、「いさぎよいあざやかな引退」として世間の脚光を浴びた。その一五年後の一九八八年末に藤澤が、さらにその三年後の一九九一年夏には本田が相次いでこの世を去った。

稀有な天才、本田や藤澤の後を継いだ社長たちは「天才」に変わる若き経営幹部たちを中心とした「システム」で会社を運営していく方法をとったが、そのシステムと共に大きな支えとなったのがＤＮＡとも言うべき「経営理念」、すなわち社内で呼称していた「ホンダフィロソフィー」であった。

とりわけ、本田や藤澤から直接薫陶を受けた人たちは仕事の中で常に「本田さんが生きていたら」、「藤澤さんだったら」を枕詞として念頭に置き、ホンダの経営理念を言葉や実際の行動で、後に続く者たちに明確に示し続け、人材育成を図ってきた。また、人や組織、経営理念教育の現場をつかさどる人事労務部門をはじめ、経営幹部や管理職も一丸となって経営理念の伝播に心血を注いできた。

ここで特筆しておきたいことは、ともすれば額に入れて壁に掛けておくだけの飾り物になってしまいがちな経営理念を、「いかに継承し伝播させていくか」、そしてそれを「実際の仕事の中でどのように実現させていくか」、ホンダ社内ではこのことに腐心していろいろな方策を展開してきたことである。その主なものを次に述べようと思う。

TOP TALKS
出所：ホンダの歩み編集委員会編・本田技研工業発行 1984 年。

ホンダ版バイブル『ＴＯＰ ＴＡＬＫＳ』

ホンダでは、創業一五年目、二五年目、三五年目、五〇年目などの節目には、社内で大きな創立記念行事を行ってきた。この種の行事に際しては一般の会社では、社名入りのボールペンや時計のような記念品を配ったりすることが多い。しかし、ホンダの場合は「どのように祝うか」を社員たちからアイデア募集し、行事の企画立案や実施にいたるまで社員で構成されるプロジェクトチームに委ねて実施してきた。

例えば、創立三五周年を祝うための従業員プロジェクトチームは、本田・藤澤・河島という歴代経営者たちの主要な言行を一冊（三〇〇頁余）にまとめた、ホンダ版バイブルを作り、それに『ＴＯＰ ＴＡＬＫＳ—先見の知恵—』というタイトルをつけ、記念品として当時四万五〇〇〇人余の全ホンダ従業員に配布した。発行は会社だが、編集は「ホンダの歩み委員会」という従業員プロジェクトチームであった。この『ＴＯＰ ＴＡＬＫＳ』は職場や自宅で多くの社員の座右の書となり、問題、課題に直面したり、判断に迷ったりした時に読み返し、会社の経営理念すなわち、ホンダの元本《がんぽん》を探る原点として活用されてきた。また、ホンダフィロソフィーの教科書としても大いに活用され、後々までも新入社員教育のみならず、管理監督者教育の重要な教材となって来た。また、本田宗一郎生誕一〇〇年目にあたる二〇〇六年秋には、『(新版) ＴＯＰ ＴＡＬＫＳ—語り継がれる原点—』として、本田・藤澤両氏を含め第六代目社長までの主要言行録が、在りし日の本田氏の講演ＤＶＤ（付録）と共に社内で配布された。

教育研修による理念継承

経営理念継承のための重要な役割を果たすのが、教育研修である。ホンダの企業理念研修には、①入社前教育・入社時教育、②中堅社員研修への体験討論研修、③創業者の生きざまを通して学ぶ―原点ライブラリー講座、原点コミック映像―などがある。その他の教育研修においても、経営理念の継承のための努力が注がれている。

「戦後生まれの若い会社」「自動車会社の中でも最後発」と評価され続けてきたホンダも、既に創業以来六三年が経過している。六代目までの社長は、関わりの深さに濃淡こそあれ、本田・藤澤両創業者にじかに接し影響を受けており、一般社員や管理監督者の中にも創業者に直接薫陶を受け、鍛えられてきた者は少なくなかった。しかし人事の新陳代謝が進み、七代目となった現在の社長は、本田・藤澤が引退した後に入社してきた世代である。このような中で、人事や総務部門あるいは幹部の人々が危惧しているのは、「創業者から薫陶を受けた社員が時間の問題でゼロになる」こと、そして「新興国を中心とした更なる拡大で二〇二〇年には事業・要員ともに現在の一・五倍には膨らむと予測される」ことであるという。筆者自身の現役社員へのインタビューによれば、ホンダは現在次のようなことを考えているという。

第一は、ＯＪＴ、ＯＦＦＪＴによるホンダフィロソフィーの更なる研修強化である。第二には、サイトなどによるグローバルホンダの情報発信、そして第三は、ホンダフィロソフィーの継承である。これらを幅の広い講座や様々なメディアによる発信によって「社員個々人の最も身近なやり方」でホンダフィロソフィーを伝えていこうとしているということである。

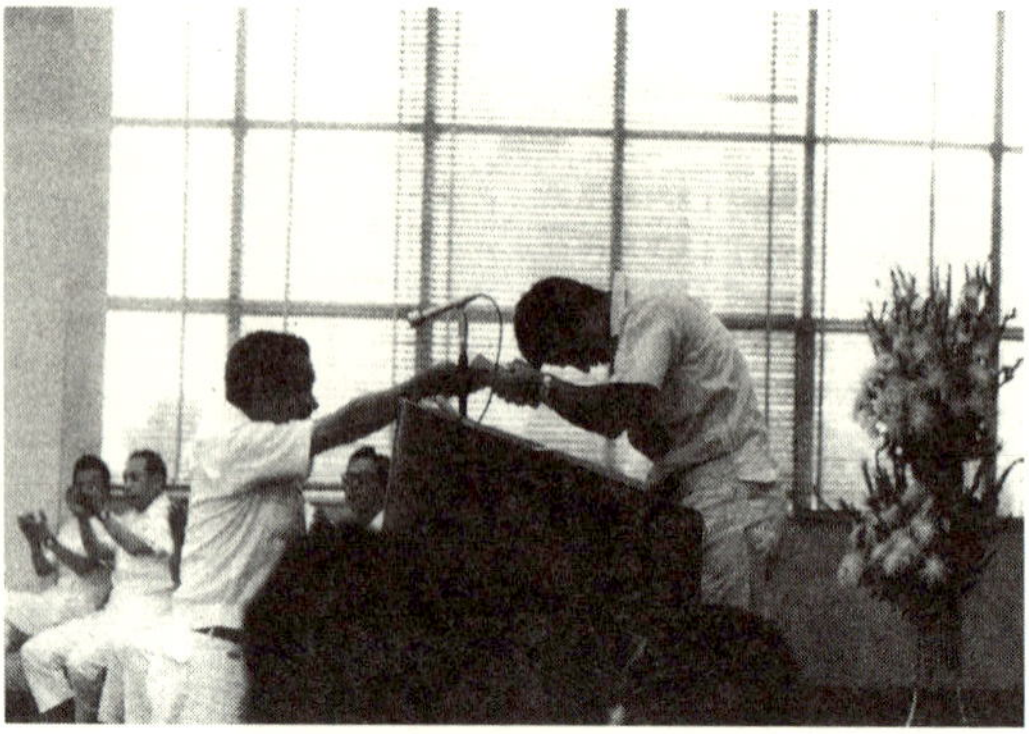

従業員の表彰風景（左が社長）
出所：1970年筆者（小杉）撮影。

施策への取り込み

それでは、経営理念は仕事の実践現場でどのように実践されているのだろうか。ここで特筆すべきは、ホンダウェイのひとつである「三現主義」すなわち「現場、現物、現実主義」の徹底である。この精神は、開発・生産・販売・人事等のあらゆる部署の現場に色濃く、脈々と受け継がれており、理念のお題目だけが空回りするようなことはほとんどないという。

さらに重要なことは、理念の実践が、人事評価の各項目へ具体的に反映されていることである。すなわち、従業員の賃金管理（昇給、昇格、賞与等への反映）や、処遇管理（任用、登用、認定等への反映）の重要なファクターとして人事評価（人事考課・勤務評定）が行われるが、その際に、「本人の努力や取り組みの姿勢、業績（成果）、能力の高まり」等の基本項目のほかに「ホンダフィロソフィーの実践度合い」を評価の重要項目（コンピテンシー）として入れ込んであることである。

この評価項目は国や事業所の形態や業種、職種などによって異なるが、代表的なコンピテンシー項目はおおよそ次のとおりである。①個の尊重、②公平・平等、③相互信頼、④ビジョン、⑤チャレンジ、⑥若さ、⑦三現主義、⑧顧客第一主義、⑨スピード、⑩誠実、などである。

このようにして、理念はより具体的な人事施策に組み込まれ、具体的に実現されていくのである。社内での表彰式の写真には、表彰される社員を上座に上げて顔が見えるよう顕彰し、社長が下座に降りて表彰状を渡す風景が見られる。これにも人間尊重の社風が現れている。

海外従業員・海外事業所への伝播と継承

ここで、海外従業員に対する経営理念の伝播と教育について触れておこう。現在では、世界六地域本社（六極）が中心となり、ホンダフィロソフィー伝播のインストラクターを養成し、教育・研修を推進（アフリカ地区へは日本本社からインストラクターが出向いて実施）している。それぞれの海外事業所（工場、販売拠点、地域本社など）は、それぞれの国情、業種、従業員の育ち具合などによって実情が異なるため、それぞれの海外事業所の実情に即した理念教育が展開されている。以下、ホンダ・オブ・アメリカ製造（Honda of America Manufacturing, Inc. 以下ではＨＡＭ）における教育の事例を紹介しておこう。(4)

日本の自動車メーカーとして、初めて米国に進出した際の生産拠点であるＨＡＭでは、一九八四（昭和五九）年のオートバイ生産開始時点から、本格的に経営理念（ホンダフィロソフィーやホンダウェイ）の浸透・実践に最大の意を注いできた。これは、日本でやってきたことを現地の人たちに頭ごなしに押し付けるようなものではなく、例えば「白いユニフォームを着る」という一つのことをとっても、現地の人たちと初めから十分に話し合い、議論を尽くしてから両者とも異存の無い状態で決定し、実行していった。日本人駐在員の「われわれはオートバイ・自動車とお客様の命にかかわる仕事をしている。同様に命にかかわる仕事をしているお医者さんも看護師さんも薬剤師さんも皆、白衣をまとっている。それに白は汚れが目立つ、汚れて乱雑な職場から良い品質の製品が生まれないように、私たちは汚れや傷のない、高品質で安全な商品をつくって、お客様に満足していただくために誇りをもって全員で白い作業衣を着てきた」との説明に、当初抵抗を感じていた現地の人々も皆納得・同意して自信をもって着るようになった。

このような具体例は、ありとあらゆることに及んでいる。例えば、「社長から新入社員までの呼び方を上下の差なく「アソシエイト（Associate）＝仲間」と呼び、他社のように employer や employee と、差別あるようには呼ばない」あるいは、「社長室、役員室、工場長室などの個室を持たない（大部屋でお互いの言動が良く分かり、フランクにコミュニケーションが取れるよう）」そして、「幹部用駐車スペースなど一切無く、早い者順に一番便利な所に車を停める駐車場」など、いたるところにホンダフィロソフィーの思想からくる具体的な方法（ウェイ）が組み込まれており、これによって理念が実践される仕組みになっている。

そのような形で始められたＨＡＭだったが、当初六四名の社員で始まったこの会社が、創業三年目で自動車の製造をすることになる。主力機種アコードが全米ＢＩＧ３の自動車メーカーを押さえてベストセラーカーになるなど、工場も生産量もアソシエイト数も急速に拡大していった。そのような背景を踏まえ、二代目ＨＡＭ社長は、ホンダの経営理念をしっかり根付かせるには、日々の言動も大事だが、文字、すなわちテキストの形で残し、それを用いた教育徹底の必要性を痛感した。そして、日・米の幹部やリーダーを巻き込んで英語・日本語対訳テキスト「THE HONDA WAY」を一九八五（昭和六〇）年一〇月に作り上げた。この構成は、「社是・運営方針・ホンダの考え方・組織とは、工場では、会議・情報連絡」などの六大項目からなり、それぞれ細部に渡る考え方やその背景、職場での実践方法などが日・英対訳で解説され、日米を問わず多くのアソシエイツに活用されることとなった。

また、その七年後に日本のホンダが中心となってホンダフィロソフィーを改変したことに基づき、一九九三（平成五）年から一九九四年にかけて、ＨＡＭでも全社に渡って大がかりな教育研修が展開された。その手法は教室での講義のような教育にとどまらず、会議室にアメリカ人も、日本人も、幹部も中間管理職も男性も女性も含む一〇人程度で構成されたグループを作り、ホンダフィロソフィー、ホンダウェイに関するディスカッションを展開するという形式も採用した。アメリカ人幹部の多くは、ＨＡＭ初期の二輪時代に徹底して身にしみたホンダウェイを若い社員に語り、日本人幹部は本田、藤澤との直接的な経験談を含め、日本に於ける経験をアメリカ人アソシエイトたちと共有した。また、入社後間もない若いアメリカ人アソシエイトたちは、多くの質問を米国人の先輩や日本人駐在員に遠慮なく投げかけ、大変有意義で中身の濃い勉強会であった。全体でかなりの回数に上ったこれらの勉強会はすべて録音され、重要部分や有効部分は再編集され、一九九四年に作成されたＨＡＭ版本格的経営理念教材「HONDA WAY」の音声教材（六本計六時間）として再編集され活用された。一九九二年から一九九五年までＨＡＭに駐在していた筆者（小杉）も、全体の推進にかかわると共に、社是（company principle）について検討するためにＨＡＭ第一期入社だったアメリカ人工場長らとグループを組み、international viewpoint などの議論に加わった。その音声は今でも教材として残っている。

ホンダウェイ教本

出所：Honda of America Mfg., Inc. 作成 1984 年。

　最後に ASIAN HONDA MOTOR CO. LTD. について少し説明しておこう。これは、ＡＳＥＡＮ各国のビジネスを統括する地域本社機能を行う目的でタイに設立されたもので、

ホンダウェイ教育用音声テープ

出所：Honda of America Mfg., Inc. 作成 1984 年。

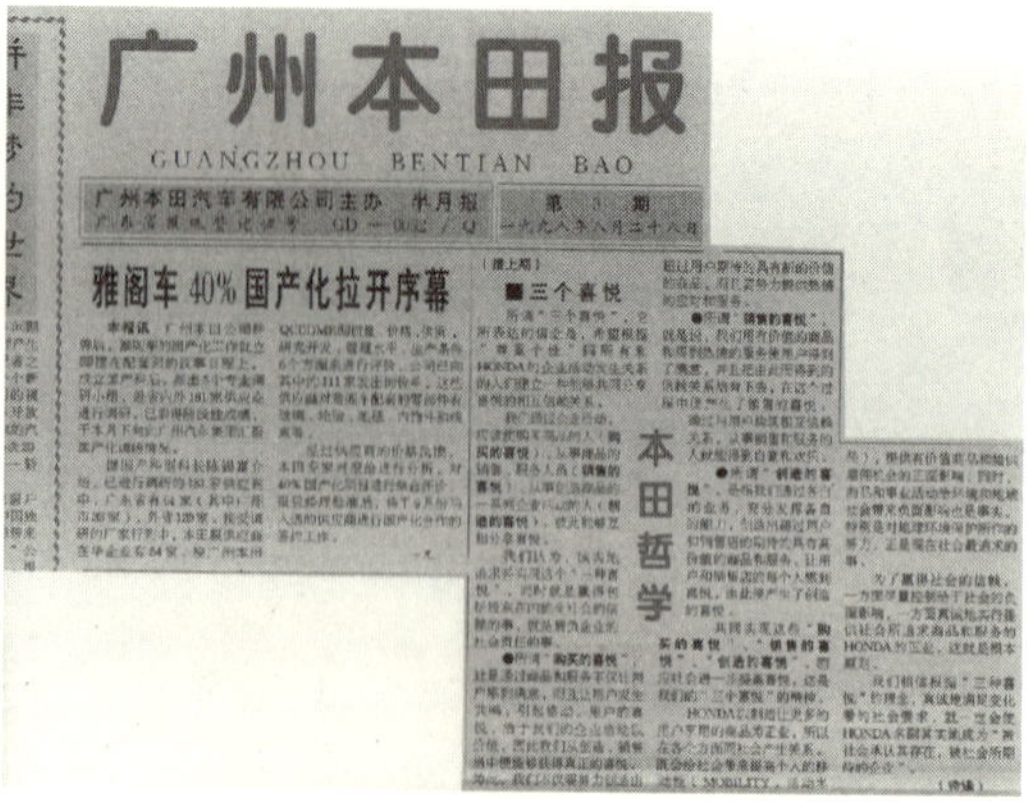

ホンダフィロソフィーを解説する社内報

出所：広州ホンダ発行 1998 年。

ＡＳＥＡＮ各国のホンダ（生産・販売・サービス・開発など）の会社や事業所から、現場で活躍できる国際的社員を多数新規採用した。英語堪能を条件としたため、留学経験者などが多かったが、この種の影響力が高い人材ほど、経営理念の徹底は重要かつ必須と考え、本田・藤澤の薫陶を受けて育ってきた英語やタイ語が堪能なベテラン日本人、英語や日本語が堪能なタイ人幹部が中心となって、時間をかけ、地道にホンダフィロソフィーの教育に時間をかけ、講師を交代しながら実施した。筆者（小杉）自身も一九九五年から一九九八年まで駐在して、このような教育に実際に携わった。

また、この頃、ホンダが中国広州市での四輪車本格生産をすることが決定した。これに伴い、撤退した欧州自動車メーカーの従業員を引き取った広州ホンダでのホンダフィロソフィー（本田哲学）教育が５Ｓ運動と共に開始された。（写真参照）

六　おわりに――夢の実現と経営理念の役割――

以上、ホンダでは創業者の理念を尊重しながらも、その時代状況に合わせた形で文言を修整したり、「絵に描いた餅」に終わらぬように、日常の行動指針や具体的な人事施策などに落とし込んで、これを組み込ませながら実践させている。このような理念の具体化には、現場の人々の理念の解釈・再解釈が必要不可欠である。そして、現場での解釈と実践を通じて、理念はさらに強固なものとなり、企業全体を発展させるとともに、人々の「夢を実現させる」ための促進剤となっていくのだと思われる。それが、理念のダイナミズムというものではないか。

ここで、グローバルな現場で実際にホンダフィロソフィーを実践してきた鈴木久雄氏と川崎拓央氏の言葉（二〇一一年一一月五日・六日に香港大学で開催された日本大学経済学部中国アジア研究センター、香港大学現代言語学部共同主催　国際シンポジウム「アジア企業における経営理念の生成・伝播・継承」での発言）を紹介したい。

鈴木久雄氏は開発の最前線で、実際に本田宗一郎と共に研究所で仕事をした経験から、次のように語っている。

「研究所での宗一郎の仕事の仕方は何時でも現場主義で、社長の机に座っているのを見たことがないほどだった（社長室もいつでもオープンで、誰でも入れるようにしていた。秘書室も無かった）。研究所なので、デザイン室、図面を描く現場、部品を作る機械場、板金の現場、エンジンや試作車を組み立てる現場、テスト室など、宗一郎はいつでもあらゆる現場に行っていた。そこで物を見ながら、何でも現場の人々と『ああしよう、こうしよう』と物事を決めていった。ホンダではこれを『三現主義』と言い、最も大事な行動規範となっていた。現場で現物を見て、現実を知って直ぐにその場で判断をして次にどうするか決めてしまう。何故そうするかというと、そこにはＦＡＣＴが有って、最も正しい正解が導き出せるからである。

社長が現場で、現場の人と決めてしまうので、組織がシンプルにフラット化していた。中間職を作っても中抜きされるので結局は必要無くなった。組織の階層が少ないとコミュニケーションも良くなって風通しが良くなる。

本来は全て現場で決めるのだが、どうしても決めかねるものもある。これは宿題になるのだが、貰える時間はいつも次の日の朝までと決まっていた。次の日の朝に、社長が『あれどうなった？』と来るのだから、なんとしてもその時までに答えを作らないといけなかった。宗一郎の本当の凄さは、そうして日々何十個宿題を出しても、次の朝に自分でも答えを考えて持って来ることだ。宿題をもらった人は一個の答えを作れば良いが、出した宗一郎は何十個もの答えを持たないとならなかった。これを毎日やった宗一郎は、本当にスーパーマンだったと感嘆するしかない。

宗一郎は八〇歳で免許証を返納したが、死の直前まで開発した商品を研究所のテストコースで実際に運転して評価した人物でもある。自分で気に入らないことを見つけると『今、此処で改良して良くしろ』と言って、帰ってくれなかった。ホンダにとって、兎にも角にも〝スピード〟が大切だった。三現主義を行うことで、このスピードを創り上げたことが発展の源だったと私は思っている。このバックグラウンドにあったのはやはりホンダにとっては、『レースで勝つこと』だったのだと思う。」

また、工場で生産の最前線を経験した川﨑拓央氏は、次のように語る。

「人間尊重には三つのRが大切。それは互いのRespect（尊重）Reliable（信用）Responsible（責任）であると思う。人間とは、成長するものであり、向上心があり知恵がある。そこから改善が生まれる。付加価値のある仕事をしてこそ、人間の価値が生きる。そのためには、機会は均等（平等）、評価は公平・明快でなければならない。それが、さらなる向上の意欲へと繋がるからだ。

三現主義（現場主義）については、まず、第一に職場（現場）はわれわれ働く人全ての広場であるということ、第二に、製品は現場で造られる、現場でしか造られないということ、第三に現場は生きているので、毎日変化するということを理解しなければならない。そして工場では、物（製品・設備）・人が良く見えるようにする。そのためには5S『整理、整頓、清掃、清潔、しつけ』と『安全』が特に大事である。つまり、安全で効率的な工場にしなければならないわけであるが、そのためには、問題を顕在化させて早く解決し、それらが全員に見えるようにしなければならない。問題の顕在化にとって、『現場、現物、現実』の三現主義を徹底し、『何故、何故、何故・・・』が繰り返されなければならない。そのような方法として、ホンダでは『五原則シート』が作成され問題解決に効果を上げている。

生産現場では工程品質管理票に基づき、作業標準を作成するが、このときに管理者自らが使ってみる。つまり、自分でできないような作業標準は落第である。そしてこの作業標準に基づいて訓練を繰り返すこと。その後、作業標準に基づいて良品が効率よく、スムーズに生産できるかを繰り返し検証することが必要である。その他、『決め事が確実に守られているか？』のチェック・フォローが必要である。さらに、トップ自らが現場の作業を継続的にみて、無理や遣り辛さはないかを検証・フォローすることが必要である。つまり、全社での品質展開をすることが大切なのである。品質は最大の『営業力』だと考えている。われわれはモノづくりのプロなのだから、品質保証をしっかりとしていく必要がある。自分以外は全てお客様の意識を持ち、お客様の立場で考えていくことが大切。生産者にとっては1PPM（百万分の一）であっても、お客様にとっては一〇〇パーセント、つまり、それぞれの製品がかけがえのない一個なのだから。」

この二人の言葉には、見事にホンダフィロソフィーの自分の仕事を通じての解釈と具体化の姿が現れている。そして、ここには自分の仕事に対する責任とホンダという会社への愛着、そして創業者への愛情と尊敬が込められているようにも思われる。これが、従業員一人ひとりに実現された経営理念の姿であり、次への行動を生む力になっていくと同時に、個人の夢の実現にもつながっているのだと思われる。このようにして経営理念は、伝播・継承されることで、より確かなものとなっていくと考えられるのである。

（小杉　正孝・三井　泉・出口　竜也）

＊本研究に際し、ホンダ・オブ・アメリカ製造、元・執行副社長の網野俊賢氏、ホンダR&Dアメリカ、元首席顧問の鈴木久雄氏、本田技研工業鈴鹿工場、元工場長の川﨑拓央氏に、香港シンポジウムでの報告ならびにインタビュー、その他貴重な示唆を沢山いただいた。心より御礼申し上げたい。

注

（1）本章執筆に際しては、小杉（元ホンダ・オブ・アメリカ製造、人事・総務担当副社長）がホンダにおける自身の体験をケースとして提示し、他の資料やインタビュー記録を加えて小杉・三井・出口でディスカッションを繰り返し、最終的に小杉・三井でまとめるという形をとった。

（2）ホンダの技術発展の歴史は、出水力により詳細に研究されている。出水（一九九九）を参照のこと。

（3）この三つの喜びは一九九二年に「①買う喜び、②売る喜び、③作る喜び」の順序に、また、三つ目の「作る喜び」は一九九八年に「創る喜び」に改変がなされた。

（4）ＨＡＭの米国現地経営については桃山学院大学のチームが現地調査に基づく研究を行っている。詳細は稲別編著（一九九八）を参照のこと。

参考文献

稲別正晴編著（一九九八）『ホンダの米国現地経営―ＨＡＭの総合的研究―』文眞堂。

小林隆幸（二〇一二）『駆け抜けたホンダウェイ』ロ伝舎。

佐藤正明（二〇〇七）『ホンダ神話Ⅱ―合従連衡の狭間で―』文藝春秋。

――（二〇〇八）『ホンダ神話Ⅰ―本田宗一郎と藤沢武夫―』文藝春秋。

出水力（一九九九）『町工場から世界のホンダへの技術形成の25年―エンジン技術および生産技術の開発と展開―』ユニオンプレス。

藤沢武夫（一九九八）『経営に終わりはない』文藝春秋。

本田宗一郎（二〇〇〇）『得手に帆あげて』三笠書房。

――（二〇〇一）『本田宗一郎 夢を力に』日本経済新聞出版社。

三井泉編（二〇一一）『国際シンポジウム報告書―アジア企業における経営理念の生成・継承・伝播―』日本大学経済学部中国・アジア研究センター。

――編（二〇一二）『プロジェクト最終報告書―アジア企業における経営理念の生成・継承・伝播―』日本大学経済学部中国・アジア研究センター。

第Ⅱ部　アジア企業の経営理念

第五章　ドジョウを飼い馴らす方法

――サムスングループ（韓国）の「メッセージ経営」――

一　はじめに

本研究では、韓国のサムスン・グループ（以下、グループ全体をさす場合は「サムスン」）における経営理念の浸透・普及について考察する。サムスンは、現代やLGとともに、韓国を代表する財閥企業である。そのブランド力[1]は世界的なものとなり、最近では、スマートフォンやタブレット端末の特許をめぐる、アップル社とサムスン電子の世界的な訴訟の広がりとその判決が注目されている。またサムスン、とりわけサムスン電子の急成長が注目され、「日本企業はサムスンに学べ」との論調も目立つようになった（吉川 二〇一一、片山 二〇一二）。すでに、サムスンの経営戦略やマーケティングについては多くの研究がある。そこで本研究では、急成長し世界的に注目されるサムスンにおいて、経営理念がどのように浸透・普及しているかを考察したい。

まず、本研究の方法についてふれておく。筆者がサムスンの研究に着手した二〇〇八年は、サムスンが外部からの取材に対してガードをもっとも固くしていた時期であると考えられる。それは、〇七年一〇月に、サムスンの元構造調整本部法務チーム長の金勇澈《キムヨンチョル》氏が行った、秘密資金疑惑に関する内部告発の余波と関係する。翌〇八年四月には、サムスン会長の李健熙《イゴンヒ》（現サムスン電子会長）をはじめ最高経営責任者四人が脱税および背任の罪で起訴された。これを受け、健熙は会長を辞任し、〇九年八月には、脱税に関する執行猶予付き有罪判決（〇八年七月）に加え、背任の罪でも有罪が確定した。しかし、同年一二月、健熙は大統領特別赦免を受けた。そして、一〇年には金勇澈による「告発書」といえる『サムスンを考える』（邦題『サムスンの真実』）（金 二〇一二）が公刊された。

このような状況のなかで、サムスン各社に公式インタビューすることは困難であった。そこで、元サムスン社員やその家族、関係者へのインタビュー調査等[2]をもとに、サムスンにおける経営理念の浸透・普及について明らかにすることとなった。幸いにも、サムスンについては、創業者や現会長に関する評伝、経営戦略や人材養成に関する元社員やジャーナリストによる書籍等が韓国語・日本語ともに多く出版されており、これらとインタビュー調査の結果を重ね合わせて考察することができた。

本章では、以下三つのテーマに沿って議論を進める。まずサムスンの創業から現在までを概観し、続いてサムスンの経営理念について明らかにする。そして、経営理念がどのように浸透・普及しているかを分析する。

二　サムスン──創業から現在まで──

サムスンは韓国最大の財閥であり、グループ全体の売上高は韓国の国内総生産（ＧＤＰ）の二〇％を超える（二〇一一年現在[3]）。サムスンは、韓国最大の総合家電・電子部品・電子製品メーカーであるサムスン電子をはじめ、機械工業、重工業、化学産業、金融・保険業、建設業等、約八〇の系列会社と約三四万四〇〇〇人の従業員をもつ。（『Samsung Profile 2011』二〇一一年）。とりわけサムスン電子の売上高は、グループ全体の売上高の大部分を占め、従業員数においても、サムスン電子はグループ全体の約三分の一を占める。

創業者・李秉喆

サムスンの創業は、一九三八年、李秉喆《イビョンチョル》が韓国・大邱《テグ》で設立した三星《サムスン》商会にさかのぼる。秉喆は、一九一〇年、慶尚南道宜寧郡正谷面で大農家の次男として生まれた。ちょうど同年、日韓併合条約により日本の朝鮮半島支配がはじまった。三〇年、秉喆は早稲田大学に入学するが、重い脚気を患い、翌年に中退する。帰国後、三六年、馬山《マサン》で二人の友人とともに「共同精米所」を設立するが、経営に失敗する。三八年には、大邱に二五〇坪ほどの店を買い、青果物や乾魚類をあつかう「三星商会」を設立する。これが、サムスンの原点である。「三星」の「三」は大きいこと、多いこと、強いことをあらわし、「星」は明るく、高く、永遠に輝くことを意味するという（李秉喆 一九八六、一二六頁）。

四七年、大邱での事業を他の者にまかせ、秉喆は家族とともにソウルに移り、翌年「三星物産公司」を設立する。同社は、満州、北京、香港、マカオなどとの貿易により財を築き、韓国で第七位の貿易会社に成長した。しかし、五〇年に朝鮮戦争が勃発し、戦前に輸入した物品は戦火に焼かれ、三星物産公司は消滅する。五一年、秉喆は釜山に「三星物産株式会社」を設立する。そして、五三年には「第一製糖」、五四年には「第一毛職」を設立する。砂糖や衣類という、当時の国民が必要としていた消費財の生産により、秉喆はサムスンの財閥としての基礎を築くとともに、韓国第一の企業家としての富と名声を得ることになる。

しかし、六〇年四月、いわゆる「四月革命」により李承晩政権が倒れ、秉喆は不正蓄財と脱税の罪で取調を受け、多額の追徴課税を通告される。翌六一年五月には、朴正熙によるクーデターが起こり、秉喆は再び不正蓄財の罪で軟禁される。六五年、韓国における肥料不足を予見し、「韓国肥料」の工場建設に着手するが、肥料の製造に使用されるサッカリン原料を密輸したとの嫌疑をかけられ、次男・昌熙をはじめ数人の社員が逮捕された。

その結果、工場を国家に献納（六七年）するだけではなく、秉喆も会長職を辞することになった。一連の事件で、三星はマスコミから激しく非難された。この経験から、秉喆は東洋放送（ラジオ・テレビ）（六四年）と中央日報社（六五年）を設立し、放送と新聞事業に乗りだした。

その後、六八年、秉喆は三星物産と中央日報社の会長として復帰する。翌六九年には、後にサムスン電子に発展する「三星電子工業」（八四年に「三星電子」）、さらには三洋電機との合弁会社「三星三洋電機」（七四年に「三星電機」）、七〇年にはＮＥＣとの合弁会社「三星ＮＥＣ」（九九年に「サムスンＳＤＩ」）を設立する。

七一年一月、秉喆は遺言状を書いたとされ、後継者を三男・健熙と決定した（山崎 二〇一〇）。このことが公表されたのは、『日経ビジネス』（一九七七年八月二九日号）のインタビューにおいてだった。秉喆には、健熙のほかに長男・孟熙《メンヒ》、次男・昌熙《チャンヒ》と四男・泰輝《テヒ》がいた。(4) 秉喆は、孟熙については「性格からみて企業に向いていないから企業から離さなければいけません」といい、昌熙についても「中小企業ぐらいの考え方しかできませんから、三星グループをまかすわけにはいかない」（『日経ビジネス』一九七七年八月二九日号、二三頁）と評している。このような判断から、秉喆は健熙を後継者と決めた。(5) そして、七九年、健熙はグループの副会長に就任した。八七年一一月には秉喆が死去し、一二月、健熙がグループ会長に就任した。

後継者・李健熙

秉喆の後継者となった健熙は、一九四二年、大邱で生まれた。五三年、釜山師範附属初等学校（小学校）五年生のとき、父・秉喆の「先進国を見て学べ」との考えのもと、健熙は東京に留学させられる。健熙は、わずか一二歳で親元から離されることになる（李慶植 二〇一二）。健熙は、小学校二年間と中学校一年間を東京で過ごした。この間、彼は犬を唯一の友達とし、映画とレスリングに強い興味を示したという。この体験は、後の経営にも活かされている。

健煕は愛犬家としても有名であるが、韓国原産の珍島犬《チンド》に目をつけ、ビジネスとして発展させるとともに、珍島犬愛好協会も設立している。サムスンが推進する盲導犬や聴導犬の育成事業も、この延長線上にあると考えられる。「新経営宣言」（後述）の年である九三年の新年の挨拶で、健煕は「一石五鳥の精神」という言葉を使っているが、その例として「犬を飼うことの効果」をあげている（洪 二〇〇三）。犬を家で飼うと、「一、情緒豊かな子どもが育つ。二、動物愛護の精神は、思いやりのある人間を育てる。三、犬を訓練すれば、警察犬や盲導犬としても役立ち、社会のためになる。四、犬は自閉症の治療にも用いられる。五、犬を飼えば、犬を食べることに対する国際的な非難を避けることができる」という（同、一〇七頁）。つまり、一つの仕事からさまざまな効果を生むことができるというのが、「一石五鳥の精神」である。このような考え方と例示の背後には、犬を唯一の友とした、健煕の日本留学時代の体験があるといえる。

また、映画に関しては、日本留学中に一二〇〇～一三〇〇本の映画を観たという。そして、映画鑑賞を通して、人間観察と「思考の枠組」を形成したという。さらに、レスリングに関しては、ソウル師範大学附属高校時代に自らも選手として活躍し、その後、レスリング協会会長や国際オリンピック協会（ＩＯＣ）委員をつとめ、韓国のレスリング選手強化に尽力した（同）。

六一年、父・秉喆の指示で、健煕は早稲田大学商学部に留学する。ここでも彼は、映画とスポーツ（ゴルフ）に熱中する。ゴルフを通して、エチケットとマナーの重要性と精神論について学んだという。このことは、後の「サムスン憲法」（後述）と呼ばれるもののなかにも反映されていると考えられる。早稲田大学卒業後、健煕はアメリカのジョージ・ワシントン大学のビジネススクールで経営学とマスコミ学を学んだ。アメリカ留学中、一年半のあいだに、彼は六台のアメリカ車を買い換えている。これは、単純に贅沢のためではない。車を乗り回したあと、車の構造と特徴を把握し、分解して組立直し、整備して転売していた。その結果、自動車に関する知識と六〇〇〜七〇〇ドルの利益を得たという。また、車の分解・組立・整備の過程で、フォードやＧＭの車の部品の三〇％が電機・電子部品であることを知り、未来の自動車部品に占める電機・電子部品の割合が五〇％をこえると、健煕は予測したという（同）。このことは、サムスンの中核企業がサムスン電子であることとも密接に関係する。また、健煕のエンジニアとしての資質は経営にも活かされており、「ＬＡ会議」（後述）において、製品を分解してみせた「パフォーマンス」はその例である。

六六年、健煕は二六歳で帰国し、父のすすめで、東洋放送会長・洪璡基《ホンジンギ》の長女・洪羅喜《ホンラヒ》と見合いし、翌年に結婚する。その後、研修社員としてサムスン秘書室で働き、六八年、公式には最初の職場である東洋放送に入社する。そして、八七年、創業者・李秉喆の死により、健煕はグループ会長に就任した。

「第二の創業」と「新経営」

会長に就任した健煕は、新たに出発するサムスンの「第二の創業」を宣言するとともに、「一九九〇年代までにサムスンを世界的な超一流企業に発展させる」というビジョンを示した。そして九三年、「サムスンにとって非常に重要な分岐点」（サムスン 一九九八）と称される年をむかえる。

同年二月、アメリカ・ロスアンゼルスの家電売り場を視察していた健煕は、自社製品が売り場の片隅に置かれ、ホコリをかぶっている姿をみて大きな衝撃をうける。さっそくホテルの一室に役員を集め、自社製品と世界の主要メーカーの製品を並べ、比較する会議を開いた。いわゆる「ＬＡ会議」と呼ばれるものである。会議の席上、健煕みずから製品を一つ一つ分解し、製品の機能と部品の違いを指摘した。その後、サムスン電子の現地法人役員が状況報告した際、輸出不振の原因は他のグループ会社にあるとの報告をしたが、それを聞いた健煕は「すぐに出て行け！」と声を荒げたエピソードは、しばしば引用される。その後、健熙は東京・秋葉原を視察するが、状況はロスアンゼルスと変わらなかった。

同年三月、サムスン創立五五周年記念式典が開かれた。これは「第二の創業五周年」にもあたり、健熙は「第二の創業の第二期」を宣言した。同年、グループの経営理念が一新され、社名も「三星」から英語表記の「SAMSUNG」に改称された。さらに、現在使用されている、宇宙と世界をあらわす青色の楕円をかたどったロゴマークも発表された。しかし、サムスンはさらなる転換点をむかえる。六月、健熙はドイツ・フランクフルト行きの飛行機のなかで、事前に福田民郎氏（元サムスン電子顧問、現京都工芸繊維大学教授）から手渡された「経営とデザイン」と題された報告書を読むことになる。福田氏の報告は、辞表覚悟でサムスン電子の現状とデザインの改善を訴えたものだった。健熙は、福田氏の報告書により、「LA会議」以来、サムスンが何も変わっていないことに憤慨し、フランクフルトのホテルで会議を開く。そして、「女房と子供以外はすべて変えろ！」（そうでなければ生き残れない）という強烈な改革のメッセージを発する。この日、六月七日は、後に「フランクフルト宣言」と呼ばれ、『サムスン六〇年史』（サムスン 一九九八）においても、「サムスン新経営宣言」が行われた日として記録されている。これは、いわば韓国版「熱海会談[6]」であり（片山 二〇一一）、まさに健熙のリーダーとしての力量が試される局面であったといえる。二月の「LA会議」にはじまり、「フランクフルト宣言」を経て、健熙の特別講義と会議は、八月の福岡で幕を閉じた。この間、グループの次長級以上が一八〇〇人、役員級は九〇％以上が海外の会議に召集され、健熙による特別講義の時間は数百時間におよんだという。特別講義の記録は、『サムスン新経営』（サムスン 一九九四）と『サムスンマンの用語：一つの方向へ進もう』にまとめられ、各国語に翻訳されるとともに、社員教育に活用されている（キム・ウ 二〇〇四）。

「新経営」を一言でいうならば、「質重視の経営」ということになる。そして、二一世紀の超一流企業をめざし、

「危機意識」と「過去の反省」による現状の認識にもとづき、「国際化」「複合化」「情報化」による「質重視の経営」を行うということである。「複合化」とは、関連性のあるインフラや施設、機能、ソフトを効果的に結合することを意味し、テレビとビデオデッキの一体化にはじまりビルの複合化まで、さまざまな分野に適用され、それにより競争力と効率を極大化しようとするものである。この概念は、サムスンの経営戦略にさまざまな形で具現化されている。

「新経営」の最初に実行されたのは、世界でも例をみない「七・四制」という勤務体制の改革である。これは、勤務時間を一律一時間半繰り上げ、午前七時に出勤し、午後四時に退社するというものである。午後四時には、会社の主電源が切られ、強制的に退社せざるをえない状況がつくられた。健熙は、全社員に変化を体感させるほかないと考え、この制度を導入した。この制度は長続きしなかったが、ショック療法による意識変化、個人の生活の質の向上、T字型人材の育成、交通渋滞の解消、充実した家庭生活、などの「一石五鳥」（前述）の効果をねらったものだった（キム・ウ 二〇〇四）。退社時間を早めることにより、家庭生活も充実し、自己啓発のための時間も確保できる。これにより、一つの分野だけではなく、幅広い分野の知識・技能を身につけた「T字型人材」の育成にもつながるという。

また、「新経営」と同時に推進されたのが「3PI運動」である。これは、「パーソナル・イノベーション」（意識改革）、「プロセス・イノベーション」（全プロセスの革新）、「プロダクト・イノベーション」（革新的製品の創造）の三つを意味する。すなわち、社員の意識改革と組織文化の革新、業務の見直しと効率化による競争力の強化、そして競争力の源となる革新的製品の開発、である。特に、革新的商品の開発に関しては、デザイン部門の強化がはかられた。

九七年、アジア通貨危機の影響を受け、韓国はＩＭＦ（国際通貨基金）の管理下に入った。サムスンもこの影響を大きく受け、系列会社の縮小と事業の整理を行うとともに、グループ全体で約五万人の人員を削減した。その後、サムスンは危機を脱し、サムスンを中核企業として世界的ブランドへと成長してきた。しかし、冒頭でふれた脱税および背任の罪に関連し、二〇〇八年、健煕は会長を辞任する。〇九年には、健煕の長男・在鎔《ジェヨン》（一九六八〜）がサムスン電子副社長に就任し、世襲への準備が進められた。翌一〇年には、健煕がサムスン電子会長として復帰するとともに、在鎔が社長に昇進した。

二〇一二年六月七日、欧州債務危機に端を発する世界的な不況を目の当たりにして、健煕は「第二の新経営に準ずるほどの革新的な変化を起こさなければならない」と宣言し、大胆な人事を敢行した。それは、奇しくも一九九三年の「新経営宣言」と同じ日だった。

三　サムスンの経営理念

創業者・李秉喆は、「事業報国」「人材第一」「合理追求」の三つを経営理念として掲げた。「事業報国」の理念は、日本による植民地支配と、それに続く朝鮮戦争による社会の荒廃を目の当たりにし、貿易によって国家を豊かにし、（第一精糖や第一毛職の事業にみられるように）国民が必要とする物資を供給するという、秉喆の理想を表現しているると思われる。また、秉喆が日本留学のために乗った関釜連絡船のなかで、日本人刑事に受けた屈辱的な差別が国家への思いと結びついているとの指摘もある（山崎 二〇一〇、二八―九頁）。国家への貢献について、一九七七年のインタビューで、秉喆はこう自負している。「三星グループは過去二五年間、国家の総税収入の二・五〜三・五％を常に負担してきた。一グループがですよ。こんなことは世界に前例がないでしょう。いかにわたしどもが国家に寄与してきたかですね」（『日経ビジネス』一九七七年八月二九日号、二一頁）。

「事業報国」の理念は、パナソニックの「産業報国」の理念に代表される、「国家に貢献する」という日本企業の理念と類似する。秉喆は自らも日本に留学し、息子たちも日本に留学させるほど日本から学ぶべきと考えていただけに、日本企業の経営理念や哲学に影響を受けた可能性はある。また、秉喆は三洋電機の創始者・井植歳男と交流があり、前述のように合弁会社「三星三洋電機」を設立している。井植はパナソニック創始者・松下幸之助の義弟であり、井植を通して、秉喆が松下の経営理念や哲学を知る機会があったとも考えられる。吉川（二〇一二）は、健熙も松下の経営理念から多くを学んでいるとの仮説を立てており、「新経営」と松下のいう「商いの心」の類似性を指摘している。

人材第一

「人材第一」の理念は、現在に至るまで、サムスンの経営理念において最も重要なものである。秉喆は、「世間の大半の人は『人が企業を経営する』という、この素朴な原理を忘れている」（李秉喆 一九八六、七一頁）という、人材と教育の重要性を強調している。「人材第一」の理念は、秉喆の実体験に基づくと考えられる。五〇年、朝鮮戦争によって三星物産公司が消滅し、社員や家族とともに大邱に避難した際、醸造所を任せていた支配人や従業員らから、彼らが蓄え守っていた三億円を秉喆は受け取ることになる。これを元手に、三星物産株式会社が設立される。秉喆自身、この出来事を、人を信頼することの重要性と人材に救われたエピソードとしてあげている（李秉喆 一九八六、四二―三頁）。

「人材第一」の理念を具現化したもののひとつが、一九五四年、サムスンが韓国企業ではじめて導入した新入社員公開採用制度である。それまで、韓国では血縁・地縁・学縁などの縁故による社員採用が一般的であった。採用試験は、一次の筆記試験、二次の面接試験、そして身体検査の順に行われたというが、面接試験には可能なかぎり秉喆が立ち会ったという。秉喆は、面接時の採用基準として重視すべき点を四つあげている。それは、健康、端正な容貌、積極性、誠実さである。端正な容貌という基準は、内面に秘める人間性は端正な容貌にあらわれる、との確信に基づいている。秉喆は、自分の仕事の九〇%が人事であり、自分が人を使う哲学を「疑人勿用、用人勿疑」と表現している。つまり疑わしい人間は最初から用いるな、そして、ひとたび用いた人間は最後まで信用する、ということである（李秉喆一九八六）。

また、五四年に設立された第一毛織の工場では、一〇〇〇人の女子従業員が快適かつ安心に生活できるように、当時としては画期的なスチーム暖房や水洗トイレを完備した寄宿舎が用意された。これも「人材第一」の理念のあらわれであるが、秉喆は早稲田大学留学時代に読んだ『女工哀史』（細井和喜蔵著）に描かれたような、劣悪な労働条件で従業員を働かせたくなかったという。しかし、六〇年、第一毛織の女性労働者約四〇〇人が労働条件の改善を要求するストライキを実施し、警察との衝突を引き起こすほどにストライキは拡大した。おそらく、快適かつ安心な労働環境という理想と現実は違ったものであったと考えられる。この出来事が、サムスンに非労組経営（労働組合を組織させない経営）[7]を決断させたといわれる（裵二〇一二）。

さらに「人材第一」の理念を具現化したものが、サムスンの人材育成である。秉喆は、七八年、京畿道の龍仁《ヨンイン》自然農園内に東邦研修所を開設したのを皮切りに、従業員数の増加や業種の多様化に伴い、研修所を各地に開設していった。現在、龍仁の「サムスン人力開発院」を中心に、新入社員研修のみならず、階層別にさまざまな研修プログラム[8]が提供されており、毎年、サムスンは人材育成に多額の費用を投資している。また、サムスンは社内の人材育成に力を入れるとともに、毎年、有能な人材を世界中からヘッドハンティングしている[9]。九五年、サムスンは「核心人材」という考え方を提示した[10]。「核心人材」とは、マネジメント、研究開発、技術、法務、デザイン等の分野において世界最高水準の人材のことで、核心人材には高額の年俸と報奨金をあたえている。現在、サムスンは世界から人材を獲得するため、世界各地にインターナショナル・リクルート・オフィスを設け、海外における博士号取得者の獲得をめざしている（片山二〇一一、一九八－二〇〇頁）。

サムスンの司令塔

さて、「合理追求」の理念を具現化したもののひとつが「会長秘書室」である。これは、五九年に秉喆が創設したもので、当初は数十人からなる三星物産内の「課」にすぎなかった。秘書室にはグループ各社から精鋭が集められ、企画・人事・財務・監査・秘書をはじめとするチームに分かれ、サムスンの経営方針やグループ各社の調整・管理・支援を一元的に行う。秘書室は、会長、副会長、グループ各社社長の補佐をするとともに、グループ全体の司令塔の役割を果たすといえる。七〇年代になると、組織規模の拡大とともに、秘書室も一五チーム約二五〇人の組織に拡充された。

九八年には、「会長秘書室」を「構造調整本部」と名称変更した。これは、前年に起こったＩＭＦ危機に対応するためであり、経営不振会社の整理と構造調整が行われた。構造調整本部は、財務、人事、経営診断、広報、秘書、法務、企画の七チームで構成され、グループ各社から約一〇〇人の精鋭が集められた（洪二〇〇五）。その後、構造調整本部は、ＩＭＦ危機に対応するためのタスクフォースの域を越えて、会長・グループ社長団とともにトライアングルの一角をなし、「財界の青瓦台《せいがだい》」と称されるほどに力を持つようになった。

その後、サムスンの持ち株会社であるサムスンエバーランド（Samsung Everland）の転換社債が、不当に安値で李在鎔に譲渡されたとする問題や、大統領選挙への資金提供問題などが明らかになった。そして、一連の問題の背後には構造調整本部があるとの批判があり、二〇〇六年、構造調整本部は規模を縮小し、「戦略企画室」と改称された。〇八年には、李健熙の会長辞任とともに、戦略企画室は一度解体されたが、一〇年、健熙のサ

図1　サムスン価値体系

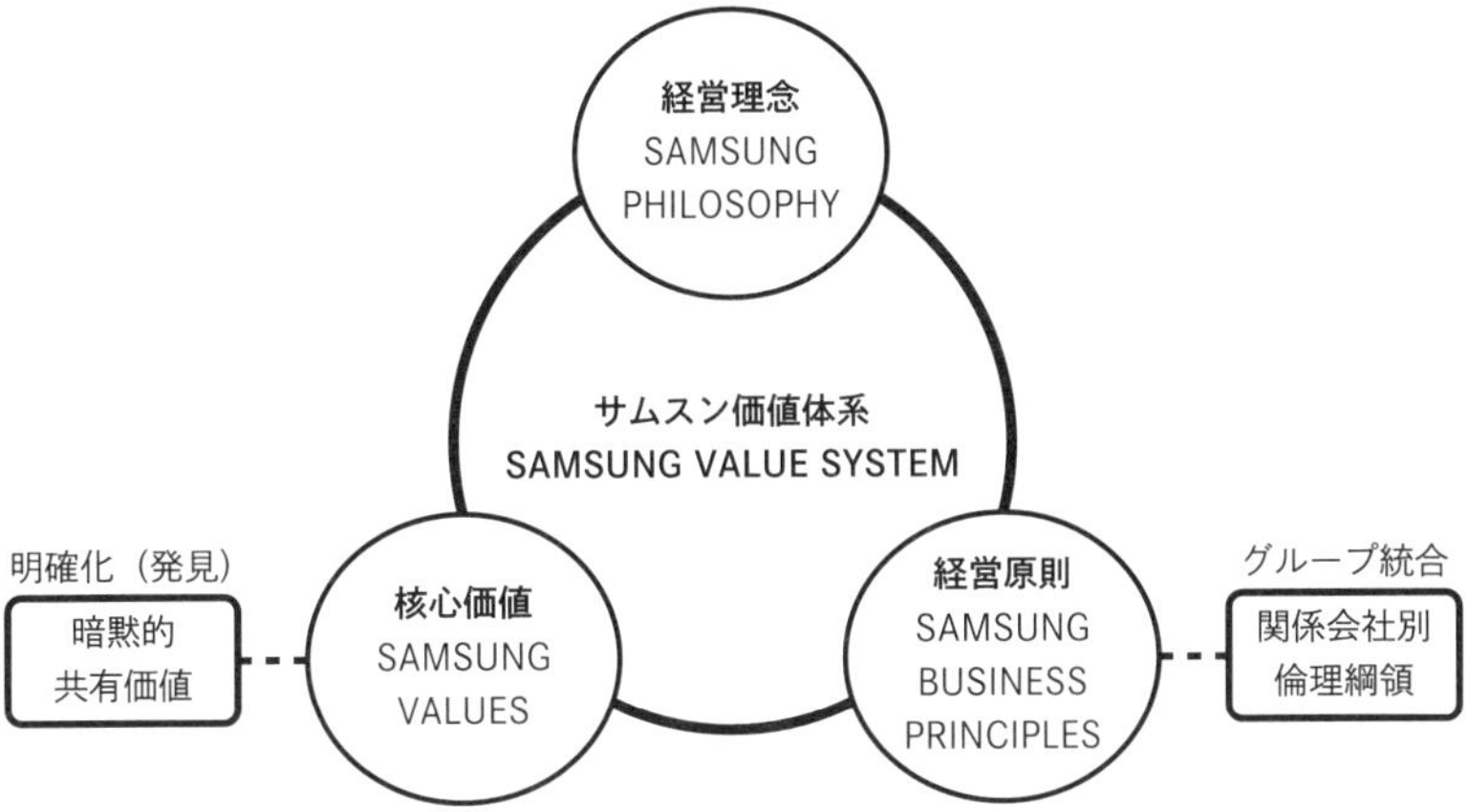

出所：サムスンの公式ホームページを参考に作成。

ムスン電子会長への復帰とともに「未来戦略室」として復活した。未来戦略室は、六チーム約一五〇人で構成され、その上部組織として、サムスンの最高意思決定機関である「社長団協議会」が置かれた。

一二年六月七日、前述の「第二の新経営」宣言とともに、崔《チェ》志成《ジソン》サムスン電子副社長を未来戦略室長にする人事が発表され、大胆な人事として注目された。現在、未来戦略室は、戦略一、戦略二、コミュニケーション、人事支援、経営診断の五チームからなる。

サムスン価値体系

現在、サムスンでは、「経営理念」(Samsung Philosophy)、「核心価値」(Samsung Values)、「経営原則」(Samsung Business Principles) の三つからなる「サムスン価値体系」(Samsung Value System) を定めている。この「価値体系」は、グローバルレベルでのサムスン社員の一体化（グローバル・シングル・サムスン）の精神的支柱として策定されたものである。（図1）

「経営理念」としては、「人材と技術をもとに、最高の製品

表１　サムスンの「核心価値」

人材第一 (People)	「企業は人なり」という信念をもとに，人材を大事にし，思う存分能力を発揮できる機会を作る。
最高指向 (Excellence)	絶え間ない情熱とチャレンジ精神で，すべての面において世界最高になるために最善を尽くす。
変化先導 (Change)	変わらなければ生き残れないという危機意識で，迅速かつ主体的に変化と革新を起こす。
正道経営 (Integrity)	真っすぐな心を真実で，正しい行動により名誉と品位を守り，すべてのことにおいて常に正道を追及する。
相生追及 (Co-prosperity)	「われわれは社会一員としてともに生きる」という心構えで，地域社会，国家，人類とともに繁栄するために努力する。

出所：サムスンの公式ホームページを参考に作成。

とサービスを創り出し、人類社会に貢献する」があげられている。これは、創業以来の「人材第一」の理念に「技術」を加え、人材と技術を経営の核心要素とするもので、一九九三年に策定された。「核心価値」としては、「人材第一」「最高指向」「変化先導」「正道経営」「相生追及」の五つがあげられている。サムスンは、[11]創業理念や社員の間で暗黙のうちに共有されてきた「サムスン精神」や「企業精神」を、現代の時代にあわせて再定義したものが「核心価値」であるとしている。しかし、片山（二〇一一、一五一―二頁）によると、サムスンが世界企業の仲間入りを果たすにあたって、ソニー、トヨタやＧＥをはじめとする世界の一流企業の成功が、いかなる価値によって支えられているかを徹底的に分析し、二〇〇五年三月に制定されたものが「核心価値」である。ちなみに、一九八四年、李秉喆は「五つの三星精神」として、「創造精神」（新しいものを探求し、開拓する）、「道徳精神」（真実に正しく行動する）、「第一主義」（あらゆる面において第一となる）、「完全主義」（確実に完璧に働く）、「共存共栄」（お互いに尊重し、助け合う）をあげている（李秉喆 一九八六）。これらは、「核心価値」に対応するものともいえる。（表１）

「経営原則」は、「核心価値」に基づき、企業の役割と社会的責任を果たすために、経営活動における社員の行動と価値判断の基準を定めたもので、「序文」と「五原則」、その詳細を示した「一五細部原則」、具体的な行動実践指針を示した「四二行動規範」からなる。「五原則」とは、「法と倫理を順守する」「健全な組織文化を維持する」「グローバル企業市民として社会的責任を果たす」「環境／安全／健康を重視する」「お客様／株主／従業員を尊重する」である。これ以外にも、「サムスン憲法」と呼ばれるものがある。これは、一九九三年（「新経営」の年）に李健煕が強調した、「人間味」「道徳性」「礼儀凡節」「エチケット」の四つをさす。すなわち、心温かい人間性（人間味）と高い道徳性をもち、礼節を重んじ（礼儀凡節）、世界に通用するエチケットをもつ人間であれ、という意味である（片山 二〇一一、一五四－五頁）。

このようにみると、「サムスン価値体系」は、創業者による経営理念を解釈・再解釈するとともに、世界企業の経営理念から学び、それらを解釈し、グローバル企業として通用する経営理念や価値観にまとめあげていったものといえる。

四　経営理念の浸透と普及

前節までのサムスンの歴史的展開と経営理念をふまえ、経営理念を浸透・普及させる仕組みについて考察する。サムスンの経営は、経営理念の浸透・普及という観点からみれば、「メッセージ経営」とでも呼ぶことができる。そして、経営理念は、力強いメッセージ、たとえ話、パフォーマンスなどを通して繰り返し伝えられる。したがって、経営理念は「メッセージとしての経営理念」という性格をもつ。

力強いメッセージについては、「第二の創業」「第二の新経営」といったネーミングをはじめ、すでにふれた「女房と子供以外はすべて変えろ！」という「フランクフルト宣言」のメッセージは、その典型である。また、九三年に「新経営」を宣言した頃、李健煕はサムスンの問題点を次のように表現していた。「サムスン電子は進行性のガン、サムスン重工業は栄養失調、サムスン建設は栄養失調に糖尿病、サムスン総合化学は最初から設立してはならなかった会社。サムスン物産は、サムスン電子とサムスン化学の中間くらいの症状」（洪 二〇〇三、一〇五—六頁）。これは、病名のたとえを使いながら、問題の本質を力強く伝えている。

錦鯉とナマズ

「メッセージ経営」におけるたとえ話の例としては、「錦鯉人材論」と「ナマズ論」をあげることができる。サムスンの研修で使われる有名なビデオのひとつに「錦鯉ビデオ」と呼ばれるものがある。のどかな日本の田園風景からはじまるビデオは、新潟県古志郡山古志村の錦鯉の養殖に関するものである。そこでは、品評会で優勝するほどの「作品」を生み出した、錦鯉師の涙ぐましい努力が描かれている。わずか一三匹の錦鯉から五〇〇万匹の稚魚を誕生させ、その五〇〇万匹をさらに選別する。そのうち品評会に出せるのは、わずか四〜五匹にすぎないという。つまり、四九九万九九九五匹は、すべて捨てられるということである（申元東 二〇一〇、二七一—三一頁）。

また、サムスンには「ナマズ論」と呼ばれる考えがある。これは、「ドジョウだけの群れと、ドジョウのなかに一匹のナマズを入れた群れとでは、後者のほうがドジョウは強くなる。これは、ドジョウがナマズに食われまいとして、よく動きまわりエサを多く食べるからだ」というものである。「錦鯉ビデオ」では、錦鯉師の苦労を通して、人材育成の難しさを示唆するとともに、錦鯉の姿を通して、競争に打ち勝つような人材をサムスンが求めていることを示唆している。これは、「ナマズ論」においても同じであり、競争原理と生存競争が強調されている。たとえ話を使うことの効用は、経営理念を直裁に伝えるのではなく、ストーリーを通して伝えることで、記憶されやすくなることであると考えられる。

洗濯機事件と火刑式

パフォーマンスを通してのメッセージ発信については、「洗濯機事件」と「火刑式」というエピソードをあげることができる。「新経営」以前から、サムスンでは業務改善運動の一環として、社内の問題点を撮影し、グループ内の放送局ＳＢＣで放映する試みが行われてきた。九三年六月、洗濯機の生産ラインで、規格に合わないプラスチックの蓋を、担当者がカッターナイフで削っている映像が流れた。不具合のある部分を作り直すのではなく、応急処置した商品を出荷していたということになる。李健熙は激怒し、洗濯機の生産ラインを即時中断させた。さらに、秘書室次長を電話で叱責するだけではなく、その様子を録音するように命令した。この時の録音テープは、社長団と役員のための教育資料として活用されているという（李慶植 二〇一〇、二一三―五頁）。これが「洗濯機事件」である。

また、新経営宣言後、社員に配布した携帯電話から不良品が多く発見され、そのうちに一般消費者からもクレームがでるようになった。品質を重視する経営をめざす健熙は、不良品の携帯電話等約一五万台（総額は約五百億ウォン）を集め、運動場の中央に山のように積み、それらに火をつけて燃やさせた。そして、その光景をサムスン電子社員に見せたという。これが不良商品の「火刑式」である。

サムスンの「メッセージ経営」において重要なのは、インパクトのあるメッセージ、示唆深いたとえ話、印象的なパフォーマンス等が、グループの歴史と重ね合わせられ「神話化」されていることである。「神話化」とは、過去の特定の出来事を一種の「神話」のように取り扱い、それに象徴的な名称をあたえることで、出来事の象徴性や重要性を際立たせることである。例えば、「フランクフルト宣言」や「ＬＡ会議」といったネーミングは、あたかも歴史上の大きな出来事を記憶するための言葉のようである。そして、それらが社史のなかで繰り返し重要なエポックとして語り継がれている。このように神話化された出来事は、さまざまな研修の場を通じて、社員に経営理念を浸透・共有させる重要な役割を果たすと考えられる。

二五泊二六日とマスゲーム

サムスンが人材育成に力を入れていることはすでに述べたが、その代表的なものは新入社員研修である。入社後、二五泊二六日の研修が行われる。早朝のランニングにはじまって、夜まで続く学習プログラムで、経営哲学から礼儀作法にいたるまで、「サムスンマン」に求められる事柄をたたきこまれる。プログラムの七〇～八〇％は体験型・参加型で、サムスンの歴史をドラマで再現するプログラムもある。経営コンサルタントであり、サムスン人力開発院で講師とつとめたこともあるH氏によると、「自分は見たことも参加したこともないが、研修の最後のイベントは社員の結束を固くするようだ。それは、ある種『宗教的』らしい[12]」という。

H氏のいうイベントは、毎年六月に行われる「夏季修練大会」であると思われる。これは一泊二日のプログラムで、新入社員約八〇〇〇人とグループ会社社長や役員が参加し、新入社員研修の総仕上げであるとともにグループ全体の結束を固めることを目的としている。同イベントは、一九八七年にはじめられた。動画投稿サイトYouTubeには、夏季修練大会の映像がいくつか投稿されている。二〇〇七年六月に江原道平昌《ピョンチャン》で行われた大会の映像では、男女の聖火ランナーの入場ではじまり、チーム対抗の応援合戦やパフォーマンスなどが繰り広げられる。とりわけチーム対抗のマスゲームは、一糸乱れぬものであり、社員の結束と一体感が見て取れる。また、特設ステージの両サイドには、“Pride in Samsung”の文字がみえる。運動場でのイベントの翌日には、早朝からの登山が行われるという。その夜、会場に集まった約一万人にキャンドルが配られ、役員が灯したろうそくの火が次第に一万人に広がる。舞台の役員が「サムスンは一つだ！」「私たちは一つだ！」と叫び、一万人がこれを復唱する。これが「夏季修練大会」のクライマックスであるという（『日経ビジネス』二〇〇六年八月七日・一四日号、四一－二頁）。先のH氏が「宗教的」と表現したのは、まさにこのことであろう。

サムスンマンと働きアリ

新入社員研修を無事終え、「サムスンマン」となった社員たちは、過酷な競争を生き残らなければならない。サムスンに入社しても、最初の一年で約一〇％、三年で約三〇％が退職するといわれる[13]（申 二〇一〇、片山 二〇一一）ちなみに、一九七〇年代においても、この状況はほぼ同じで、李秉喆はインタビューで、「最大の問題は三～四年かけて教育した社員が三分の一ぐらい逃げてしまうことです」と答えている（『日経ビジネス』一九七七年八月二九日号）。四年目に突入したとしても、四〇歳代半ばで部長になれるのは四人に一人といわれ（『日経ビジネス』二〇一〇年七月五日号）、出世の可能性がなければ早々に退職する社員が多い。退職後は、別の会社に勤めるか起業するかであるが、「サムスンマン」の経歴は、その後のキャリアにプラスになるとされる。[14]

早期退職・起業というと、日本の株式会社リクルートを想起する。サムスン電子に一二年勤務し、現在は企業のマーケティング責任者をつとめるP氏は、サムスンとリクルートの対比に対して、「サムスンはリクルートのようにCEOをつくる会社ではなく『働きアリ』をつくる会社です。システムがしっかりしているから、たとえ人がやめても、誰かがその役割を果たすことができる」と答える。さらに彼は、そのシステムを作っている「秘書室」の役割の重要性についても強調した。サムスンにおける生存競争について、P氏は興味深いエピソードを話してくれた。彼はサムスン電子で冷蔵庫のマーケティングを担当していたが、あるとき中南米での販売促進を任され、「一二四日間で一四カ国を周り、冷蔵庫を販売せよ」との命令を受けたという。[15]このような過酷なミッションは、社員の能力や資質を見極めるためのものであるとも考えられる。P氏とは別に、彼の母親K氏にもインタビューする機会を得たが、サムスン時代における厳しさを象徴するエピソードとして、奇しくも同じものが語られたのは興味深い[16]。また、「二四日間で一四カ国」というミッションは、一日一カ国を周ることを意味するから、強烈なメッセージとしても効果的である。

競争原理と信賞必罰

「働きアリ」であることをやめたP氏も、サムスンに対する愛着と誇りを今でも持っている。P氏がサムスンを辞職したのも「こんな働き方をいつまでも続けられない」と感じたからであり、社員としての待遇には不満がなかったという[17]。彼の母親も「仕事は苦しいが、待遇は悪くなかった」と答える[18]。実際、「サムスンマン」が「働きアリ」でいられるのは、「サムスンマン」としての誇りと高い報酬、福利厚生の良さだと考えられる。社員の基本給自体は、他の企業とあまり変わりないが、働きに応じた報酬がかなり多く、結果として高給になる[19]。この背景には、競争原理と「信賞必罰」、すなわち功績のあるものを厚遇し、罰すべきものは容赦なく更迭するという原則、があると考えられる。

さて、「サムスンマン」としての誇りについて、「サムスンマン」であることが、韓国においてどのような意味を持つかについてふれておく。現在、韓国の大卒者（専門大学と大学院を含む）の就職率は約六〇％である。この数字だけをみれば、日本よりは若干の就職難であるようにみえるが、そのうちの正社員は約半分程度といわれる。さらに、韓国の大学進学率はすでに八〇％を超えている（日本は五〇％強）。つまり韓国では、大学進学率が高いうえに、就職が困難である。この状況のなかで、「サムスンマン」になることは、「エリート中のエリート」を意味する。サムスンの採用試験では、まずＳＳＡＴ（Samsung Aptitude Test）と呼ばれる（日本のＳＰＩテストに類似する）職務適正評価テストに合格する必要がある。その後の面接はいうまでもなく、英語力もTOEIC九〇〇点以上の能力が必要とされる[20]。ちなみに競争率は一〇倍程度といわれ、日本の大企業の競争率に比べれば一見低いようにみえる。しかし、そもそもサムスンを受験できる水準に達すること自体が第一の難関である。

このように、入社前にはじまって入社後も続く過酷な競争と信賞必罰は、サムスンにおける経営理念の浸透・普及にどう関係するのだろうか。結論的にいえば、「サムスンマン」であるためには、経営理念やその下位体系である「サムスン用語」（サムスンで使われる独特の用語とその含意）を学習し、自ら血肉化していく必要があるといえる。例えば、「インフラ」という言葉ひとつとっても、一般的な「社会資本」という意味とは異なり、サムスンでは「港湾や空港までの距離は近いか」「労働力の調達は可能か」「工場用水は豊富か」といった実践的かつ戦略的な意味を包含している（洪 二〇〇三、一六六―七頁）。この含意を理解し行動しなければ仕事に支障をきたし、その結果、競争から離脱することにもなる。

片山（二〇一一）は、サムスンがスピード経営を可能にしている理由のひとつに、価値観と思考様式を共有した「サムスン版金太郎飴」の育成があると指摘する。「外部の人が聞けば、何を意味するのかわからないような言葉でも、サムスンの社員は、何を意味するかを共有し、即座に反応できる」（同、一六四頁）。このような言語の共有化と、思考・行動様式の同質性が高い社員の育成が、サムスンのスピーディーな経営を可能にしているといえる。

本章では、サムスンの経営を「メッセージ経営」と呼んできた。経営者である李健熙は、常に新しいメッセージを発するはずである。社員がメッセージを正確に受け取り、仕事に反映させて成果をあげるためには、メッセージを読み取る「コード」（解読規則）としての「サムスン用語」の習得が不可欠である。「サムスン用語」の背景には、サムスンの歴史が蓄積されている。その背景と「サムスン用語」は、日常業務や各種の研修を通して習得される。前述のように、過酷な競争と信賞必罰を原理とするサムスンにおいては、「サムスン用語」の学習と血肉化が、社員が生き残るためには必須のものであると考えられる。

五　おわりに

本研究では、韓国のサムスンにおける経営理念の浸透・普及の仕組みについて考察した。サムスンの経営理念は、インパクトのあるメッセージ、示唆深いたとえ話、印象的なパフォーマンス等を通して伝えられる、いわば「メッセージとしての経営理念」と呼ぶことができる。そして、数々のメッセージはグループの歴史と重ね合わせられ「神話化」されている。その「神話」は、社史に記録されるだけではなく、さまざまな研修の場や日々の実践を通じて社員に浸透・共有されている。まさにサムスンの「メッセージ経営」は、「ナマズ論」（前述）におけるドジョウ（社員）を飼い馴らす有効な方法として機能していると考えられる。

これまで（筆者を含めた）経営理念研究が注目してきたのは、企業がいかに経営理念を浸透・普及させる努力をしているか、あるいは社員の実践のなかで、どのように経営理念が反映されているのかである。また、社員が経営理念を解釈・再解釈するプロセスやその結果にも着目してきた。しかし、解釈・再解釈という視点からすると、サムスンにおいては、「メッセージとしての経営理念」を多様に解釈できる可能性は限られていると考えられる。むしろ、次々に送り出される李健熙のメッセージを、「サムスン用語」に照らし合わせて的確に受け取り、業務に反映させることが社員に求められている。そして、そのことこそが「サムスンマン」としての生き残りに大きく関わると考えられる。ただし、ミクロレベルにおける社員の経営理念に対する解釈・再解釈の可能性については、さらなる研究を必要とする。

一方で、経営者側においては、経営理念の解釈・再解釈が常に行われているといえる。一九九三年に策定された「経営理念」は、創業以来の経営理念を再解釈したものである。また、二〇〇五年に制定された「核心価値」は、創業以来の「サムスン精神」を現代にあわせて再解釈するとともに、世界企業の経営理念から学んだ要素を組み入れたものである。さらに、「経営理念」「核心価値」「経営原則」の三つを統合し、「サムスン価値体系」としてまとめたことは、グローバル企業をめざすサムスンに適合した、経営理念の再解釈であると考えられる。

つまり、経営者側においては、常に環境に適応した経営理念の解釈・再解釈が行われ、それをインパクトのあるメッセージ、示唆深いたとえ話、印象的なパフォーマンス等を通して、社員に伝えていく。社員は、学習した「サムスン用語」と手がかりに、解釈・再解釈するというよりかは、メッセージを正確に読み取り、仕事に反映させていく。これがサムスンの経営理念の浸透・普及の仕組みであると考えられる。

本研究で示した、「メッセージとしての経営理念」と（生存競争のための）経営理念の積極的学習というサムスンの特徴は、東アジア企業における経営理念の浸透・普及や解釈・再解釈という視点からすれば、かなり異質なものであると考えられる。別のことばでいえば、東洋的な儒教思想と欧米的な競争原理が融合した経営方式は、東アジアにおける経営理念の比較研究にとって、重要な事例になると考えられる。サムスンの事例を、比較研究にいかに活かすかについては、今後の課題とした。

（岩井　洋）

注

（1）　コンサルティング会社 Interbrand の調査（二〇一二年）では、サムスンは世界第九位にランキングされている（二〇一一

年は一七位)。(http://www.interbrand.com)

(2) 本章は、おもに筆者が行った以下のインタビューに基づいている。元サムスン電子社員P氏へのインタビュー(二〇〇九年三月一〇日～一三日、アンサン市内)、P氏の母K氏およびサムスン社員を友人にもつS氏へのインタビュー(同年一月二七日～三〇日、ソウル市内およびソンナム市内)、元サムスン人力開発院講師H氏(経営コンサルティング会社経営)へのインタビュー(二〇一一年二月一七日～二一日、ソウル市内)。これ以外にも、元サムスン社員の家族や友人へのインタビューも実施したが、本章には直接反映されていない。また別途行った、韓国に進出している日本企業の社員へのインタビューは、韓国の商慣行やサムスン社員について理解するうえで参考になった。

(3) 二〇一一年の韓国十財閥の売上高は九四六兆一〇〇〇億ウォン(約六八兆円)で、韓国の国内総生産(GDP)の約七六・五%を占めた。首位の売上高は、サムスンの二七〇兆八〇〇〇億ウォン(約一九兆円)で、GDPの約二一・九%を占めた(『中央日報』ウェブ版、二〇一二年八月二七日付)。

(4) 四男・泰輝は、秉喆と日本人女性とのあいだに生まれたとされ、その存在は晩年に明らかにされた。

(5) 二〇一二年二月、孟熙(元第一肥料会長)は、「父が生前に第三者の名義で信託した株式などの財産を、李健熙氏がほかの相続人に無断で単独名義に書き換えた」として、健熙を相手取り、総額七一〇〇億ウォン(約四九四億円)の株式分与を求める訴訟を起こした。また、健熙の姉・淑熙もこの訴訟に加わった(『朝鮮日報』二〇一二年二月一五日付)。

(6) パナソニック(元・松下電器産業)の歴史において、重要な出来事のひとつとして語られるもの。一九六四年、深刻な不況の影響で赤字経営となった販売会社や代理店を、創業者・松下幸之助が静岡県・熱海のニューフジヤホテルに一同に集めて開いた会議。

(7) 厳密にいえば、サムスンにおいて労働組合組織は皆無ではないが、非労組経営の方針が経営者側の管理体制を強化しているといえる。

(8) 具体的な研修プログラムについては、(李彩潤 二〇〇六、金榮安 二〇〇六、申元東 二〇一〇)を参照。

(9) 「新経営」に結びついたレポートを李健熙に提出した福田民郎氏や元サムスン電子常務の吉川良三氏(東京大学大学院経済学研究科ものづくり経営研究センター特任研究員)も、サムスンにヘッドハンティングされた。サムスンによるヘッドハンティングの実態については、『日経ビジネス』二〇〇四年六月七日号、三〇―三三頁、同二〇一二年七月九日号、二六―七頁を参照。

(10) 九五年は、サムスンが半導体事業への本格的な投資をはじめた時期であり、核心人材の獲得は半導体事業の成否と密接に関わっていたと考えられる（片山 二〇一一、一九四－五頁）。
(11) http://www.samsung.com/jp/aboutsamsung/group/philosophy/corevalue.html
(12) 筆者によるインタビューから（二〇一一年二月二〇日、ソウル市内）。
(13) 元サムスン電子社員のＰ氏も、経験則として、ほぼ同じ割合をあげていた。筆者によるインタビューから（二〇〇九年三月一一日、アンサン市内）。
(14) 中小企業やベンチャー企業が上場するコスダック（KOSDAQ）市場において、上場企業一二二七社のうち一二七社のＣＥＯがサムスン出身者であった（二〇一〇年九月現在）。つまり、一〇社に一社は、ＣＥＯがサムスン出身ということになる。また、一二七社のうち、サムスン電子出身者は五一名にのぼる（『韓国経済新聞』ウェブ版、二〇一〇年一〇月八日付）。
(15) 筆者によるインタビューから（二〇〇九年三月一一日、アンサン市内）。
(16) 筆者によるインタビューから（二〇〇九年一月二八日、ソウル市内）。
(17) 筆者によるインタビューから（二〇〇九年三月一一日、アンサン市内）。
(18) 筆者によるインタビューから（二〇〇九年一月二八日、ソウル市内）。
(19) 韓国の雇用労働部（日本でいう厚生労働省）のデータによると、二〇一一年、韓国一〇〇大企業中、取締役の年俸が最も高かったのはサムスン電子で、一人あたり平均一九〇億ウォン（数年間にわたり支給されるボーナスを含む）だった。一〇〇社のなかで、取締役と一般社員の年俸格差が最も大きいのは、やはりサムスンで一三九・七倍だという（一〇〇社の平均格差は一四・九倍）（『中央日報』ウェブ版、二〇一二年九月一三日付）。
(20) ただし、サムスンは九〇〇点以上を必須にしているわけではないが、受験生が全体に優秀であるためか、新入社員の平均スコアは九〇〇点を超えるという。

参考文献

李慶植（二〇一一）『李健熙―サムスンの孤独な帝王』（福田恵介訳）東洋経済新報社。

李彩潤（二〇〇六）『サムスンはいかにして「最強の社員」をつくったか―日本企業が追い抜かれる理由』（竹村健一監修・洪和美

訳）祥伝社。

李秉喆（一九八六）『市場は世界にあり』講談社。

片山修（二〇一一）『サムスンの戦略的マネジメント』ＰＨＰ研究所。

――（二〇一二）『日本企業がサムスンから学ぶべきこと』ＰＨＰ研究所。

キム・ソンホン／ウ・インホ（二〇〇四）『サムスン高速成長の軌跡―李健熙十年改革』（小川昌代訳）ソフトバンクパブリッシング。

金榮安（二〇〇六）『ビル・ゲイツを３人探せ―サムスン流人材育成法』（青木謙介訳）日経ＢＰ。

金勇澈（二〇一二）『サムスンの真実』（藤田俊一監修・金智子訳）バジリコ。

サムスン（一九九四）『サムスン新経営』（韓国語）サムスン。

――（一九九八）『サムスン六〇年史』（韓国語）サムスン。

申元東（二〇一〇）『サムスンの最強マネジメント』（岩本永三郎訳・前坂俊之監修）徳間書店。

洪夏祥（二〇〇三）『サムスン経営を築いた男―李健熙伝』（宮本尚寛訳）日本経済新聞社。

――（二〇〇五）『サムスンＣＥＯ』（福田恵介訳）東洋経済新報社。

山崎勝彦（二〇一〇）『疑人用いず、用人疑わず―サムスン創業者・李秉喆伝』日経ＢＰ。

吉川良三（二〇一一）『サムスンの決定はなぜ世界一速いのか』角川書店。

第六章　社会貢献と経営理念
――柳韓洋行（韓国）の理念生成・継承――

一　はじめに

われわれの研究は、経営理念のダイナミズムに注目している。経営理念は、創業者や経営トップが掲げたものを明文化し、組織のメンバーがそれをそのまま記憶したり、その通りに振る舞うためにあるものではない。そうではなく、組織メンバーが、日々の業務の中で経営理念を指針として行為し、その行為の中で理念を読み解き、自身のものとして再解釈するそのプロセスを、経営理念の実態として捉えている。何十年も、時には何百年も前に創業者によって掲げられた経営理念が、今なお、組織メンバー各々の状況において意味あるものとなっていることがある。それは、メンバーによる経営理念の解釈・再解釈が繰り返されているからである。

経営理念は組織メンバーに作用するだけではなく、組織の外、つまりステークホルダーにも作用する。組織が提供する製品やサービスを通じて、配当や株価というより経済的な価値を通じて、あるいは組織が直接発するさまざまな発言を通じて、経営理念は意識的・無意識的にメッセージを発信する。そして企業は、そのメッセージに対する外からのフィードバックを何らかの形で受けとる。結果、経営理念は根本から変更を迫られる場合もあるだろうし、表面上の文言を変更することになるかもしれない。ここにもやはり、経営理念とステークホルダーとのダイナミックな相互作用がみられる。

このような経営理念と組織メンバーとの、あるいは組織を取り巻くステークホルダーとの、さらには社会とのダイナミックな相互作用こそが経営理念の実態であり、われわれの注目するところである。

本章は、韓国製薬メーカー柳韓洋行《ユハンヤンヘン》（Yuhan Corporation 以下ユハン）の経営理念に注目し、上記のような経営理念のダイナミズムについて述べる。本研究がユハンに注目する理由を述べておこう。ユハンは一九二六年に柳一韓《ユイルハン》によって創業された製薬会社である。韓国では創業二〇〇年を超す老舗企業は存在せず、一〇〇年を超す企業でさえわずか二社が存在する限りである[1]。そのような韓国において、創業八六年にもなるユハンにわれわれは強く関心を持った。長期的に存続し続けることが難しい韓国において、なぜユハンはそれが可能であったのだろうか。

ユハンについて調べ始めると、すぐに同社が一般的に知られている韓国企業とはまったく異なるいくつかの特徴を持つことに気が付いた。例えば、韓国の財閥系企業では経営権は直系の親族によって一手に担われ、継承されることが知られている。しかしながら、ユハンの創業者は、引退した後には経営権を親族に継承させなかった。また、一般的に韓国では対立的な労使関係が知られているが、ユハンでは、労使関係のことを「労労関係」と表現し、対等で良好な関係を維持している。このような特異な経営上の特徴の背景には、創業者の生い立ちや哲学、ユハンという企業が設立された経緯や創業目的、そこから現在まで続いてきた同社の経営理念とそれに基づく経営のしくみがあることが理解された。そこで、ユハンの経営理念に注目し、その生成を創業者柳一韓の生涯や彼の哲学に求め、その浸透および継承を、現在のユハンの経営システムやメンバーへのインタビューを通じて探ることが本章の目的である。

本章の構成は次の通りである。まず、創業者柳一韓に注目し、経営理念の生成の基となった生い立ちや成人後の韓国における活動、哲学について述べる。次に、ユハンの特異性を理解するために現在のユハンの経営理念、それを反映する経営のしくみについて述べる。さらに、組織メンバーレベルでの理念浸透について、主に社員へのインタビューに基づいて述べる。最後に、結論と今後の課題を述べる。

二　創業者柳一韓の生い立ちと哲学

韓国製薬会社ユハンは、一九二六年に柳一韓によって創業された。韓国では老舗企業といえる同社の経営上の特徴は、創業者の生い立ちや、価値観に深く由来すると考えられる。そこではじめに、柳一韓の生い立ちをみていこう。

創業者　柳一韓の写真

出所：ユハン提供。

柳一韓の生い立ち

ユハンの創業者柳一韓は、日清戦争が終結した一八九五年に、平壌で六男三女の長男として生まれた。幼少の頃は名前を一馨《イルヒャン》といい、高校入学時一六歳になって一韓と改名する。父親の柳《ユ》基淵《ギヨン》は、当時としては珍しいクリスチャンであり、バプテスト派の米国人宣教師と交流を持っていた。そのため、外の新しい物事や思想を受け入れる開明的な人であった。商才にも恵まれ、シンガーミシンの輸入代理店を営むなど、常に外に目を向けていた。子どもの教育にも熱心で、息子のみならず娘までも女学校に通わせたり留学させたりした。彼は、長男であった一韓の教育にはことのほか熱心だった。一九〇四年、一韓が九歳になると、親戚も知人もいないアメリカへ単身遊学させる。国内外の情勢が悪化の一途を辿ることへの危惧と、より広い視野に立って学んでほしいという一念が、幼い我が子を渡米させる決心へと導いたのである。

幼い一韓の渡米には、宣教師の紹介で、メキシコ巡訪の公務でアメリカに向かう韓国人が付き添った。サンフランシスコで六年間小学校に通った後、ネブラスカ州カーニーで敬虔なバプテスト派クリスチャンの独身姉妹に養育される。そこでは、学費のために新聞配達をしたり、村で石炭の火おこしなどの奉仕活動をするなど、一韓は開拓民としての勤勉な面をしっかりと身につけた。また、この時期に、親代わりの姉妹から受けた影響は大きかった。職務の差はあれども誰もが本来平等であるという「万人祭司」や、「政教分離」を掲げる同派の理念は、後の一韓の行動指針となり、さらにはユハンの経営理念の形成に大きな影響を与えたと考えられる。

中学生の時には、韓国の独立運動家らを中心に創設された少年兵訓練学校に参加した。そこでの教育や仲間との出会いは、幼くして祖国を離れた一韓に、植民地となっていた祖国への愛情を育み、維持させるものであった。志を同じくする仲間との深い付き合いは、韓国の解放（終戦）まで続き、一韓の国家観に大きな影響を与えた。

地元の高校に進学した一韓は、アメリカンフットボールの選手として活躍した。チームに東洋人は彼一人という状況でクラブでもまた学業においても優秀な成績を残し、高校の奨学金を獲得している。与えられた役割にきちんと責任を持つことや、協力し合うことの大切さなど部活動を通して身につけた多くのことが、後の人生において非常に役に立ったと自ら語っている。

その後、大学進学の資金を稼ぐため一年間デトロイトの変電所に勤める。そこはかつてヘンリー・フォードも勤めたことのある会社で、みんなが嫌がる残業を他人の分まで働いた。一韓は、ここでフォーディズムの思想から大きな影響を受けた。彼が理解していたフォーディズムには、①未来に対する恐怖と過去の栄光に対する賛美を捨てる、②競り合うことは好ましくない、③奉仕が利益より優先、④安く製造・安く提供などが含まれていた。特に社会への奉仕を大事にしていた。

ミシガン大学商学部に入学後、学生起業家として在米華人を相手に中国の民芸品を売る商売を始めた。同時に、アジア留学生会の会長を務めるなどリーダーシップを発揮し、多くの知己を得た。また、そこで出会った在米華人胡美利《ホミリ》と後に結婚することになる。胡美利は大学卒業後小児科の医師となり、後には韓国で個人病院を設立し一韓の事業を支えた。

大学を卒業後、大手企業に会計士として勤めたが、一九二二年には同級生と一緒に食品会社を設立する。中華料理に欠かせないモヤシの缶詰をアメリカの中華料理店に供給することが主な事業であった。ある時、原材料を仕入れるため中国に渡った際、二〇年ぶりに祖国に立ち寄った一韓は、そこで想像以上に厳しい祖国の暮らしを目の当たりにした。人々は貧しく、病気になっても満足な薬を買うこともできなかった。それを見た一韓は、同胞を助けるために祖国への帰国を決心する。一九二五年に帰国した彼は、翌年に製薬会社ユハンを創設した。

以上のような一韓の生い立ちを振り返ると、後のユハン設立とその経営理念に対して大きな影響を与えたであろう点がいくつか見出される。まずは、彼の父親の存在である。父親は熱心なクリスチャンであり、なおかつ成功した商人であった。教育熱心であり、外国人との交流もあり、外に開かれた思想をもっていた。これらはすべて、幼くして渡米し教育を受けることを可能にした。そして、彼の米国での経験とそこで培われた価値観が、ユハンの設立と経営に大きな影響を与えたであろうことを考えると、一韓の渡米なしには、ユハンという会社の存在はありえなかったように思われる。商業を疎む朝鮮社会において、成功した商売人であった父の存在は大きく、一韓が大学で商業を学び、大学在籍中から小規模ながらもビジネスに従事したのは、父の影響が皆無ではなかったであろう。同様に、父親および親代わりとなる姉妹がそれぞれクリスチャンであり、自らも熱心なクリスチャンであることも重要である。とりわけ、後に述べるように、死後に私財のすべてを韓国社会のために寄付した行為は、現在でも高い評価とともに語り継がれるほど韓国社会にとっては特異なことであり、そのような行為の背景にはキリスト教精神の影響があると考えられる。ちなみに、毎年三月一〇日に行われる慰霊祭は、牧師による説法と参加者による讃美歌により執り行われるキリスト教式によるものである。

それ以外にも、中学生時代に通った少年兵訓練学校での訓練や、そこで出会った同胞たちとの交流は、日本の占領下にあった祖国を思う気持ちを忘れさせなかった。本章ではほとんど触れないが、占領下から解放までの独立運動において国外で果たした役割は大きく、韓国では独立運動家としても広く知られている。

ユハンと数々の教育機関の設立

製薬会社ユハンの創業へと柳一韓を駆り立てたものは、彼の祖国の同胞たちの健康と教育に対する強い思いである。一九二五年にアメリカから一時帰国した柳一韓は、日本の支配下にあった祖国の悲惨な状況をみて、次のように考えた。健康な国民のみが教育を受けることができる、またそのような国民のみが国を救うことができると確信し、祖国において製薬会社を創設することを自らの責務とした。後の一九五八年に制定された「ユハンの精神と信条」は、国家と同胞を救うという目的が強く表れている。

「ユハンの精神と信条」
我々は精魂こめて最もよい製品をつくり、国家と同胞に助力を与えよう
そうするためには、第一番に、経済水準を高めて
　第二番に、ひたすら誠実に働き

それゆえ各責任者たちは、

第三番に、各者と国に助力となるようにしよう
日ごと斬新な計画と積極的な活動で
正直に誠実に働こう

健康と教育に対する柳一韓の強い思いのうち、前者はユハン設立の形で、そして後者は別の形で具体化された。ユハンの経営が安定期に入ると、柳一韓は私財を投じて次々と学校を設立した。一九五三年には高麗工学技術学院を（一九六一年には高麗職業学校、一九六四年には高麗高等技術学校、そして現在はユハン工業高等学校に改名）設立し、一九六〇年にはそこにユハン中学校が併設された。工業技術に長けた人材こそが社会を豊かにするとの考えから、柳一韓は実学的な工業技術を国民、とりわけ貧しい家庭の子どもを教育するための学校を積極的に設立した。そのような学校では、すべての生徒に対し教育費および寮での生活費用の全額が支給された。

柳一韓の死後には、ユハン大学が創設された。

後述するが、現在でもユハンの利益の一部が配当の形でユハン財団に支払われ、財団を通じて韓国社会に還元される。柳一韓にとって、ユハンは、韓国の健康と教育の発展に寄与するという大きな目的にとっての、現実的な手段だったとも考えられる。

柳一韓の遺言

柳一韓は、企業家として韓国国内で尊敬を集める数少ない人物である。二〇一〇年一月『韓国経済新聞』の調査によると、もっともすばらしい企業として三星（一七・二％）が選ばれ、柳韓洋行（一二・一％）は二位で

ユハン工業高校内にある柳一韓の墓
出所：筆者（奥野）撮影。

あった。しかしながら、もっともすばらしい企業家として選ばれたのは柳一韓（一六％）であり、李健熙《イゴンヒ》（三星グループ会長 七・一％）や李秉喆《イビョンチョル》（三星グループ創業者 六・四％）を大きく引き離している。また、これまで幾度も「韓国を輝かせた歴代の人物」に選ばれ、政府からも文化人物および独立運動家として公式に認定されている。

こうした高い社会的評価の理由の一つは、柳一韓の遺言にある。彼は一九七一年に七六歳で亡くなったが、その際に遺した遺言は、今でも韓国社会では語り継がれている。その内容は、次のようなものであった。

① 孫娘の柳恩令《ユイリン》のために、一万ドルを学費として遺す
② 娘の柳載羅《ユジェラ》には、ユハン技術高等学校の中の五〇〇〇〇坪を遺す
③ 私が所有する一四〇九四一株は韓国社会および教育援助信託基金に寄付する

柳一韓は孫娘の学費とわずかな土地のみを遺し、残りすべての遺産を自らが設立した韓国社会および福祉支援基金（現ユハン財団）に寄付した。この財団では、韓国社会の福祉と教育の発展に貢献すると判断される場合においてのみ、その資金を活用することができる。遺言にある娘に託された土地は、柳一韓の墓地のためのものである。彼は生徒たちをとても愛していたため、いつも生徒たちの声が聞こえる校内に柵をつくらず自らを埋葬することを希望した。現在は遺言通り柳一韓と、そして娘がそこに眠っている。彼は妻にも息子にも何も遺さなかった。彼の息子は一時ユハンの副社長を務めたことがあるが、遺言通り親族は一切の株も譲り受けることはなかった。(2) その結果として、家族・親族による経営権の継承も行われていない。韓国の社会のためにすべてをささげた柳一韓に、国は国民勲章を与えた。また一九九五年には、独立と国家建設に寄与した功績を評価し建国勲章が授与された。

卓越した企業家によって創業されたユハンは、それが故に韓国企業のなかでも特異な経営理念と、それに基づく経営上の特徴をもっている。次節では、それについて述べていこう。

三　ユハンの理念と特徴

会社概要と経営理念

製薬会社ユハンは、一九二六年に柳一韓によってソウル市銅雀《ドンジャク》区に設立された。現在も本社は創業の地にある。現在、従業員数一五一五名、二〇一一年の売上高六七九二億ウォン、経常利益四九〇億ウォンであり、売上ベースでは韓国同産業内第四位に位置する。(3) 主要な取扱い製品は医薬品（約七〇％）および原料医薬品（約一七％）であるが、歯ブラシやシャンプーのような生活品（約一〇％）、動物薬品もわずかながら取り扱っている。設立初期には、アメリカから医薬品を輸入し国内で販売していた。ユハンは漢字で柳韓洋行と記すが、洋行とは貿易や商社を意味する。現在でも国外からの輸入販売が主な事業である。一方、古くから自社で生産・販売し、韓国国内で広く知られる製品としてはアンチフラミンという軟膏薬がある。

会社のシンボルマークは柳の木である。柳の木が青々と茂るようにさまざまな逆境にも負けずに国民の健康向上に尽くしてきた模範企業を意味し、さらなる繁栄を願う意味も込められている。

先述のように、柳一韓は九歳で単身渡米し青年期をアメリカで過ごした。一九二六年に一時帰国した彼は、日本の支配下にあった祖国の悲惨な現実をみて、健康な国民のみが教育を受けることができる、またそのような国民のみが国を救うことができると確信し、韓国で製薬会社を創設した。ユハンには、次のような経営理念が掲げられた。

ユハンの経営理念
・最もよい製品の生産
・正直な納税
・企業利益の社会還元

「正直な納税」はユハンの経営にとって重要な理念であり、次のようなエピソードが語り継がれている。一九六〇年代の韓国社会では、政治家に対する企業からの政治献金や賄賂といったものが頻繁に行われていた。柳一韓はそのような行為に対し断固として拒否する姿勢を貫いた。それが気に入らなかった当時の政権は、必ず何か出てくるだろうと目論み税務査察を徹底的に行った。当時は、企業の納税には不正があるのが常だったからである。しかし、ユハンからは、何一つの不正も出てこなかった。このことに驚き感服した政府は、一九六八年の納税の日に、ユハンに対して産業部門第三位の勲章を授与した。

専門経営者制度

韓国国内でも偉大な創業者をもつユハンは、現在でも他の韓国企業にない経営上の特徴をいくつか備えている。ここでは特に、生え抜きの専門経営者による経営、「労労関係」、さらに利益を社会に還元するしくみについて述べる。

一九二六年に設立されたユハンは、設立一〇年後の一九三六年には株式会社となった。個人会社としてではなく株式会社化することを柳一韓は意識していたが、その背景には「企業の所有主は社会である。専らその管理を個人がするだけである」という彼の哲学があった。さらに一九六二年には、韓国製薬会社の中では最初の上場企業となった。一九六九年には柳一韓は経営の最前線から身を引き、血縁関係のない趙權順《ジョクオンシュン》氏に譲り渡した。生え抜きの専門経営者による経営の始まりである。これによって、柳一韓の哲学は一層明確化され、さらに後世へと引き継がれることとなった。

ユハンの現在の代表理事社長は、金允燮《キムユンソプ》である。(4) 彼は一九七六年に入社して以来、現在まで三六年間ユハンに勤務している。長い間営業の現場を経験し、そこで主に顧客である医療関係者達のニーズとユハンの経営理念を繋ぐ努力をしてきたという。二〇〇〇年に役員となり、二〇〇七年からは副社長として、そして二〇〇九年からは生え抜きのトップとして現職にある。

非血縁者による経営、つまり専門経営者体制はユハンで働く社員にとって二つの意味をもつ。一つは、オーナー経営者のような独断的な意思決定による弊害を最小化し、経営が広くすべての組織メンバーによって行われるという意識を醸成することにつながる。金允燮代表理事社長は、透明経営に心を砕いている。経営に関する情報は広く公開されており、現場の一人ひとりが経営状態を知り、それに対して意見を述べることができるようになっている。例えば、毎期ごとの経営実績報告会には、労働組合の代表者はもちろんのこと、課長級以上のすべての社員が参加している。またその内容を、イントラネットなどを利用してすべての社員で共有している。[5]

一般的な韓国企業は、創業者が絶対的な権限をもち、さらにそれが直系一族によって継承される特徴がある。梁（二〇一一、二七二頁）によると、権威主義的な経営は韓国企業のコーポレート・カルチャーのベースであり、IMF危機以前には労働者による経営参加がまともに取り上げられる機会はほとんど期待できなかった。このことからすれば、ユハンの専門経営者体制とその意味が、韓国企業のなかでいかに特異であるかが理解できるだろう。

専門経営者体制のもう一つの意味は、ユハンのトップの昇進可能性が社内の全員に対して開かれているということである。われわれが行ったインタビューでは、入社後六年になる男性社員が次のように語った。[6]「柳博士が亡くなられて以来、我が社では専門経営者体制になっており、全ての経営者が公式採用された中から社長となっています。そのようなリーダーをみて、自分もこの会社で長期的に勤務をしたいと思います。自分がそのようになれるという夢を抱いているところです。」すべてのメンバーに開かれた経営トップへの機会は、社員にとって強いインセンティブとなるにちがいない。とりわけ、韓国の他の企業ではそれが叶わないことが多いため、ユハンのこの制度は組織に対する忠誠心や、そこで働くことに対する高いプライドにつながっていると考えられる。

「労労関係」

ユハンの経営上のもう一つの特徴は、社内用語で「労労関係」といわれるものである。言うまでもなく一般的には「労使関係」といわれるが、これは労働者と、それを使う者＝管理するものを意味する言葉である。これに対し「労労関係」は、労働者を使う使用者は存在しない、社員は皆対等であるという意味が込められている。同社には労働組合が存在するが、労働組合と会社との関係は非常に良好である。[7]ＩＭＦ経済危機においても、同社は一切のレイオフを行わなかった。もちろん、製薬業界が他の業界ほどＩＭＦの影響を強くは受けなかったことは一つの要因である。しかし、ボーナスの一律削減など経営を助ける提案を労働組合側が申し出たことによって、同社は危機を脱することができた。

「労労関係」を築くことができた理由の一つは、創業者の哲学に基づくものである。柳一韓の語録には「企業に従事するあらゆる人々は、企業活動を通じて一つの運命共同体である」というものがある。労働者と使用者を区別することなく、一つの同じ企業活動に従事するものとしてお互いを尊重し協力し合うことが大切だとするその哲学が、現在の「労労関係」として引き継がれている。

同社が「労労関係」を築くことができたもう一つの理由は、公開採用と内部昇進を原則とする同社の人事方針にある。[8]現在まですべての経営者が公開採用によって採用され、内部昇進によってそのポジションを得た生え抜きばかりである。このことは、同社がフェアな採用と人材育成を基本とした長期的雇用を方針とすることを示すものである。同社では、勤続年数が上がるにつれて基本給が上昇するいわゆる年功序列的な賃金制度を採用してきた。[9]韓国企業では、ＩＭＦ危機以降雇用の流動化が進み、賃金制度も年功的なものから成果主義的なものへと移り変わりつつある。[10]ユハンにおけるこの変化は、ＩＭＦ危機以降急激に生じたものではなく、それ以降徐々に変化しつつある様子である。しかしながら、その変化は、人事担当者の言うところでは、あまり上手くいっていないようである。[11]その背景には、このような変化が、労働者と使用者は明確な区別なく、共にユハンを経営するものとして協力しあうという創業者が築いた「運命共同体位」という哲学に反するという一因があるのではない

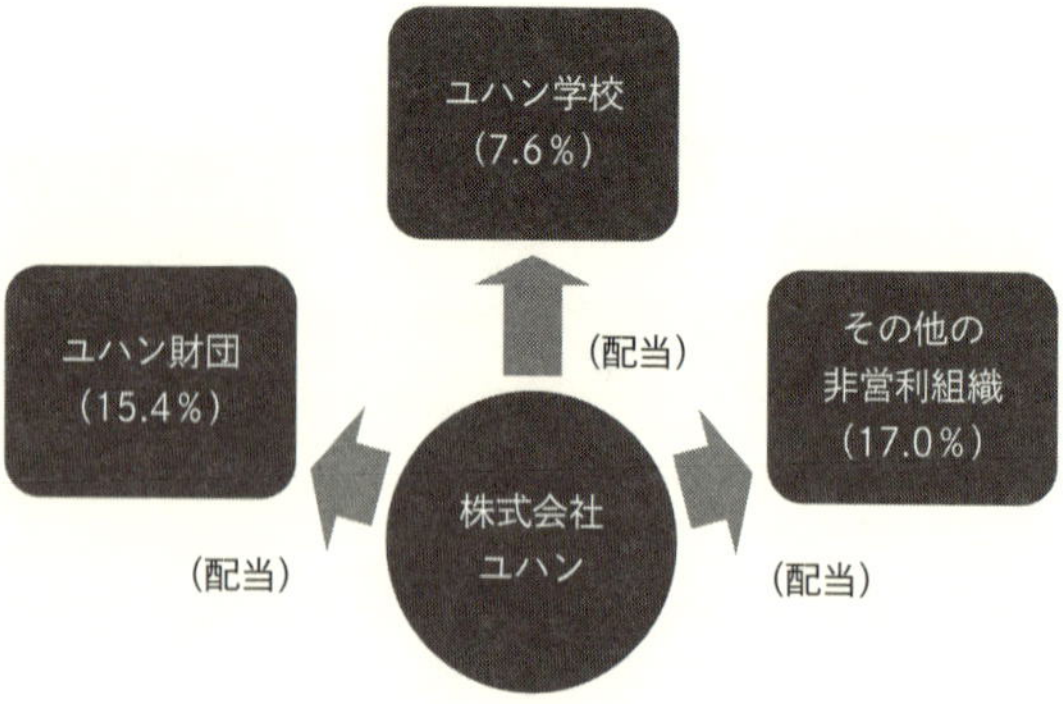

利益を社会へ還元するしくみ
出所：ユハン公式 HP から筆者（奥野）による作成。

だろうか[12]。

利益を社会へ還元するしくみ

ユハンの特異性を示すもう一つの点は、その本格的な社会貢献のしくみである。同社では、株式会社のしくみをつかって利益が確実に韓国社会の発展に寄与する構造がつくられている。

公式ＨＰで公開されているところでは、現在のユハンの最大株主はユハン財団で所有株は一五・四％である。また、七・六％の株を有するユハン学校があり、これら二つをあわせて約二三・〇％となる。これら以外にも、ヨンセイ大学や健康奨学基金などがあり、すべて合わせると非営利組織がユハンの株主のうち約四〇％を占める。その他は、約四二％が機関投資家、約一八％が個人投資家となっている[13]。

このような株主構成が意味するところは明らかである。ユハンが利益を上げると、その利益が配当の形でユハン財団やユハン学校基金に移り、最終的に韓国社会に還元されることとなる。株式会社のしくみをつかって、企業の利益が自ずと社会の福祉と教育に還元される構造をユハンはもっているのである。

このような構造をつくりだしたのは、言うまでもなく柳一韓である。前述のように、彼はさまざまな学校を設立・運営するために、自らが所有するユハンの株を使った。それだけではなく、遺言によって韓国社会および福祉支援基金（現ユハン財団）に持てるすべての株式を寄付した。それによって、ユハンが利益を上げ続ける限り、その一部が韓国社会へと還元される構造をつくったのである。これは、「社会から得たものは、すべてそれを生みだした社会に還元すべきである」という創業者の哲学が、「企業利益の社会還元」という現在のユハンの経営理念となり、それが実際に機能し続けていることを示すものである。

四　組織メンバーへの経営理念の浸透

これまで述べてきたように、ユハンは韓国社会のなかでも非常に特異な存在である。それは、創業者の思想や同社の経営理念に深く根ざしている。次に、このような同社の経営理念が、組織メンバーによってどのように認知され、受け入れられているのかみていこう。なぜなら、われわれの研究では、経営理念を、組織メンバーによって解釈・受け入れられていく動的なプロセスとみているからである。創業から九〇年近く経過した現在、組織メンバーにとって、創業者や創業者が唱えた理念はどのように受け止められ、解釈されているのだろうか。そして、それがどのようにして現在の経営理念へと統合されていくのだろうか。この点に注目しながら、組織メンバーの声に耳を傾けてみよう。(14)

入社後三カ月の新入社員（女性）Aさんのケース

インタビュー当時はまだ入社後三カ月という女性Aさんは、開発チームで新製品の販売許可を食薬庁に申請する仕事を行っている。ユハンに入社したのは、同社で働くことが家族経営の特徴を持つ財閥企業で働くのではなく、社会のために働くことを意味するためだったという。社会のために働く、というのは二つの意味がある。一つは、同社が専門経営者体制を導入しているため、社員は創業者一族のために働くのではないという意味である。もう一つは、大株主であるユハン財団を通じて利益が社会に還元されるという意味である。これらは彼女にとって重要な点で、インタビューの中でも繰り返し述べられた。

「他の財閥企業に入った人と比べてのことですが、財閥企業に入ったら一人のオーナーのために働くという感じになります。けれども、私は社会のために働くという感じになります。」

「創業者に対するイメージがいいので、外部の人からは『ユハンはいい企業である』というように見られることがありますね。なぜいい会社であるかといえば、柳博士が設立した会社なのでいい会社だということになります。柳博士はオーナーシップを作らないで自分の財産を社会に還元しましたし、専門経営者システムをつくりました。柳博士の理念についての教育を受けてはいますけれど、その教育のためではなくて、自然と私たちは創業者を尊敬し会社に対するプライドを持っています。」

Aさんは、同社の経営理念について、入社を決める際には参考にし、また入社後には覚えるように会社から言われた。また、経営理念が仕事の上でどのように影響しているのかについて具体的に話して欲しいときくと、少しの間考え込んだ後、次のように話してくれた。

「答えになるかどうかわかりませんが、私の場合、ある時、仕事で本当に疲れて、仕事を離れて一階の創業者の記念館に入りました。一人で。そこで創業者のいろんな事実に接し、自分はまだまだ小さいことで疲れていてはいけないと思ったことがあります。」

この記念館は、本社一階に開設されており、創業者柳一韓の生涯を記した写真入りのパネル、遺言書（レプリカ）、各種の勲章（レプリカ含）、遺品、経営理念を記したパネル、語録を記したパネル、柳一韓について書かれた本や教科書などが展示されている。社外の人でも自由に観覧ことができるようになっている。このようなAさんの話からは、創業者の人物像そのものが、仕事で疲れた彼女を鼓舞したことがわかる。

ユハン本社一階にある柳一韓記念館
出所：筆者（奥野）撮影。

入社六年目広報担当（男性）Bさんのケース

入社六年目のBさんは主に社外にむけた広報を担当している。父親がユハンに勤めていたことから、ユハンは非常に身近な会社であったという。前述のAさんが随時採用であったのに対し、Bさんは年一回行われる一括の公開採用で一二〇人ほどの新入社員とともに同時入社した。その際に行われる新入社員研修によって、創業者に関するDVDを観たり、話を聴くなどして経営理念について教えられた。仕事をすすめる上で、このような経営理念がどのように影響しているのだろうか。この点について、Bさんは次のように語った。

「「どんな会社で働いているのですか」と聞かれて「ユハンという会社で働いている」といっても、相手はわからない時があります。ユハンが製薬会社であることも知らない場合があります。けれども、それがわからなくても「柳一韓博士によって設立された会社である」と言えば、大抵の人がわかってくれます。

私は特別にプライドをもって働いています。…（中略）…八〇年以上も柳博士の理念が続けられていること自体がプライドの根源にあると思います。会社としてはそれほど売上や実績は高くあげていませんけれども、それとは別にしていろいろな調査をしてみると一〇位以内の企業にランクされます。経済的な価値だけで評価されるのではなく、よい企業イメージで評価されていることが、私がプライドをもって働いている原因となっています。」

Bさんの話からは、ユハン自体が企業として優良な企業というよりも、柳一韓という偉人によって創業された会社として有名であることが強調されている。国民的に偉大な創業者によって設立された企業で働いていることが、Bさんに高いプライドをもたらしている。この点は、Aさん、また後に触れるCさんについても同様であった。

ユハンの経営権が親族に継承されず専門経営者によって引き継がれたことは、Aさんにとっては自分が会社のオーナーのために働いているのではなく社会のために働いているという意味をもっていた。Bさんにとっては、Aさんとは異なる意味でこの点が重要である。つまり、ユハンのトップが生え抜きであるということは、自分がそれと同じ道を歩む可能性が残されるという意味である。

「私は二七歳で入社をして今二三歳です。今の社長は三五年ユハンで働いています。柳博士が亡くなられた後は、専門経営者体制となっていますので、すべての経営者は公開採用された社員の中から社長になったわけです。そのようなリーダーをみて、自分もこの会社で長期的に勤務をしたいと思っているし、そのような夢を抱いています。これは韓国の他の会社とはかなり違う点だと思います。」

韓国において創業者・所有者とまったく関係のないものが新入社員として入社し、生え抜き経営者になる可能性は限られている。また、韓国ではＩＭＦ以前には長期雇用を前提とした雇用関係が成り立っていたが、それ以降は雇用の流動化が進み、定年まで同じ企業に留まるという意識は企業側からも労働者側からも急速に失われている。[15]そのような環境で、Ｂさんのように経営者となることまでを含めた長期雇用を望むことが許されるのは、ユハンの大きな特徴といえる。

入社一一年目人事担当（男性）Ｃさんのケース

当然ながら、社員のメンバーすべてが柳一韓の哲学や、あるいは同社の経営理念に対して同じ思いを抱いているわけではない。入社後、一貫して人事を担当しているＣさんからは、一一年という同社での勤続経験からか、組織に対して前出の二人とは少し異なる印象の話がきかれた。例えば、ユハンへの入社に関する話をきいたところ、次のような答えが返ってきた。

「実際に、具体的にどのような会社かということは、（入社前には　筆者注）みんな知らないでいるわけですね。ただ給料が高いから、福利厚生が整っているから、私たちの両親の世代ではよいイメージをもっている企業だから、たいがいはこの三つが入社の理由となっている。みんなそうだと思いますよ。」

Cさんにとってユハンの給与水準は非常に高く、満足していた。また企業イメージについても期待通りで、社員が高いプライドを持って働いていると述べた。福利厚生制度については、最近ではカフェテリア方式が韓国企業では導入されはじめているが、ユハンではまだそれが導入されていないことについて不満に感じている様子であった。しかし、ユハンでは結婚や不幸があった際には通常の企業の一〇倍ほどの多額の慶弔金が支給される。例えば、社員に不幸があれば、全社員が自分の給与の一％に該当する額を出し合って遺された家族に渡す制度があるという。また、社員の子弟に対する奨学金の制度が非常に手厚いとCさんは述べた。

このような福利厚生の充実は、すでに述べたような企業活動に携わるものの企業活動を通じて一つの運命共同体であるとする柳一韓の哲学からすれば容易に理解できるところである。

AさんやBさんが好意的に語っていた専門経営者制度について、Cさんは異なった見方をしていた。つまり、それが長期的な意思決定や、迅速な意思決定に結びつかないとCさんは指摘した。現在ユハンでは、代表理事社長が三年の任期となっている。一回のみ再任が認められるが、それでも任期の三年ごとに経営の意思決定が断絶する。また、オーナー経営者なら即決できることが、ユハンではその都度、理事会を通じて意思決定されることから、意思決定の遅れをCさんは指摘した。

以上のような組織内の経歴や職種などさまざまな三人に対して、経営理念の解釈や浸透について共通点を見出すことは容易ではない。しかしながら、三人に共通して見られたことは、創業者である柳一韓という人物そのものが組織メンバーにとって高いプライドの根源となっていることである。Aさんにみられるように、仕事に疲れた時に、記念館を訪れ創業者の偉業に鼓舞されたエピソードがあった。また、Bさんの発言によれば、社外の人にとってはユハンという企業を知らない場合もある。しかし、「柳一韓が設立した会社」といえば分かる場合が多いという。これらからは、組織メンバーが、国民的偉人である柳一韓が創業者であることに強いプライドを感じ、組織への所属意識を高め、仕事へのモチベーションを高めていることがうかがわれる。

もう一点は、柳一韓が、自身の哲学に基づいて築き上げた経営のしくみである専門経営者体制や充実した福利厚生制度が、組織メンバーにとって現在も大きな意味をもっていることである。三人のうち、経営者の語録や経営理念の文言そのものについて言及したものはなかった。しかし、それらに基づいてつくられた経営のしくみを、自身で解釈し、そこからメッセージを受け取っていた。例えば、Aさんは、専門経営者体制という経営のしくみから、自分が社会のために働いているというメッセージを読み取っていた。これは柳一韓の哲学でいえば、「社会から得たものは、すべてそれを生みだした社会に還元すべきである」に該当する。一方、Bさんは、同じ専門経営者体制というしくみから、自分が長期的に組織にとって重要なメンバーであり、自身が経営者になり得る可能性を感じていた。これは柳一韓の哲学でいえば、「企業に従事するあらゆる人々は、企業活動を通じて一つの運命共同体である」という言葉に該当するだろう。同じ柳一韓の言葉は、Cさんが感じている充実した福利厚生にもつながるものである。運命共同体であるからこそ、社員のみならず、その家族にまで安心で豊かな生活を送ることができるよう配慮がなされているのである。このように、柳一韓の遺した哲学から発展した経営理念は、文言そのものとしてではなく、それが埋め込まれた経営のしくみを通じてメンバーに解釈されているといえる。

しかし、その一方で、経営理念の再解釈という点では疑問が感じられた。三人の発言は、創業者にまつわる話に終始し、それ以外の経営者あるいは上司や同僚に関する話は一切口にされなかった。経営理念に深く関わるエピソードや自身の仕事上の体験を尋ねた際にも、比較的古い創業者の話であって、現在の職務上の体験談ではなかった[16]。やや抽象的な表現が許されるのであれば、三人にとっては、創業者や同社の経営理念がまるで鑑賞の対象となっているかのような印象をわれわれは持った。創業者が打ち立て、後々の経営者たちが継承してきた同社の経営理念を、今自分たちが直面する経営環境のなかで、どのように変容させ、自分たちのものとして受け入れていくのかという視点での語りはほとんどなされなかった。例えば、創業者によって設立されたユハン財団の活動が今現在も適切に行われているのか、活動目的は変化する社会の要請にきちんと応えているのかどうかといったことは、常に精査すべき事柄であろう。経営理念が正しいからそれでよいというわけではない。経営理念が唱えた通りにしくみが機能し続けるために、常に自らの置かれた環境でそれを再解釈する必要がある。この点を感じさせるような発言に出会うことができなかった。もちろんこれは、初対面の相手との一時間にも満たないオフィス内という場で行われたというインタビュー上の制約条件に起因するものかもしれない。今後の継続的な調査が必要である。

五　おわりに

われわれの研究では、経営理念を、組織のメンバーや組織をとりまく社会のメンバーたちによる解釈・再解釈のプロセスと仮定し、そのダイナミズムに注目してきた。本研究の目的は、韓国の老舗企業といえる製薬会社ユハンに注目し、このダイナミズムを記述することであった。

同社の経営理念の生成を探るために、創業者柳一韓の生い立ちを振り返った。父親の存在、渡米、アメリカでの体験、商業の勉強、キリスト教精神、愛国精神といった要因が、韓国社会のなかで特異性をもつユハンの設立や経営に深く関連すると考えられた。経営理念は文言として示されているだけではなく、正直な納税による受勲のエピソードや、ユハン財団を通じて利益の社会還元を実現するといった経営のしくみによって、実際に生きた理念として組織の内外に示されていた。

■企業
・企業の生命は信用である。
・企業で得られる利益は、その企業を育ててくれた社会に還元しなければならない。
・研鑽された技術者と訓練された社員は、企業の最大の資本である。
・企業は一人、二人の手によって発展できない。多くの人の頭脳が参加してこそ、ようやく発展する。
・企業の第一の目標は利潤の追求である。しかし、それは誠実な企業活動の代価として得られるものである。
・利潤の追求は企業成長のための必要条件であるが、企業家個人の富貴栄華のための手段にはなれない。
・企業の機能が単純にお金を稼ぐだけに留まると、守銭奴と同じである。
・企業の機能には、有能で有益な人材を養成する教育まで含まなければならない。
・企業の所有主は社会である。専らその管理を個人がするのみである。
・企業は、社会の利益増進のために存在する器具である。
・品質・低価の製品生産、これは企業達成の ABC である。しかし、これは企業が社会に対する責務である。
・企業と個人的情実（たとえそれが家族の場合でも）は、厳格に区別しなければならない。それは企業が育つ近道であり、また企業を保存する道でもある。
・企業は物で成長するのではない。アイディア、これこそが企業に成長をもたらす。
・企業に携わる全ての人は、企業活動を通じて一つの共同運命体である。
・お金を稼がなければならない人と、お金を使わなければならない人が会って、一体になって仕事をするとき、そこに創作的職務が成し遂げられる。
・技術者は、自分がする仕事に興味を持たなければならない。一生懸命また、正確にしなければならない。
・正直、これが柳韓の永遠な伝統にならなければならない。
・企業がいくら富を蓄積したとしても、死が近くなると白いベッドに横たわる者の手には一銭もない。

柳一韓博士語録

注：柳一韓博士記念館に展示されている「柳一韓博士語録」の和訳。語録には、「企業」の他に「国家」「人」に関するものがあるが、ここでは省略した。

経営理念の浸透については、組織メンバーへのインタビューを通じて明らかにすることを試みた。それぞれ経歴の異なる三人へのインタビューからは、創業者の存在それ自体がメンバーにとって大きなプライドの源泉となっていることが明らかとなった。持てる財産のほぼすべてを韓国社会に寄付するという遺言のために、柳一韓は韓国で最も尊敬される企業家として名前が挙げられる。柳一韓に関する著作は多く、幾度となく教科書でも取り上げられた。そのような国民的偉人によって創業されたユハンで働いているということが、メンバーにとってはプライドの源泉となり、高い動機づけとなっていた。また、組織メンバーは専門経営者制度、社会への利益還元のしくみ、手厚い福利厚生といった経営のしくみに、創業者の哲学を見出していた。この点からみて、創業者が打ち立てた経営理念が、現在の組織メンバーにとって解釈され、理解されているといえる。

しかしながら、その一方で、組織メンバーにとって自分たちが入社する以前に経営から引退し他界した創業者の存在および彼の経営理念は、客観的に鑑賞すべき対象であって、現在自分たちが直面する経営環境に適合するように変容させ、自分たちのものとして受け入れていく対象ではないかのような印象をわれわれは受けた。つまり、経営理念を再解釈するプロセスは見られなかった。

最後に課題について簡単に述べておく。経営理念の浸透について、メンバーへのインタビューに基づいて記述したが、限られたものであった。質・量ともにより多くのインタビューに基づく厚みのある記述が必要である。上記で指摘した組織メンバーによる再解釈のプロセスについて、より踏み込んだインタビューが必要である。また本研究では、組織外のメンバーによる理念の解釈・再解釈の過程については十分に探ることができなかった。韓国社会における英雄的存在である柳一韓によって創られた企業であることは、どのような意味をもっているのだろうか。社会還元の仕組みや専門経営者体制は、韓国社会ではどのように理解されているのか。現在のユハンという会社はどのような社会的評価を得ているのだろうか。また、これらは時代とともにどのように変化しているのだろうか。このような点について、断片的には本章でも触れてきたが、より統合的な観点から記述する必要がある。

（奥野[*]　明子・李　仁子）

注

＊　本研究は経営学と文化人類学の研究者による共同研究であり、研究を始めた当初から時に共同で、また時に分業しながら調査を行い議論を深めてきた。論文の執筆においては、韓国語が関わる箇所は主に李が担当し、それ以外の部分は主に奥野が担当することになったが、本論全体の文責は二人が共同して負うものである。

（1）　韓国銀行『日本企業の長寿要因および示唆点』聯合ニュース二〇〇八年五月一四日（http://japanese.yonhapnews.co.kr/economy/2008/05/14/0500000000AJP20080514003900882.HTML）。

（2）　もっとも、経営権の継承が身内にはなされなかった理由の一つとして、後継者としての経営能力という視点も欠かすことはできない。創業者には一男一女の子があったが主に米国で教育を受けたため、韓国企業の経営者としての能力があったとは断言できない。

（3）　これらのデータは、ユハン公式ＨＰに基づく（http://www.yuhan.co.kr/Eng/03_IR/03_03_Stock%20information.asp?subNum=3&pageNum=3）。

（4）　ユハンの社長の肩書は、英語ではCEO and President、漢字での表記は代表理事社長となっている。経営の最重要事項を決定する機関は、理事会と呼ばれている。

（5）　二〇一二年三月二三日に行われた李による金允燮へのインタビュー調査より。

（6）　二〇一一年三月一〇日、奥野がユハン社員に行ったインタビュー調査より。

（7）　朴（二〇〇四、六七頁）では、韓国大企業において労使関係が対立的である諸要因を、所有と経営の未分離、労働組合側が持つ労働者意識、労働組合活動の歴史的背景と分析している。

（8）　韓国企業では必要な人員を社内から調達するための社内公募と、外の労働市場に求める社外公募がある。社外公募のうち、インターネットや新聞などを使って広く社外から従業員を募集することを、公開採用という。これに対し、特別採用（幹部クラスの軍服務経験者や産学共同企画の奨学生等に対する特別採用枠）、縁故採用などがある。新入社員の採用は、職種や会社規模によって異なるものの、一般的に公開採用が最も多く、大卒では九〇％以上が公開採用によるものである。安（二〇一一、四〇－一頁）。

（9）　二〇〇九年九月二五日に奥野が、ユハンの広報部長に対して行ったインタビュー調査より。

(10) 韓国企業の賃金制度についての詳細は、安（二〇一一）第四章を参照されたい。

(11) 同社では、チーム制や成果給的な賃金制度の導入が進められている。しかしながら、そのような新しい人事制度の導入は、ユハンのように歴史のある企業では、それまで継続してきた制度や組織の文化との関係ですぐには導入・定着が進まないという発言が同社の人事担当者から聞かれた（二〇一〇年三月一〇日のインタビュー調査より）。

(12) 成果主義的賃金制度の導入など、以前と異なる人事制度を導入しても、なかなかそれがうまく定着しないとうユハンのケースは、一九九〇年代以降の多くの日本企業が直面した人事制度の変化過程とよく似ている。また、創業者が掲げる運命共同体という理念はかつて日本的経営論の中で唱えられたものと合致しており、今後は日本的な経営理念との関連性、住原・三井・渡邊編（二〇〇八、二七頁）で指摘されたメタ理念との関連性についても考察する必要がある。

(13) これらのデータは、ユハン公式ＨＰに基づく（http://www.yuhan.co.kr/Eng/03_IR/03_03_Stock%20information.asp?subNum=3&pageNum=3)。

(14) 以下は、注(6)と同じく二〇一一年三月一〇日に奥野がユハン社員に行ったインタビュー調査によるものである。インタビューは、奥野が示したおおよその在職年数をもとに、該当する社員三名を会社側が選別し、オフィス内で他の社員も同席する中で行われた。インタビューが行われたこれらの条件から生じる偏りは、十分考慮されなくてはならない。

(15) 韓国の雇用慣行についての詳細は、安（二〇一一）第七章を参照されたい。

(16) 経営理念にまつわる具体的な例として、AさんとCさんは、韓国でよく売られるようになった栄養ドリンクの製造販売の計画に対し、国民の健康に関わるものではないという理由で創業者が強く反対したことを語った。栄養ドリンクのエピソードは創業者が現役で在職中の話である。また、本文中に記載したAさんの記念館での体験は、まさに経営者像が鑑賞の対象となっている。

参考文献

조성기（二〇〇五）『유일한평전』작은씨앗（ジョ　ソンギ『柳一韓評伝』）
유일한傳記편집위원회（一九九五）『나라 사랑의 참 企業人柳一韓』(주) 柳韓洋行（柳一韓伝記編集委員会『心の愛国者企業人柳一韓』）

Ilhan New（1928）*When I was a boy in Korea*, Lothrop, Lee & Shepard.

安熙卓（二〇一一）『韓国企業の人的資源管理―その特徴と変容』文眞堂。

奥野明子（二〇一二）「韓国一尊敬を集める企業家の卓越な理念―製薬会社ユハン」『ＰＨＰビジネスレビュー　松下幸之助塾』第六号、七一－七七頁、ＰＨＰ研究所。

住原則也・三井泉・渡邊祐介編　経営理念継承研究会著（二〇〇八）『経営理念　継承と伝播の経営人類学的研究』ＰＨＰ研究所。

朴昌明（二〇〇四）『韓国の企業社会と労使関係―労使関係におけるデュアリズムの深化―』ミネルヴァ書房。

梁先姫（二〇一一）「韓国における従業員経営―従業員持株制を中心に―」『四天王寺大学紀要』第五二号、二六五－八一頁。

第七章　私の人生が私のメッセージ
——合璧工業公司（台湾）の理念継承[1]——

一　はじめに

二〇〇九年に着手した台湾企業の経営理念に関する調査研究において、筆者は無自覚のうちに日本企業の経営理念事例の比較対象として有用な事例を探したものの、結局、当初の「期待」に添う事例に遭遇することはほとんどなかった（本章で取り上げる事例は数少ない例外である）。三年余りにわたる台湾での調査活動を通して気づかされることになったのは、華人社会研究を専門とする筆者が日本社会の「自明性」から自由ではなく、その延長線上で台湾企業をとらえようとしてしまったのではないか、ということである。

たしかに台湾と日本は同じように高度な経済発展を遂げた先進資本主義社会であり、また両者の間には長期にわたる濃密な交流の歴史があるため、両者の企業組織には多くの共通項がみられる。しかしながら、台湾と日本は、異なる文化的背景、環境的条件をもち、異なる発展プロセスを経てきたため、「似て非なる」社会であり、このことは企業組織のあり方にも大いに当てはまることであろう。

この点に関しては、台湾の文化人類学者、陳其南《チェンチーナン》によって示された伝統的家族制度と企業組織に関する西洋・日本・中国比較モデルが示唆に富む。陳は、これら三つの社会の企業組織を次のように類型化し、それぞれの歴史的背景と特徴を示している。

西洋式―「契約関係」「市場規制」に偏重した経営方式
日本式―「身分関係」「共同体理念」に偏重した経営方式
中国式―「系譜関係」「序列関係」「営利性」に偏重した経営方式

まず西洋式について陳は次のように論じている。

「契約関係の本質は、双方の合意を前提とした相互関係で、かつ理論的に契約は一定の期間延続するのみで、しかも廃止の条件が含まれていることである。そこに示されているのは、必ず先に個人主義の概念があって、契約関係が理解できるということである。…（中略）…早期の西洋社会の世帯構成は、すでに私的財産所有と契約関係等の現代企業体が必要とする特質を具備しており、資本主義生産方式の基礎を作っていた。…（中略）…現代欧米式の企業組織形態と管理方式の基礎である個人主義と契約精神は、基本的に過去の伝統的世帯経済の性格を継承し、かつ拡大強化した結果である。」（陳一九八六a、四―五頁）

それに対して、日本も中国も伝統的な家族制度および企業組織には本来こうした性格が備わっておらず、私的財産所有や契約関係といった観念は近代以降に西洋から持ち込まれたものであったと陳は論じている。このように西洋式の特性を確認したうえで、陳は日中比較を展開させている。まず伝統的な家族制度の違いについて陳は次のように論じている。

「中国人は家族成員の系譜関係の連続性をかなり強調するが、世帯経済体は系譜関係を延続する道具にすぎない。…（中略）…伝統中国と比較すると、日本の家族制度の中心思想は、連続して具体的に存在する経済共同体であり、極端な場合は世帯の連続の必要性のために、血縁の系譜の継続関係さえも調整できる点にある。…（中略）…日本人が重視する世帯生活団体は、ちょうど中国人が軽視するもので、中国人が重視する系譜血縁関係は、日本人が二の次に見ているものである。」（陳 一九八六a、六－七頁）

さらに企業組織の違いについて陳は次のように論じている。

「日本人は「イエ」共同体の延長を職業倫理としており、個人の生命は限りがあるが、「イエ」の生命は無限で、「イエ」の存続は個人や家族の存続に優先するとみている。…（中略）…中国人にとって、世帯や企業は暫定性と道具性のものにすぎない。…（中略）…日本企業労働者の団体指針とその会社へ忠誠をつくす態度は、日本の伝統的なイエ制度の理念に源がある。…（中略）…ある「一家」の共同生活者に入る意思があるならば、この「イエ」の完全な成員とみなされる。日本企業の所有者や経営者は、伝統上自然に帰属する労働者を完全に企業の「成員」であるとみなし、労働者も企業体に対して完全に一体感を持っている。…（中略）…中国人の伝統観念は、ある私営企業内の労働者を「身内」と「よそもの」に区別し、系譜の親疎遠近によって家人・族親・近親・遠親・同宗・同郷・同級生などの類別に分けることがよくある。…（中略）…この種の平面的に拡がる序列関係は、ちょうど日本式の垂直に延びる社会関係の形態と対照的である。…（中略）…オーナーは当然その労働者をすべて身内だとしたり、各方面で親身に世話をすることはなく、労働者も会社をオーナーの私有財産とみなし、その会社への共同体的忠誠心や犠牲心などはない。…（中略）

…個人は永遠に自己と家族の利益を最優先に考慮する。」（陳 一九八六b、八―一〇頁）

こうした伝統的な家族制度と企業組織の性質は、それぞれの社会における企業の経営理念の形態、機能、意味にも大きな影響を及ぼしているはずであり、このような文化的被拘束性を考慮せずに、台湾企業の経営理念のあり方を比較社会学的な観点から論じようとするには無理があるのではないかと考えた。こうした反省から、本章では、台湾企業における経営理念の生成・伝播・継承のダイナミズムについて、その文化的背景にも注意を払いながら検討する。以下に取り上げる事例は、本研究のキーインフォーマントであり、長年にわたって経営理念を前面に押し出した経営を展開してきた合璧《フービー》工業有限公司（英語名 Hoppy Industrial Co., Ltd. 以下では「合璧」と表示）という中小企業の一事例である。以下の記述内容は、主に合璧の創業者で現在は同社董事長（会長職に相当）を務める詹其力《チャンチーリー》氏（一九三八～）へのインタビュー、同社社員ならびに社外関係者へのインタビュー、同社工場施設での観察、社報『合璧流』（後述）、詹氏講演資料などに依拠している。(2)

二　合璧とはいかなる企業か

戦後の台湾は、一九六〇年代にはじまる輸出指向型工業化政策が功を奏し、「台湾の奇跡」と称される劇的な経済成長を遂げることになるが、このプロセスにおいて極めて重要な役割を果たしたのが、この時期に雨後の筍のごとく誕生した民間中小企業である。経済学者の佐藤幸人は、台湾の高度経済成長期において中小企業が果たした役割を次のように示している。

「台湾の経済発展における政府の主導性は限られたものであった。…（中略）…輸出産業の勃興は海外からの働きかけ、とくに外国企業の買い付けによって開始された。しかし、より重要なことは、台湾の中小企業が海外の需要に対して柔軟かつ効率的な供給体制を構築したことである。それによってより大きく、またより多様な海外需要を引き寄せることになったのである。つまり、海外の需要と台湾の供給体制の間で、スパイラル的な発展機構が形成されたのである。」（佐藤 一九九六、八八頁）

佐藤のいう「台湾の供給体制」とは、多数の中小企業間（その規模は大小さまざま）において垂直的あるいは水平的に張り巡らされた「分業ネットワーク」を基軸として構築されており、これこそが台湾の供給体制の高い効率性と柔軟性を可能にしたのである[3]。

以下で取り上げる合璧もこうした戦後台湾の高度経済成長期に産声を上げ、前述のような「分業ネットワーク」のなかで商機をつかみ、急成長を遂げた中小企業[4]の一例である。

合璧は一九七〇年に詹其力氏により創業された。本社は創業以来、台北の郊外に立地する新北市三重区（旧台北県三重市）[5]に置かれているが、製造拠点は二一世紀に入った頃より中国上海にシフトしている（その他、海外営業・販売を担うオフィスが日本（横浜）、アメリカ（ミネソタ）、タイ（バンコク）、中国（広州、西安）に置かれている）。

二〇一二年一〇月一五日現在、社員数は台湾本社単体で四五人、グループ全体で七五五人である（上海工場の従業員数は季節によりかなり変動がある）。二〇一一年の年間売上高はグループ連結で六〇〇〇万米ドルである。事業内容は、各種電子部品の設計・製造・販売・サービスを一貫して行うメーカーである。主要製品はエアコン、家電、エレベーターなどの部品となる端子台、コンセント、スイッチ、ソケットなどである。特にエアコン用端子台は世界トップシェアを誇る。

顧客対象は、設立当初より一貫して日本企業および海外日系企業が中心を占めており（現在、売上全体の約七五％）、顧客リストにはパナソニック、日立、三菱、東芝、富士通、ダイキンといった大企業の名が並んでいる。詹氏によれば、同社の最大の強みは、長年にわたる密接なビジネスおよびパーソナルな関係を通じて獲得された日本企業の高い品質管理欲求への理解力と対応能力にあるという。

経営所有形態は、典型的なファミリービジネスであり[6]、現在、創業第一世代から第二世代への事業承継期にある。

以上のような社歴、所在地、社員数、売上高、事業内容、顧客対象、経営所有形態、成長段階を示す企業は、今日の台湾にあっては「どこにでもある」存在である。その意味で、台湾の中小企業（厳密にいえば「中」企業）において代表性をもつ事例である。

その一方で、合璧は、詹氏の強力なリーダーシップの下で早くから経営理念を前面に押し出した経営を積極的に展開しており、このような企業は現時点では台湾でも中国でも希少な存在である。しかしながら、後述するように、近年の合璧における経営理念実践の取り組みは、関係者への伝播可能性をみてとることができる。その意味で、台湾企業（ひいては華人企業全般）のなかで一つの先鋭性を期待し得る事例でもある。

三　経営理念の生成とその背景

不遇な家庭生活

合璧の経営理念には、創業者である詹氏の人生経験が色濃く反映されている。詹氏は、日本統治時代末期の一九三八年、台湾中西部に位置する彰化県に生を享けた。生家は地元で農業と商業を営んでおり、祖父（一八七九～一九四九）の代には非常に裕福であった。祖父は生業を営む傍ら、地域の名望家として、小学校建設のために多額の寄付を行うなど社会貢献活動にも熱心であった。詹氏へのインタビューによれば、祖父は「商売は儲かっていたが、それと同時に出て行くお金も多かった」という[7]。

まさに「富不過三代」（富は三代続かず）という中国語のことわざ通り、父（一九〇四～一九七四）の代になると、生家の暮らし向きが悪化しはじめる。父母は一四人の子宝に恵まれ、詹氏は第一〇子（六男）に当たる。長兄・次兄が一〇代の頃は生家の経済状況にまだゆとりがあったようで、長兄・次兄ともに日本本土の高等教育機関に留学する機会を与えられている。しかし、第一〇子の詹氏が中学校に進学する時期（一九五〇年代初頭）になると、生家はいよいよ困窮を極めるようになり、彼を高校に進学させる余裕さえなかった。その際、詹氏は、高校進学のための経済的援助を受けるために、経済的にゆとりのある母方伯父夫婦の養子となっている（その際に姓が父方の「李」から母方の「詹」に変更されている）。

詹氏の実母は、苦しい生活のなかで無理がたたり、病に倒れる。母はまともな医療処置を施されることなく、五五歳で帰らぬ人となる。このとき詹氏の目には五〇代の母が八〇代にみえたという。弱冠一九歳の詹氏には病床で苦しむ母を前になす術もなく、この折の痛恨の念は終生忘れられない記憶となる。

このように、不遇な家庭生活のなかで「富不過三代」の辛酸を嘗めたことは、詹氏自身の人生哲学ならびに合璧の経営理念の生成プロセスにおいて非常に重要な意味をもつことになる。

幸福な学生生活

不遇な家庭生活とは対照的に、詹氏は、学校においては教師や友人との出会いに恵まれ、小中高と一貫して幸福な学生生活を送ることができた。養家の経済的援助のおかげで、詹氏は、地元の名門高校、国立彰化師範大学付属高級工業職業学校（その起源は日本統治時代末期に設立された台中州立彰化工科学校）に進学する。詹氏が薫陶を受けた教師の多くは日本統治時代に教育を受けた世代（いわゆる「日本語世代」）であった。インタビューのなかで詹氏は当時の学校環境について次のように述懐している。

「戦後、蒋介石が台湾に来てから、学校では日本語が禁止されましたが、先生たちの行動には「日本精神」が濃厚に表れていました。しかも、私がいたのは都会ではなく農村でしたので、政治的な影響は比較的少なかったと思います。…（中略）…高校は工業系の学校でしたが、当時の台湾ではこの方面の人材が非常に不足していたこともあって、先生は基本的に昔のままでした。だから、こういう学校では日本の文化的影響が残りやすかったのではないでしょうか。…（中略）…幸運にも、私は学校で多くの先生方に可愛がってもらい、たくさんの知識、知恵を教えていただきました。そのおかけで、今の私があります。私にとって先生方への感謝の思いは一生忘れることができないものです。(8)」

このように、幸福な学生生活のなかで世話になった教師たちへの恩義と感謝の念を心に刻んだことは、やはり詹氏自身の人生哲学ならびに合璧の経営理念の生成プロセスにおいて非常に重要な意味をもつことになる。

台湾松下での勤務経験

高校卒業後、故郷を離れ、台北に出た詹氏は、昼間は工場で汗を流しながら、台北工業専科学校（現在の国立台北科技大学）の夜間部で機械工学を学ぶという「半工半読」生活を送る。夜間学校を卒業後、詹氏は、設立から間もない頃の台湾松下電器有限公司（一九六二年設立）に入社する。インタビューのなかで詹氏は当時のことを次のように述懐している。

「台湾松下の入社試験を受けまして、難しい試験でしたが、何とか合格しました。この最初の仕事は、私の人生にとって非常に重要な意味をもちました。もし台湾松下に勤務していなかったら、私の人生は違うものになっていたでしょう。私はそこで日本の技術を学び、日本人の仕事のし方を学び、そして、日本の文化を学びました。今、私は、わが社の社員たちを前にいつも大声を張り上げて「学校を卒業して最初に就く仕事は非常に大切で、一生を左右することになる。だから、『石の上にも三年』の気持ちで頑張れ」といっています。…（中略）…台湾松下での経験は、その後の私の人生哲学や経営理念に大きな影響を与えることになりました。一番大きかったのは、どんなに些細なことでも最後まで正確に行わなければならないということを学んだことです。台湾松下では良い上司に恵まれました。その方は日本統治時代に教育を受けた台湾人でした。優れた技術者で、何を聞いても丁寧に教えてくれました。卒業したばかりで右も左もわからなかった私にとって、彼の助けは本当にありがたく、今も感謝しています。[9]」

詹氏によれば、台湾松下での勤務期間は三年間と短く、職位も低かったため、今から考えれば、在籍時における同社経営理念とその背景に対する理解度は決して高くなかったという（それについて真剣に考えるようになるのは合璧創業以降のこと）。しかしながら、そこで松下幸之助の教え、特に「感謝報恩」の精神に直に触れ、現場感覚を得たことは、「日本語世代」の教師たちからの教えとも相まって、やはり詹氏自身の人生哲学ならびに合璧の経営理念の生成プロセスにおいて非常に重要な意味をもつことになる。

合璧創業と経営理念の生成

台湾松下を離れた後、詹氏は複数の地元企業に勤務し、技術職ならびに管理職の業務経験を積むとともに、自らの人脈を拡大してゆく。最後の勤務先である永輝《ヨンフェイ》工業有限公司（三重区に所在）ではオーナーに厚く信任され、最終的には工場長という重職を任されるまでになる。当時、永輝は、台湾松下をはじめ多くの大規模電器メーカーに部品を供給していたが、需要に供給が追い付かず、発注が来ても断らざるを得ないという状態にあった。そこで、永輝のオーナーの支持を受けつつ、詹氏は円満な形で独立を果たす。こうして、一九七〇年、詹氏は合璧を創業し、前述のような「分業ネットワーク」のなかで商機を探ってゆくことになる。

新会社の資本金は、その三年前に結婚した夫人[10]と苦労して貯蓄した一〇万台湾元に借金五万台湾元を加えた一五万台湾元であった（一米ドル＝約四〇台湾元という当時の為替レートで計算すると一五万台湾元は約三七五〇米ドルに相当）。そのうちの一〇万台湾元は工場機器類やオートバイ、電話機の購入費、工場用地貸借の保証金などに回され、残りの五万台湾元が運転資金となった。設立時のスタッフは詹氏自身を含めて二名であった。まさに「白手起家」（無一文から事業を起こす）の船出であり、設立当初は、ほとんどの創業経営者がそうであるように臥薪嘗胆の日々を経験している。

設立当初の合璧の事業内容は熱硬化性樹脂の成形を主とし、一九七〇年代末以降にはエアコン・家電部品の受託生産に着手する。さらに一九八〇年代半ば以降にはいっそう直接的に国際市場の開拓に乗り出し、短期間のうちに主力のエアコン用端子台で世界一のシェアを獲得するまでになる。一九七〇～八〇年代の台湾製造業はまさに右肩上がりの成長期にあり、合璧も時流に乗って急激な成長（売上高の拡大、高い利益率）を遂げてゆく。早くも一九八〇年頃には詹氏は優秀な青年実業家として業界誌で取り上げられており[11]、すでに業界において一目置かれる存在になっていた。

合璧の初期の歩みにおいて特筆すべき点は、経営理念生成の迅速さに他ならない。詹氏は、合璧設立から四年後の一九七四年に早くも日本の有名な経営コンサルタント会社である株式会社タナベ経営とコンサルティング契約を結び、日本的経営について学んでいる。当時の様子を詹氏は次のように述懐している。

「タナベ経営のセミナーに参加しはじめた時、講師の方から「あなたの会社には経営理念がありますか?」とたずねられました。「経営理念とは何ですか?」と私が聞き返しますと、「いかに経営するのか、何のために経営するのか」という答えが返ってきました。それで、私は答えました、『いかに』は、一生懸命、誠実に…、『何のために』は、もっと大きな車に乗り換えるために…」と。彼はいいました、「では、大きな車に乗り換えられた後はどうしますか?」と。私は答えました、「自分の持ち家がないから、家を買います」と。彼はいいました、「では、家を手に入れた後はどうしますか?」と。私は答えました、「工場を買います」と。彼はいいました、「では、工場を買った後はどうしますか?」と。その頃の私は「経営とは何か」についてまじめに考えたこともありませんでした。…(中略)…その頃の台湾の中小企業はどこも経営理念をもっておらず、経営者はみんな金儲けのことしか考えていませんでした。何のために金儲けをするかというと、もっと良い家、もっと良い車、もっと良い酒、もっと良い女性（愛人）を得るため…、そんなことしか考えていない経営者ばかりでした。私はそれではだめだと思いました。[12]」

この合璧創業から間もない時期、詹氏は、自らの幼少期の苦労経験（「富不過三代」の辛酸）もあって、「三代で潰さない経営」、すなわち「永続経営」のために何をなすべきかについて真剣に考えるようになっており、そのなかで自らの企業経営の基軸となる理念が必要不可欠であるとの結論に至っている。こうして、詹氏は、タナべ経営のコンサルティングの下、さまざまな日本企業の経営理念を参考にして（当時の台湾には参考にできる事例が見当たらなかったという）、最終的に以下の四行（各行八字）で構成される企業としての経営理念を制定している。

不斷地思考與行動（弛み無い不断の思考と行動を取る）
誠信蛻變創新卓越（誠実に変化に適応し、卓越した創意を図る）
創造價值共生共榮（価値を創造し、共生共栄を図る）
感謝報恩回饋社會（感謝と報恩の念を以て、社会に寄与する）

詹氏によれば、前の二行は「いかに」経営するのかを示すものであるのに対して、後の二行は「何のために」経営するのかを示すものであるという。この経営理念は制定から三〇年以上を経た今日においても変わっていない。

また、タナベ経営の指導の下で、当時の台湾ではほとんど知られていなかった「５Ｓ」（整理、整頓、清掃、清潔、躾）を一早く導入し、全社を挙げて実践している。その後、一九八〇年代半ば頃になると、従来の「５Ｓ」を禅の枠組みで再解釈し、宗教哲学的な要素を加味した「禅の５Ｓ」を発案し、やはり全社を挙げて実践することになる（詳しくは後述）。詹氏は、早くから仏教慈済《ツーチー》慈善事業基金会（台湾発祥の世界的な仏教系ボランティア団体、以下では「慈済会」と表示）[13]に入会し、そこでのボランティア活動を通して禅の教えをはじめとした仏教思想に触れており、「禅の５Ｓ」の着想もこうした経験に裏付けられたものであった。

四　台湾から中国へ、経営理念の実験室

中国への進出

一九九〇年代半ば頃になると、合璧を取り巻く社会的環境は大きく変わる。台湾での製造コストの高騰ならびに中国での対外開放政策の進展を背景に、台湾の製造業者がこぞって製造拠点を中国に移転（「西進」）させるようになった。

合璧もこうした時代潮流と無縁ではなく、一九九六年に上海連絡事務所を設立し、中国での事業を開始している。その後、一九九九年には上海に現地法人「上海合璧電子電器有限公司」を設立するとともに、最初の自社工場を開設し、現地生産を開始する。さらに二〇〇四年には上海にさらに大規模な新工場を開設し現地法人もこちらに移転して、大幅な生産能力拡大を実現している。これにより、合璧は、かつてない急激な企業規模の拡大を経験するとともに、はじめて「異文化」的環境（言葉こそ通じるが、生活様式も価値観も大きく異なり、現代台湾社会の「常識」が往々にして通じない環境）での企業経営を経験することになる。

この一大転機において詹氏が示した方向性は、他でもない経営理念のさらなる徹底浸透（感化、内在化）であった。

上海工場の基本情報

二〇〇四年に開設された合璧上海工場は、上海市嘉定区安亭鎮（上海中心部から車で約一時間、上海Ｆ１サーキット所在地）にあり、その敷地面積は約二万九〇〇〇平米（一万坪）である。広々とした敷地内には、工場

合壁上海工場の外観
出所：筆者撮影。

施設（第一工場（約八〇〇〇平米）と第二工場（約四〇〇〇平米）はすでに稼働中、第三工場（約一万平米）は計画段階）の他に、緑地・庭園（約九〇〇〇平米）、社員宿舎（約七〇〇〇平米、最大で一一三〇人収容可能、卓球場・談話室・読書室・コンピューター室なども併設）、食堂、室内体育館などが設けられている。

この新工場は、まさに詹氏が追い求める経営理念の「実験室」といっても過言ではなく、そこには、以下に示すような経営理念を組織に浸透させるためのさまざまな仕掛けが随所に設けられている。

経営理念の掲示および唱和

工場内各所に前出の経営理念をはじめ、創業者の世界観・人生哲学を象徴する言葉、年度ごとの行動指針などが掲示されている。また、毎日、朝礼時には社員全員により経営理念や行動指針が唱和されるとともに、経営理念や創業者世界観・人生哲学を盛り込んだ社歌（創業者自身による作詞）が斉唱される。

「禅の5S」の実践

毎日、始業前一時間、社員全員で工場施設、庭園、工場周辺道路などの清掃を行い、終了後、NHKラジオ体操で汗を流す。ここで社員に期待されているのは、単なる機械的作業としての清掃や体操の遂行ではなく、清掃や体操を通した自己との対話、「美化内心」（心磨き）であり、その目指すところは、仏教用語でいう「禅定」（心を統一して瞑想することで、心身ともに動揺することのない安定状態に達すること）の境地に他ならない。

「毎朝の清掃」
出所：筆者作成。

「毎朝の体操」
出所：筆者作成。

上海工場訪問時に筆者は「禅の５Ｓ」と称される社員の行動を観察する機会を得たが、その際に感じた雰囲気は、以前、座禅体験に訪れた禅寺の緊張感に満ちた雰囲気に似ていた。筆者は張りつめた空気のなかに身を置きながらも、決して息苦しさを感じることはなかった。というのも、そこには確かな空間的・時間的秩序があり、目の前の社員たちの動きにゆとりがあり、それゆえ、そこに身を置くことが心地よいと感じられたからである。

工場の庭園化・芸術化・人文化

工場敷地内の緑地・庭園には、多種多様の樹木（喬木類一八種・約六〇〇本、亜喬木類二二種・約六〇〇〇本、灌木類二六種・約一五〇〇平米）や草花が植えられており、季節によって異なる風景を楽しむことができる。

庭園は六つのテーマ（「君子賦」「春之聲」「夏之憶」「欧州花園」「東瀛風」「静心園」）で構成され、各テーマにまつわる芸術彫刻（全二八体）、人物彫刻（孔子像、シャカ像、アリストテレス像など全一八体）、石碑（同社経営理念の背景にある創業者世界観・人生哲学、創業者の恩師への感謝の念などが刻まれる）が設置されている。庭園の脇には、野外の舞台設備や「静思小徑」（哲学の道）と名付けられた小徑が設けられ、社員たちの憩いの場になっている。

また、工場施設内も観葉植物が随所に配置され、緑あふれる空間が広がる。始業前の清掃時間や休憩時間には社内放送を通してクラシック音楽が流されている。その他、英会話、日本語会話、ピアノ、フルート、クラリネット、絵画、卓球、バドミントン、ダイビング、東洋医学版エアロビクス「健美操」といったさまざまな文化サークルが設けられている。社報『合璧流』には、こうした社内文化サークルの活動内容が頻繁に紹介されており、そこから社員たちの日常生活における文化活動への関心と参加意欲の高さを容易に伺い知ることができる。

合璧文化基金会の運営

二〇一〇年、設立四〇周年記念行事の一環として、合璧文化基金会が設立された。この基金会の事業内容として第一にあげるべきは、社報『合璧流』[14]の発行（隔月刊、中文版・日文版同時発行）である。この『合璧流』においては、詹氏自身が文章を寄せることはほとんどなく、多くの紙面が社員たちの文章であり、その内容は主に日々の経営理念実践を通して学習したこと、合璧・詹氏・上司・仕事仲間への感謝の思いなどで占められている。それに加えて、上海工場に招待された社外関係者による文章も掲載されている。興味深いことに、この『合璧流』は、社員だけでなく、社員の実家、顧客、仕入先、地元行政機関、さらには提携する大学・専門学校・高校（社員の母校）といったさまざまなステークホルダーにも大量に配布されており、同社経営理念の社外への伝播に一役買っている。

他にも基金会の事業内容としては、社員表彰、各種イベント（音楽会、映画会、講演会など）の企画・運営、提携校との交流（講演活動）、社員家族の招待、各種救済活動（後述）などをあげることができる。

「感謝報恩回饋社會」の実践

詹氏個人の人生哲学ならびに合璧の経営理念において「感謝報恩」の精神は極めて重要な意味をもっている。工場敷地内の庭園には、詹氏が学生時代の恩師たちへの感謝の念を記した石碑ならびに恩師たちを上海に招待した際の記念碑や記念樹が多くみられ、これらを一目みれば、詹氏という一企業家、そして合璧という企業がいかに「感謝報恩」の精神を重んじているかがわかる。

また、合璧では、「感謝報恩回饋社會」の実践として、社員たちの日々の努力に報いるべく、毎年、純利益の二五％をボーナスとして支給するとともに、広く社会の発展に寄与するべく、純利益の五％を各種救済活動への寄付に回している。過去四〇年間に合璧が行った各種救済活動への寄付の総額は約四〇〇〇万米ドルにも達している。

「關心、關懷、關照」の実践

近年、日本のメディアでもしばしば取り上げられるようになっているが、今日の中国では、「八〇後」「九〇後」と称される一九八〇年代以降生まれの若年世代（一人っ子世代）の利己主義、拝金主義、社会性の未成熟が大いに問題視されるようになっている。合壁にとってもこの問題は決して無関係ではなく、現在、合壁上海工場に勤務する中国籍社員のなかの約七五％がこの世代に属している。それゆえ、今日の合壁上海工場における社員教育のあり方は、まさにこの「八〇後」「九〇後」世代とどのように向き合うかということと不可分の関係にあるといえる。

この点に関して、合壁では、二〇〇九年秋より「關心《グァンシン》、關懷《グァンファイ》、關照《グァンジャオ》」（気配りと思いやりをもって接する）をキーワードとした一連の対策が講じられている。二〇一〇年秋に筆者が合壁上海工場を訪れた際に目にしたのは、まさに「工場の学校化」というべき光景であった。疑似学校的環境において詹氏は率先して「校長先生」の役割を担い、孫ほど年の離れた若い社員たちに対して、時には厳しく叱咤激励し、また時には優しく慰労しながら、自らの人生哲学（感謝報恩、質素倹約、忍耐、勤勉、正確さ、規律遵守、責任感、清潔感など）を彼・彼女たちに伝えようと努めていた。

これに関連して、合壁上海工場訪問時に筆者は一つの興味深い行動を目にしている。合壁では、随時増員されている一般工員（圧倒的多数が地方からの出稼ぎ者）を迎える際、一つのささやかな儀礼が行われる。それは、工場敷地内の庭園において詹氏自らが新入社員一人一人と記念写真を撮るというものである。この記念写真は二枚現像され、ラミネート加工されたうえで当人に手渡される。二枚用意されるのは、そのうちの一枚を郷里の家族に送らせるためであり、それは、異郷で生活する子どもを案じる家族への配慮から行われるものである。詹氏は、こうした日常生活におけるささやかな「關心、關懷、關照」の積み重ねこそが、社員個々の労働意欲、職場への愛着・帰属意識を高めることにつながると考えている。

また、合璧では、社員本人あるいはその家族が突然の病気や怪我により大きな経済的出費、精神的負担を強いられることになった際、詹氏の迅速な指示の下で手厚い支援が行われている。社報『合璧流』には、こうした社員・社員家族救済に関するエピソードが数多く紹介されている。

朝礼時における詹氏の訓話
出所：筆者撮影。

新入社員との記念撮影
出所：筆者撮影。

五　経営理念実践の成果

社内での理念浸透

では、詹氏が創り出した経営理念は社内においてどの程度まで浸透し解釈されているといえるのだろうか。限られた調査データのなかでその客観的指標を示すことは容易ではないが、この点についていくつか興味深い参考資料がある。その一つが社報『合璧流』第一五期（二〇一二年七月発行）に掲載された中国籍社員、張文栄《チャンウェンロン》氏の文章「合璧の経営理念について」であり、そのなかで張氏は前出の四行からなる自社の経営理念に対して自らの解釈を基に次のように述べている。

（一）弛み無い不断の思考と行動を取る
「「制度化されたものはそれを学べばいいが、まったく新しいものは模倣できない」。合璧が過去数十年にわたって驚くようなスピードで発展した原因はここにあります。思考と創造は合璧にとって単なるスローガンではなく、行動そのものです。毎朝の改善提案によって会社は常に新しい創作と活力にあふれ、その結果、研究開発員が多くの特許や新製品を生みだしています。それが合璧の競争力となっているのです。」
（二）誠実に変化に適応し、卓越した創意を図る
「人は信用なしに成功できません。企業ならなおさらです。合璧では毎日従業員が自らの意思で進んで残業し、お客様の信頼を得ています。合璧ではお互いを騙したり、策略に陥れたりすることはありません。従業員は兄弟のように仲良く、お互いを尊敬し、信頼しています。「気配りと思いやりで接する」ことが実践

され、文化的な空気が工場中にあふれています。」

（三）　価値を創造し、共生共栄を図る

「合璧は商業的な利益に留まらず、社会的な価値も作り出しています。花園のような工場は従業員が新鮮な空気の下で自然の美しさを満喫し、さらには人と自然の一体化ができるようになっています。合璧はいつも職場の環境や従業員の生活レベルの改善に心掛け、仕入先やお客様の利益を考え、ともに歩んでいく「共生共栄」を目指しています。」

（四）　感謝と報恩の念を以て、社会に寄与する

「合璧は四〇年にわたって社会から何かを奪い取ったことはありません。すべて董事長率いる従業員が苦労して積み上げたものによって発展し、社会に対しては反対に毎年巨大な価値を提供しているのです。董事長の強力な社会に対する使命感と責任感の下、合璧の従業員は自らの意思で休日に慈済会の社会ボランティアに参加しています。また、合璧は従業員ひとりひとりのことを思いやっています。そればかりか、年末には元従業員に対しても会社や社会に対しての貢献に感謝して、董事長が感謝のお金を送っています。」

このように、合璧の社員たちは、抽象的な経営理念を日常的実践のなかで具体的に理解するとともに、自らの言葉を用いて積極的に発信している。

この張氏の文章のなかで言及されている慈済会について付言すると、合璧では慈済会のボランティア活動への参加を奨励しており、台湾でも中国でも実際に多くの社員が自主的にそれに参加している（中国籍社員は、地元上海での活動に参加するとともに、台湾研修時においても活動に参加している）。社報『合璧流』には、慈済会のボランティア活動への参加経験について書かれた社員の文章も散見される。その一つが『合璧流』第一二期

（二〇一二年一月発行）に掲載された中国籍社員、李高燕《リーガオイン》女史の文章「慈済とともに」であり、そこには次のような記述がある。

「わたしが驚いたことは合璧と慈済はよく似たところがあるということです。合璧の理念のひとつは「關心、關懷、關照（気配りと思いやりをもって接する）」で、董事長も日頃から感謝の重要性をわたしたちに教えていますが、これは慈済の教えと似ています。それに、椅子を動かすときは音を立てない、頬杖をついて食事をしてはいけない、外泊のときは翌朝部屋を掃除する、布団はきちんとたたむ、ビニール袋持参でゴミを拾う、ゴミ袋を広げるときは静かに、外出時の荷物は派手すぎる色にしない…。こうした日常の小さな教えもよく似ています。

こうした教えを慈済の先輩から聞いたとき、本当に驚きました。董事長の教えと似ていたからです。これらは合璧の社員にとって入社したときに教わる基本です。これらに会社以外の場所で偶然にも出会ったとき、驚きとともに感動を覚えました。そして董事長が何度も繰り返す言葉、それは多くの人に受け入れられる貴重な言葉だったのだと思いました。」

また、社報『合璧流』第一四期（二〇一二年五月発行）に掲載された中国籍社員、張炳香《チャンピンシャン》女史の文章「心温まる宿遷での活動　慈済の実体験」には次のような記述がある（文中の「宿遷」は地名）。

「今回の活動を通して慈済をより一層理解しました。そして慈済と合璧の間には多くの共通点があることを感じました。

一、感謝の気持ちはわたしを成長させ、感謝に報いることでわたしは達成感を得る。
この言葉は、慈済の活動に参加する何年も前に董事長から聞いたことがあります。董事長はこれを口にするだけでなく、二十年以上にわたって実践してきました。今回の活動の中で耳にする機会も口にする機会も最も多かった言葉が「感恩」です。先輩同士、宿遷の人たちに対して、チームリーダーとわたしたちの間で、いつも「感恩」といいました。感謝の気持ちがわかる人は自然と謙虚になります。そして謙虚になってはじめて成長します。また、感謝の気持ちがわかる人はその感謝に報いることの大切さもわかります。そして感謝に報いることで自然と達成感を味わうことができます。…（中略）…今回、はじめて活動に参加して、わたしたちは多くのことを学びました。今後もさらに多くのことを学んで、それらを実践するとともに大切な教えをほかの人にも伝えていきたいと思います。（以下省略）」

このように、合璧の社員たちは、慈済会のボランティア活動に参加することで、自社の経営理念と慈済会の教えの間の共通点を認識するとともに、自社の経営理念に対する理解とアイデンティティをいっそう高めることになっている。[15]

社外への理念伝播

合璧は、社報『合璧流』をはじめとするさまざまなツールや各種イベント（運動会、早朝ランニングなど）により、社外の利害関係者に向けた経営理念の発信も積極的に行っている。その結果として、合璧の利害関係者のなかには詹氏の人柄や経営手腕に共感を覚え、その経営スタイルを模倣、学習しようとする追随者の姿もみられるようになっており、同社の経営理念が少しずつではあるが着実に伝播しつつあることがみてとれる。社報『合壁流』には、合壁の経営理念について書かれた取引先の経営者や社員の文章も散見される。その一つが社報『合壁流』第六期（二〇一一年一月発行）に掲載された李剛《リーガン》氏（合壁上海工場の仕入先である穏禾設計有限公司の社員）の文章「いつもと違った朝」であり、そこには次のような記述がある。

「二二日の晩、翌朝三時半に農工商スーパーの前に集合して合壁の社員たちとともにランニング[16]をするという通知を受けました。これを聞いたとき、わたしは不快になりました。ただでさえ忙しいのに、どうしてそんなに早く起きて走らなければならないのか。翌日、仕事をする気もなくなってしまうのじゃないかと思ったからです。それでも集団活動、自分だけやめるわけにはいきません。わずかな睡眠をとったあとで目を覚ましました。午前三時の空は真っ黒で、少し肌寒さも感じました。わたしが集合場所へ行くと、会社の同僚もみんな来ていました。そしていっしょに合壁へと向かいました。

合壁に着いたとき、わたしは驚きました。何とそこには合壁の社員たちが元気一杯で立っていたのです。そのなかには董事長の姿もありました。七三歳の高齢者がみんなといっしょにランニングするとは、考えただけで敬服せざるをえませんでした。わたしたちは合壁の社員とともに出発しました。合壁の社員の多くは面識がありませんでしたが、みんな笑顔があふれ、わたしたちにあいさつの言葉をかけてきました。ランニングの途中で、わたしは足が止まってしまいました。しかし、高齢の董事長も走っているのだと思って、歯を食いしばって走り続けました。一時間ほど走ると古樹公園に着きました。わたしたちはそこで体操をしました。わたしは働きはじめてもう何年にもなっていましたが、このような活動に参加したのは今回がはじめてです。まるで大きな家族の一員になったような気がしました。体操の後、董事長が話をし、その後、合壁の社員はハーモニカに合わせて社歌を歌いました。その光景にわたしは感動しました。…（中略）…このような環境の下で仕事をする合璧の社員たちはきっと喜びと誇りを持っていると思います。そして、今回そんな彼らと交流の機会を持てたことを、わたしはうれしく思います。よい企業文化の精神は企業の長期発展と安定した成長の鍵です。そして、その基礎は一日にしてできるものではありません。社員の堅い意志と絶えることのない努力によって生まれるものです。…（中略）…今回のランニングはわたしたちに考える機会を与えてくれました。会社と社員、どうすればウィン&ウィンの関係を築けるか。どうすれば利益を共有できるか。その答えはここにありました。それは会社と社員のつながり—良好な企業文化の精神と空気です。一社員のわたしでも、できることはたくさんあります。小さなことから同僚とともに。仕事に愛を持ちましょう。細かなところが勝敗を決めます。「会社を我が家のように」、その気持ちが大切だと思います。」

もちろん、合璧が追随者を獲得しているのは、単にその経営理念の魅力によっているだけではなく、確実に目にみえる「結果」を出しているからでもある。理念と業績の間の直接的な因果関係を実証するのは容易ではないが、合璧では、経営理念のさらなる徹底浸透が図られた時期において大幅な業績向上を実現している。リーマンショック以降の世界的な経済危機のなかでも合璧は事業規模を大幅に拡大させており（二〇〇四～二〇一一年に年間売上高は二三〇〇万米ドルから六〇〇〇万米ドルへ）、しかも、毎年、高い利益率を上げている（二〇一一年の利益率は二〇・五％）。

六　今後の課題――事業承継

中小企業（たいていどこでもその大多数がファミリービジネス）の事業承継問題といえば、普遍的に世代間のコミュニケーション不全や衝突、遺産相続を巡る骨肉の争いといった形になりがちである。事業承継支援に関する文献では、このような問題に備えて早くから計画的に対策を講じる必要が叫ばれているが、実際は円滑に進まない場合が多い。

こうした事業承継問題はどこでも生じ得るものであるが、特にある特定の時期に急激な高度経済成長を遂げたところにおいては、まさにその時期に「企業のベビーブーム」が生じており、それから三〇年程度の時間が過ぎると、創業者たちが大挙して引退するため、事業承継問題が社会に及ぼす影響は極めて大きなものとなる。日本では二一世紀に入った頃より中小企業の事業承継問題が大いに世の関心を集めるようになったが、台湾でも近年、同様の動きがみられるようになっている。

合璧もやはりこの時代潮流のなかにあり、今まさに創業者から第二世代への事業承継が進みつつある。この課題について詹氏は次のように述べている。

「事業承継が問題になるのは中小企業。ただし、中小といっても、家族だけでやっている零細企業では大して問題になりません。息子が継ぎたくないというのなら、父親の代で止めればいいだけのことです。問題になるのは、うちのような大きくもなく小さくもない中堅レベルの会社で、少なからぬ社員がいて、その家族の生活もあり、お客さんや仕入先との関係もあるので、そう簡単に止められるものではありません。[17]」

詹氏は七〇代半ばに差し掛かった現在においても至って壮健であり、まったく老いを感じさせない。詹氏は、自身の気力・体力が続く限り経営の第一線から退かない意向であるが、その一方で、台湾でこの問題への関心が高まるはるか以前の一九九〇年代後半よりやはり前出のタナベ経営[18]の指導の下、長期的視野に立った承継計画の重要性と必要性を強く認識し、積極的に対策を講じてきた。

事業承継に関して詹氏が描く理想像は、端的にいえば、①漸次的に自社株を創業家以外の生え抜き幹部に分与する（その背景には社員たちのモラール向上を促進する狙いがある）とともに、②「集団経営方式」（創業家第二世代、生え抜き幹部、経営顧問で構成）への転換を図る、というものである。そして、詹氏は、自らの後継者に求める条件として以下の六点をあげている。

① 経営理念・企業文化を継承する能力
② 高度な専門的技能
③ 新しい価値を創造する能力
④ 国際的な視野と使命感
⑤ 堅固な意志とチャレンジ精神
⑥ 感謝・報恩の心と文化芸術の教養（詹氏講演資料より抜粋）

このように後継者に求める条件の第一にあげられているのが経営理念の継承であり（しかも条件③⑤⑥はどれも経営理念の中身に関わること）、ここからも詹氏にとって経営理念がどれほど大きな意味をもっているのかをうかがい知ることができる。

合璧の第二世代に目を向けると、詹氏には二人の子息がおり、現在、長男・杰文《ジエウェン》氏（一九六六〜）が同社副総経理（副社長職に相当）、そして、次男・鑫文《シンウェン》氏（一九六九〜）が同社協理（常務職に相当）をそれぞれ務めている。現在、同社総経理（社長職に相当）を務める陳慶煜《チェンチンユィ》氏（台湾籍、設立初期からの生え抜き幹部）は「中継ぎ社長」であり、近い将来における杰文氏の総経理就任が規定路線である。杰文氏は、台湾の大学院で修士号を取得した後、東芝に採用され、日本国内で二年ほど働いた経験をもち、また合璧では長期にわたって顧客の大勢を占める日本企業との間で取引・交友関係をもってきたため、日本企業の特性とその文化的背景を熟知している。一方、鑫文氏は、アメリカの大学でＭＢＡを取得し、また合璧では長期にわたって海外営業部門の重職を担当してきたため、移ろいやすいエレクトロニクス産業のグローバル・サプライチェーンの動向に明るい。

このように、第二世代の兄弟はともに後継者の条件にあげられている「国際的な視野と使命感」を高度に備えており（それぞれの得意分野を棲み分けさせつつ）、昔も今も海外市場との濃密な人的ネットワークなしに生きる道はないといっても過言ではない台湾製造業の「宿命」に関して、合璧の第二世代に不安材料は見当たらない。

中小企業の事業承継は、単なる経営トップの交代を意味するのではなく、世代間で長期にわたって進行する精神承継・人材承継・資産承継の複雑な総体である。そして、譲る側にとって事業承継はまさに起業家人生の「最終試験」（ケニョン・ルヴィネ＆ウォード　二〇〇七、一五〇頁）にほかならない。詹氏の「最終試験」は依然として継続中であり、その結果を判断するのはいまだ時期尚早である。

七　おわりに

改めて冒頭の議論に戻ると、台湾での調査活動のなかで、華人社会研究を専門とする筆者が日本社会の「自明性」から自由ではなく、その延長線上で台湾企業をとらえようとしてしまっていたことに気づかされた。日本では、「企業＝共同体＝公」という発想を暗黙の了解として企業組織とその経営文化、経営理念をイメージしがちであり、そして、このような共同体としての一体感、それへのコミットメント（滅私奉公）の大切さに関わる物語が数多く存在している。極論するなら、日本企業の経営理念はまさに「共同体の理念」といえる。しかしながら、このような図式が普遍的に成り立つわけではない。筆者が研究対象とする台湾をはじめとした華人社会の文化においては、「企業＝共同体＝公」という発想が相対的にみて成り立ちにくく、企業組織といえども血縁関係が幅を利かせることが少なくない。それゆえ、台湾での事例探しが当初の期待通りに進行しなかったのは、そもそも期待するものがないところで無理にこじつけて探そうと努めてきたからではないかという反省に至った。

こうした反省から、筆者は、改めて研究対象企業を取り巻く文化的背景にも注意を払わなければならないと考えるようになった。その際に大きな助けとなったのが前出の陳其南による伝統的家族制度と企業組織に関する西洋・日本・中国比較モデルであった。陳は、中国式企業組織の「構造的弱点」について次のように論じている。

「中国人の系譜関係と序列関係を偏重する営利経営方式を西洋の「契約関係」と「市場規制」の経営方式と比較すると、中国人は伝統的家族観念と人間関係の束縛を免れないし、それと反対に日本の「身分関係」と「共同関係」理念の経営方式と比較すると、そこでは団体の一体感と忠誠の態度が欠乏している。」（陳一九八六b、一一二頁）

このような文化的背景を考慮して、改めて合壁という事例の社会的意味を解釈してみる。合壁の創業者、詹其力氏は、自らの幼少期の苦労経験（「富不過三代」の辛酸）から、同社創業後の早い段階より「永続経営」のために何をなすべきかについて真剣に考えはじめている。しかし、陳が指摘する中国式企業組織の「構造的弱点」

ゆえ、身近なところでは「永続経営」の役割モデルが得難いため、詹氏はそれを日本企業に求めている。この点に関して、「日本語世代」教師から受けた教育、台湾松下での勤務経験、合璧創業後にタナベ経営から受けた指導といった詹氏の個人的経験（おそらく、そのなかで芽生えたであろう日本への憧憬の念）は、合璧での日本式経営理念の受け入れプロセスにおいて極めて重要な意味をもったといえよう。もちろん、日本式経営理念をそのまま受け入れたわけではなく、「禅の5S」のエピソードに代表されるように、そこでは理念の解釈・再解釈が確認された。そして、近年における中国本土への大掛かりな製造拠点シフトのなかで、現地社員の大勢を占める「八〇後」「九〇後」世代に対する「再教育」の必要性が高まっており、合璧では改めて現代中国の環境的条件に即して、理念浸透のための仕掛けの強化が図られるようになったのである。

文化的被拘束性を絶対的なものとみなすなら、華人社会にあって合璧のケースは単なる「外れ値」にすぎないが、そうではなく、ヒトは文化に拘束されつつも文化に対して主体的に働きかける存在とみなすなら、合璧が同じような条件に置かれた企業にとって有効なリファレンスとなり得る余地は大いにあるといえるのではないだろうか。

創業より四十余年（企業の平均寿命が一五年程度といわれる台湾ではすでに「老舗」の部類に入るといっても過言ではない）、詹氏が長年にわたって大切に育ててきた経営理念の種子は今まさに実を結びつつある。前述のように、合璧の経営スタイルはすでに追随者を獲得しており、その理念実践に関する経験知やノウハウが着実に伝播しつつある。とはいえ、同社における創業者から第二世代への事業承継はいまだ進行中であり、果たしてそれが創業者の思い描く理想通りに進行するかどうかは定かではない。いずれにせよ、同社における経営理念実践の真価が問われることになるのは、現在進行中の承継プロセスが完結するその時であろう。その時が来るまで、筆者は、同社の動向を追い続ける予定である。

謝辞
調査時においては、詹其力董事長をはじめ合璧工業公司の皆様より並々ならぬご支援をいただいた。ここに記して、衷心より謝意を表する次第である。
（河口　充勇）

注

（1）本章の一部はすでに雑誌『ＰＨＰビジネスレビュー　松下幸之助塾』第四号において発表済みである。河口（二〇一二）を参照されたい。なお、タイトルの「私の人生が私のメッセージ」は、本章で取り上げる合璧工業公司の創業者、詹其力氏が敬愛するマハトマ・ガンディーの言葉「My Life is My Message」に由来している。同社における経営理念実践を象徴する言葉として本章のタイトルに採用した。

（2）詹其力氏へのインタビューは二〇一〇年三月より複数回にわたって実施した。また、二〇一一年一一月には、同社上海工場に三日間滞在する機会を与えられ、その折に同社社員（台湾籍幹部、中国籍幹部、中国籍一般工員）、社外利害関係者（仕入先、現地行政関係者）へのインタビューを実施するとともに、工場施設内各所にて観察を行った。

（3）こうした民間中小企業の「分業ネットワーク」を基軸とする台湾経済の発展メカニズムは、政府と財閥企業の強固な協力体制を基軸とする韓国経済のそれと大いに好対照をなしており、多くの比較研究がなされてきた。その代表例が服部・佐藤編（一九九六）であり、編著者の一人である佐藤は、担当章「台湾の経済発展における政府と民間企業―産業の選択と成果」の結論部において、台湾と韓国の発展メカニズムに関する三つの仮説―①初期蓄積と政府の介入、②政府と社会の関係、③社会の違い―を提示し、韓国との比較を通して台湾の発展メカニズムの構造的特徴をクリアに示している（佐藤一九九六、一〇一―一六頁）。

（4）台湾政府の規定によれば、「中小企業」とは、製造業の場合、年間売上高八千万台湾元（二〇一二年一〇月末現在のレートで二七三万米ドル）以下、従業員数二〇〇人未満の企業が該当し、サービス業の場合、年間売上高一億台湾元（三四一万米ドル）以下、従業員数五〇人未満の企業が該当する。台湾政府経済部中小企業處『中小企業白皮書』（二〇一二年度版）によれば、二〇一一年における台湾の中小企業の総数は約一二八万社で、全企業の約九八％を占める。中小企業の就業者（約八三四万人）は全就業者の約七五％を占め、中小企業の販売額は全企業の販売額の約三〇％を占める。

（5）当地は日本の東京都大田区や大阪府東大阪市のような町工場密集エリアである。現在のような工業地帯となったのは一九六〇年代以降のことであり、住民には中南部からの移住者が多いとされる。

（6）ファミリービジネスとは、一般的に創業家メンバーによって所有や経営が行われる企業の形態を指しているが、その定義は多様である。近年、世界的にファミリービジネスに対する社会的・学術的関心が高まっており、ファミリービジネスならではの強み（例えば経営者の事業への長期コミットメント、意思決定の迅速さなど）が再評価されるようになっている。ケニョン・ルヴィネ＆ウォード（二〇〇七）を参照。

（7）詹其力氏へのインタビュー（二〇一一年八月九日、合璧台湾本社にて）。

（8）詹其力氏へのインタビュー（二〇一二年八月二〇日、合璧台湾本社にて）。

（9）詹其力氏へのインタビュー（二〇一一年八月九日、合璧台湾本社にて）。

（10）夫人は合璧創業当初から現在に至るまで一貫して同社の経営に関与しておらず、小学校教員の職を定年まで務め上げている。

（11）例えば、詹（一九七九）（詹氏の自筆コラム）、清海（一九八一）等。

（12）詹其力氏へのインタビュー（二〇一〇年三月一一日、合璧台湾本社にて）。

（13）慈済会は、一九六六年に台湾南東部の花蓮県で尼僧の釈証厳により設立された。慈済会の歴史的背景や活動内容に詳しい金子昭は次のように述べている。「慈済会では、出家者の修業の場は寺院であるが、在家信者（会員）の修業の場は社会であり、そこで彼らは多種多様なボランティアに献身する。日本以上にさまざまな宗教が入り乱れて存在している台湾で、人々が宗教に期待するものをまさに具現しているのが慈済会なのである」（金子 二〇〇五、一三頁）。金子の著書の副題にもあげられている「社会参画」こそがこの団体の最大の特徴である。現在、慈済会は世界中に五〇〇万超の会員を有するといわれ、世界各地で精力的にボランティア活動を展開させている。

（14）社報『合璧流』（二〇一二年一〇月末現在、第一六期まで発行済み）のバックナンバーは、同社ＨＰ（http://www.hoppy.com.cn/）よりダウンロード可能である。

（15）慈済会では詹氏のような企業家の会員が多くみられる。慈済会の教義やボランティア活動が企業の経営理念とその実践にどのように取り込まれているのかという点は、現代台湾の社会文化的環境を読み解くうえで非常に有意義なテーマであり、筆者はこの点について今後も調査を継続したいと考えている。

(16) 合璧上海工場では、詹氏の滞在時にしばしば早朝ランニング（午前四時から約二時間）を行っている。原則自由参加であるが、多くの社員が自主的に参加しており、取引先の経営者や社員の参加もみられる。

(17) 詹其力氏へのインタビュー（二〇一〇年八月一八日、合璧台湾本社にて）。

(18) 台湾においてタナベ経営は日系コンサルティング業者の草分け的存在であり、多くの現地企業の顧客を抱えているが、そのなかでも合璧は最も長期にわたり熱心にコンサルティングを受けてきた顧客の一つである。

参考文献

金子昭（二〇〇五）『驚異の仏教ボランティア―台湾の社会参画仏教「慈済会」』白馬社。

河口充勇（二〇一二）「合璧工業公司（台湾）の経営理念―日本に学び、中国で実践」ＰＨＰ総合研究所『ＰＨＰビジネスレビュー松下幸之助塾』第四号。

佐藤幸人（一九九六）「台湾の経済発展における政府と民間企業―産業の選択と成果」服部・佐藤編（一九九六）所収。

陳其南（一九八六ａ）「日本・中国・西洋社会の比較―伝統的家族制度と企業組織 その一」『月刊中国図書』第三巻・第四号。

――（一九八六ｂ）「日本・中国・西洋社会の比較―伝統的家族制度と企業組織 その二」『月刊中国図書』第三巻・第五号。

デニス・ケニヨン・ルヴィネ&ジョン・Ｌ・ウォード（二〇〇七）『ファミリービジネス 永続の戦略』（富樫直記監訳、秋山洋子訳）ダイヤモンド社（D. Kenyon-Rouvinez and J. L. Ward, *The Family Business: Key Issues*, Palgrave Macmillan, 2005.）。

服部民夫・佐藤幸人編（一九九六）『韓国・台湾の発展メカニズム』アジア経済研究所。

清海（一九八一）「廠裡廠外企業標竿―訪問合璧工業有限公司」『工廠之友』一九八一年一二月一〇日付。

詹其力（一九七九）「起歩―不怕微小」『經濟日報』一九七九年八月一日付。

第八章　「ヘゲモニー」としての経営理念[1]

——香港における中国系家族企業の事例——

一　はじめに

経営理念の社会的な意味とは何であろうか。経営慣行と経営戦略に関して経営理念はどのように作用しているのだろうか。本章は経営理念の意味に関するこれらの問いを検討するための人類学的考察である。具体的には、香港の中国系家族企業である裕記焼鵝《ユウゲイシウンゴー》飯店（裕記焼きガチョウレストラン）が、その事業範囲をガチョウの丸焼きに集中することによって制限しながら、どのようにして市場優位性を維持してきたのかを明らかにしていく。また、創業者一族の家訓（経営理念）がこの経営戦略にどのような影響を与えているのかという点についても考察する。

この事例研究は、経営理念の意味や機能とは何かという重要な問題を検討することに大きな意義がある。経営理念に関する先行研究は、どちらかと言えば経営理念と企業パフォーマンスの直接的な関係を前提としていた。にもかかわらず、経営理念がどのようにして企業パフォーマンスを向上させるのか、上手く機能しないのはどのような場合か、それはどのような理由によるものかといった点についてははっきりと明らかにはされていない。この問題の要点は、経営理念の本質が未だに明確に解明されていないという点にある。更に重要なことは、経営理念が従業員の行動をどのように左右しているのかという問題に対しても明確な説明はまだ提示されていないということである。経営理念は価値体系であるのか。それは従業員によってどのように形成されるのか。それともただ単に経営によって従業員にヘゲモニー的に課せられたものであるのか。従業員はなぜそれに抵抗しようとしないのか。そもそも彼らは抵抗することができるのであろうか。本章ではこのような点を明らかにしてみたい。

二　中国社会における起業家精神と家族、家族経営

台湾と香港の中国人（Gates 1970; Harrell 1985; Shieh 1989, 1992; Stites 1985; Wong 1986, 1988）や世界各地の華僑（Basu 1991）は、ベンチャー事業を開始することにとても意欲的である。研究者達は皆、中国人は個人事業の経営を非常に重視すると考えている。「私の資本はピーナッツの売り歩きによって得られた二セントのみであるが、それでも私は自分の会社の社長である」という言い回しがこの志向をよく表している（England 1989, p. 41）。この点を考慮すると香港の会社創業率が、アメリカよりも更に高いという事実はそれほど驚くべきことではない。ユーによると、一九九二年の一万人当たりの会社数と新規会社設立数はともに香港のほうがアメリカよりも多いとされる（Yu 1995, p. 53）。

中国系の起業家には、家族経営という形で起業するパターンが多いという特徴がある。筆者はこの現象は中国社会全般における伝統的な「家」の概念と深く結び付いていると考えている。東洋史学者の滋賀秀三によれば、中国人にとって「家」とは衣食を共にする家族を指す（Shiga 1978, p. 113）。「家」のメンバーは一つの家計を共有し、すべてのメンバーが家計に対して金銭的に貢献することを求められる。それと同時に各メンバーは生活費を共同家計の中からまかなうことが許されており、「共同名義口座」を持つグループを構成している。中国人の

「家」の概念には、一つの「家」のメンバーがたいてい二つのカテゴリーに分けられるという特徴がある。「家」にはコアメンバーと、そのコアメンバーに扶養される非コアメンバーが存在する。コアメンバーは一家の主とその息子全員、そして息子の嫁たちである。非コアメンバーとは一般に未婚の娘と、婿養子を迎えた娘夫婦とその子供、実の子以外の親戚、そして場合によっては使用人までをも含む（Chen 1986, p. 130）。

さらに特徴的なのは、一家の財産として貯蓄された共同家計の余剰分を手にする権利はコアメンバーのみが有しているということである。つまり、家計の黒字分は「家」の財産であるが、その所有権および共有権は「家」のメンバー全員ではなく、家長と「同気」の間柄にあるメンバーだけが持つのである。滋賀によると、中国人は人類の生命は「気」と「形」という二つの要素からなると考えている。「形」がいわゆる肉体の象徴であるのに対し、「気」は生命の精髄あるいは「無形の生命」を表している。また「気」には男性の生殖能力という意味合いもあり、「気」によって息子は父親だけでなく、祖父や曾祖父とも遡って一つに繋がっていると信じられている（Shiga 1978, pp. 122–3）。

また、生まれるときに父親の「気」と母親の「形」の両方を受け継ぐことができるのは男子だけであると中国人は考えている。女子は母親の「形」を持って生まれるが、父親の「気」を受け継ぐことはできない。中国において、女子は人間生命の精髄である「気」を持たずに生まれてくるため、完全な人間とは見做されないのである（Shiga 1978, pp. 122–3）。

以上のような「気」の概念から、滋賀は四つの原理を導き出した。一つ目は、父と息子がセットとなって一つの単一体を形成するというものである。滋賀はこの概念を「父子一体」と呼んでいる（Shiga 1978, p. 119）。「父子一体」の概念は中国の古典文献『通典』の「父子至親、分形同気」という部分にも見られるもので、「父と息子は最も近い存在であり、二つの異なる個体として存在するが、同じ生命を共有している」という意味を持つ。

つまり、父親は息子の生命の本源であると同時に、息子は父親の生命の延長であるということだ。父と息子が同じ「気」を共有するというこの考えを、滋賀は中国人の宇宙観の根源と見做している（滋賀 一九八一、三五頁）。

二つ目の原理は、同じ父親を持つ男兄弟は同じ単一体に属するというものである。父と息子が「気」を共有するならば、同じ父親を持つ男兄弟が互いに同じ「気」を有するのは当然だ（滋賀 一九八一、三五頁）。このために、父と息子が単一体を成すというこの原理は兄弟間の平等を示唆するものだと滋賀は結論付けている（滋賀 一九八一、三五頁）。

三つ目の原理は、男兄弟は父親との実質的な関係によって異なる間柄に分類できるというものだ。つまり、「同気」以外のメンバーと比べる限りにおいては、同じ父親を持つ兄弟は皆同じ「気」を持つと見做される。しかし個々の息子がそれぞれ父親とどのような関係にあるかによって、兄弟の間で扱いが違う場合がある。これはアフリカで見られる父系制とは異なるものである（滋賀 一九八一、三五頁）。

四つ目の原理は、「夫婦一体」である夫婦が同じ「気」を共有するというものである（Shiga 1978, p. 120）。先に述べたとおり、中国において女性は父親から「気」を受け継ぐことができない。そのため、女性は生まれたときにはまだ完全な人間とは見做されない。しかし、結婚によって女性は完全な人間になることができる。女性は結婚すると、夫と一体化して夫の「気」を共有するようになるためである。滋賀はこの点について以下のように説明した。

「女性は結婚すると、夫と融合する。女性達は夫の人生形成において欠かせない一部となるため、彼女たちの存在は所与の意義である。それにより彼女達は夫の家族の一員となり、社会的地位が保証される。つまり、夫と妻の融合は単一体の共有と見做されている。」（滋賀 二〇〇三、三一頁）

これら四つの原理に従うと、家長とその息子および息子に嫁いだ女性は全員、同じ「気」を共有していることになる。すなわち、これらの人物は皆「同気」である。そして、この「同気」の原理に従って一家の財産が分与される。まず、財産の相続権を持つのは、家長の実の息子のみである。次に「家」の財産は男兄弟の間で均等に分配される。家長が亡くなった場合は、彼の所有財産のすべてがその未亡人の管理下に置かれる。未亡人は時期を見て、夫から受け継いだ財産を均等に息子達に分配しなければならない。

このように「家」や「気」「形」「同気」について詳細な説明を述べたのは、中国系企業家の会社経営や、家族企業の財産分配の方法が「家」と「同気」の原理に合致しているからである。中国人が起業するとき、「家」のメンバー全員が経営において何らかの役割を担い、会社に貢献することが求められる。つまり、中国系企業家の事業における組織形態はしばしば「家」が基本となっている。中国人の企業形態に家族経営が多いのはこのような「家」の形態に則っているからである。一方、会社の所有権は「家」ではなく「同気」の原理に基づいている。つまり、社長と「同気」の間柄にある人物のみが、会社の所有権を持つ。そのため、例えば社長の娘は父親の会社の経営に携わったり、経営で重要な役割を担ったりすることはできるが、会社の所有権を持つことはできない。

逆に社長の息子は、たとえ彼が無能であったり、他に有能な姉妹がいたりしたとしても、父親の会社を受け継ぐ権利がある。つまり、中国人の家族企業の継承は能力主義によるものではなく、そこには会社を受け継ぐ息子の有能さを保証するメカニズムは存在しないということになる。無能な息子が会社を受け継いだ場合、当然ながら経営は傾き、倒産することもある。そのため中国の家族企業の多くは長続きしないのである。

更に重要なのは、中国系家族企業の存続と繁栄にとって、会社の財産を息子達に均等に分配しなければいけないという原則は望ましいものではないという点である。このような決まりが息子たちの間での仲違いの原因となり、それによって家族企業の分裂を引き起こしてしまうかもしれない。息子達全員が同じ取り分を得る権利があることにより、一人あるいは複数の息子が自分の分け前を直ちに与えるよう父親に迫るという状況がたやすく発生する。その場合、父親はやむなく会社を解体し息子達に譲ることになる。会社が分解されれば資本ベースが縮小するため、もとは大企業であっても零細企業へと戻ってしまう。このような事情があるため、中国の家族企業はなかなか大規模化に至らないのである。

筆者はここで文化決定論を述べるつもりはない。このような文化的運命に抗うことができる中国系家族企業は常に存在している。したがって、そのような企業がいかにして文化的運命からの脱出を達成したのかを検証することは非常に興味深いものである。香港の裕記焼鵝飯店（以下、「裕記」）は中国系家族企業の文化的運命から脱する方法の一つを実際に示している。

三　呉一族と裕記焼鵝飯店

裕記は、創業者の呉一族とともにその歴史を刻んでいる。また逆も言えて、呉一族の家族の歴史は、裕記の会社の歴史と織り合わさるようにして綴られてきた。呉家の人々は、他の中国系家族企業と同様に「家」の原理に則って裕記を切り盛りしていった。そこでは「家」のメンバー一人一人が懸命に働き、さまざまな危機から会社を守りながら、あらゆる成長の機会を逃すまいと奮起してきた。創業者の呉春鹽《ンチュンイム》が妻とともに新界の深井《サンツェン》という、郊外の地域に裕記を創業したのは一九五八年のことであった。創業間もない裕記はレストランと呼ぶことが憚られるような小規模な事業で、店舗すら存在していなかった。両端に籠をぶら下げた竿を春鹽が肩に担ぎ、食べ物を入れて売り歩いていた。そんな行商形式から五〇年かけて、裕記は香港の有名なガチョウの丸焼きレストランへと成長した。その五〇年の歴史は三つの段階に分けることができる。しかしすべての段階において、呉一族のオーナー経営という体制は一貫していた。

第一段階――一九五八年から一九八二年

裕記の歴史においては、創業した一九五八年から一九八二年までの第一段階が最も長い。一九四九年に中国に共産党政権が樹立されると、何万人もの移民が中国から香港に流入した。その大部分は広東省の貧しい農民であり、春醞もその一人であった。一九五四年に新しい生活を求めて広東省潮州から香港へ渡った春醞は、その一年後友人の紹介で出会った女性と結婚した。一九五八年になると、春醞は自分の料理の腕を生かし、妻とともに料理屋の開業を決断した。

彼は新界にある深井という地区を創業の場として選んだ。深井は中心部からは離れていたが、荃湾《ツェンワン》という市場町に近かった。春醞がこの深井という地を選んだ理由は二つある。一つは、深井は田舎ながら大きな工場がいくつもあり、何千人もの労働者がそこで働いていたためである。香港では朝鮮戦争後に輸出指向型産業化が始まっており、その主要産業は繊維工業であった。大手繊維会社の一つである九龍スピナーズは深井に工場を持っており、ガーデンカンパニー社やサン・ミゲル社などもそこに大規模な工業施設を構えていた。春醞は顧客ターゲットとして、これらの工場の労働者たちに照準を当てた。辺鄙な地である深井には、他に昼食を取れるような店がなかった点に着眼したのである。深井を選んだもう一つの理由は、この地が田舎ではあったが荃湾という市場に隣接しており、原材料の調達が容易であると考えたためだ。当時裕記は排骨蒸飯（＝蒸した味付き骨付き肉を白米の上に乗せたもの）と窩蛋牛肉煲仔飯（＝牛ミンチの釜飯に卵をのせたもの）を主に販売していた。

一九六六年に春醞はそれまでに蓄えた資本金で、裕記を営むために木造の小屋を購入した。それと同時に料理のメニューを増やし、アヒルの丸焼きやアヒルのマリネ、鶏肉なども扱うようになった。裕記で常に新鮮なアヒル肉を提供できるようにするため、春鹽はなるべく荃湾の市場でアヒルの雛を購入し、成鳥になるまで木造小屋で雛を自ら飼育した。そのころ、春鹽の義理の兄弟が裕記に加わり、仕事を手伝うようになった。次第に家族内での役割分担が決まっていき、春鹽が荃湾での材料の買い付けを、春鹽の妻が接客と掃除を、春鹽の義理の兄弟がアヒルの雛の飼育を担当するようになった。こうして、家族三人が協力し、裕記を切り盛りしていた。

二年後、春鹽の木造小屋は撤去され、代わりに石造家屋が香港政府から与えられた。春鹽は引き続きこの新しい石造家屋で裕記を営み、それと同時にアヒルを飼育するための合法な木造小屋を借りていた。

一九七〇年代前半は裕記にとって、最初の発展期となった。服飾業界とエレクトロニクス業界の成功によって香港人の住環境は格段に向上した。製造業に携わる人々の一部が富裕層を形成し、彼らは週末の余暇を楽しむゆとりを手に入れた。こうした工場主の間で人気の余暇の過ごし方の一つが、週末の午後に深井周辺の海岸へドライブし、海辺でくつろいだ後に地元のレストランでディナーを取るというものであった。裕記にとって、このような裕福な工場主は重要な顧客層であった。

同じころ、中産階級の釣り愛好家が団体で深井を訪れるようになった。先に述べたように、深井にはサン・ミゲル社のビール工場があり、ビールの主原料である麦芽の出がらしが当時はそのまま海に流されていた。その麦芽が図らずも魚の餌となり、深井近辺の海にはたくさんの魚が集まる格好の釣り場となった。釣り人が団体で深井に押し寄せるようになったのは、このためである。次第に釣り人達の間で釣り上げた魚を地元のレストランで調理してもらうことが好まれるようになり、そのため彼らも裕記にとって重要な顧客層の一つとなった。

一九八〇年から一九八一年にかけて、裕記に更なる成長期が訪れた。当時香港政府は屯門《テュンムン》ニュータウンと深井を結ぶ屯門ハイウェイという幹線道路を建設しており、工事期間中には現場作業員達が裕記の常連客となった。裕記は順調に業績を伸ばしていたが春鹽は新たに従業員を雇おうとはせず、呉一族のメンバーのみで切り盛りされていた。そのころになると、春鹽夫妻と義理の兄弟の他に、春鹽の六人の子供たちも裕記の仕事を手伝わされていた。それは決して楽なものではなかった。特に春鹽自身は連日の激務によって困憊し、一九八二年になると遂には、裕記を畳み不動産投資事業へ転向することを決意した。

第二段階——一九八四年から一九九二年

裕記の第二段階は一九八四年の再開から始まる。春鹽は一九八二年にレストラン業から手を引き不動産投資を始めたが、それが上手くいかなかったため以前の職業に戻ることにした。前と同じ場所で、春鹽と義理の兄弟、そして子供達はレストランを再スタートさせた。一九八〇年代は香港経済にとって黄金期であり、香港人の生活水準の大幅な向上によって庶民でさえもディナーに外食をする余裕を持てるようになっていた。そのため裕記の再開は大きな成功となった。このころになると裕記の大繁盛によって人出が足りなくなり、家族だけではレストランを切り盛りすることが難しくなった。そこで遂に春鹽は現地従業員を雇い、近場にある石造家屋を借り上げ店舗スペースの拡大も行った。

すべてが順調に進んでいると思われていたまさにそのとき、裕記は初めて大きな危機に直面した。春鹽夫婦が突然亡くなったのである。一九九二年に深井で発生した大規模な火災で二人は命を落としてしまった。二人の死は春鹽の家族にとっても、裕記にとっても、大きな痛手となった。しかし、叔父の助けによって春鹽の子供達は火災の半年後にはレストランの営業を再開した。それと同時に店内設備を近代化し、モダンなレストランに改装した。

第三段階──一九九二年から現在

一九九二年のレストラン改装から、裕記の第三段階が始まった。この第三段階で特筆すべきは、裕記の新しいリーダーが誕生したという点である。春騮の三番目の子供である長女の呉娟華《ンギュンワー》が、新生裕記の経営を担当する立場に就いた。娟華は一二歳のときに裕記で働き始め、両親が亡くなる前から会社の日常業務を仕切るほどの信頼を得ていた。両親の死後、彼女は会社の経営のすべてを引き継ぐこととなった。新しいリーダーの娟華が有能な後継者であるということは、これまでの結果によってすでに証明されている。この時期にあった一連の裕記の経営危機を、娟華はその見事な経営手腕で乗り切ったためである。最初の危機は一九九二年に発生した。それまで裕記が仕入れていたアヒルが、突然変異のために丸焼きに不適格になってしまったのである。すると娟華はすかさず、仕入れをアヒルからガチョウに変更するという決断を下した。ちょうど、中国からガチョウを輸入している飼育場が中国との境界の近くにあったため、娟華はそこから直接ガチョウを仕入れる段取りを組んだ。このアヒルからガチョウへの仕入れの変更は結果的に大成功となった。裕記の新名物「ガチョウの丸焼き」を客達は大歓迎したのである。

二つ目の危機は一九九七年に香港政府が発表した政策によって生じた。この政策により、香港域内でのアヒルやガチョウの飼育は全面的に禁止された。これにより裕記はもはや香港域内からガチョウを仕入れることができなくなってしまったのである。これに対し娟華はまた素早く対応し、広東省のガチョウ飼育家と話をつけ、ガチョウを安定的に供給してもらうかわりに飼育を支援するという協力体制を築き上げた。中国の飼育家との協力関係は決して順調ではなかったが、裕記は多くの経験を得て、今では中国に直営ガチョウ飼育場を持つまでになった。

三つ目の危機は国際政治によって引き起こされた。二〇〇一年九月一一日のアメリカ同時多発テロの影響で海外旅行客が激減し、香港の観光業界や国内の小売業、飲食業が大打撃を被ったのである。裕記ももちろん例外ではなかったが、娟華はこの危機にも機敏に対応し、ターゲットを観光客から国内の客へシフトすることで苦境を乗り切った。

四 裕記の経営戦略

裕記の経営戦略は主に次の三点である。まず第一に、裕記は料理の質、特に看板メニューであるガチョウの丸焼きの品質を非常に重視している。先に述べた裕記の歴史からも、春鹽と娟華がアヒルやガチョウの品質を重要視していたことが見て取れる。例えば、春鹽は肉の水準を落とさないようにするため、アヒルの雛を自社で飼育することにこだわっていた。焼き方の改善に関しても春鹽は熱心に研究を重ねていた。娟華によると、アヒルやガチョウの丸焼きには決まった調理法は無く、冬場には焼く時間を長くするなど季節によって変えている。鳥の丸焼きの調理には多くの知識とスキルが必要とされるため、それらは決して画一化やマニュアル化することはできず、複数の要素や条件によって調理師自身の判断で変えなければならない。ここで求められているのは変化や問題へ適切に対処するスキルであるため、アヒルやガチョウの丸焼きの調理法の習得には何年もの時間を費やさなければならない。小池はこれらのスキルを「知的認識（intellectual knowledge）」と呼んでいる（Koike 1994, p. 42; 1987, p. 409）。

第二に、裕記は常に非拡大路線を掲げてきた。丸焼きする調理法は画一化やマニュアル化ができないため、いわゆるチェーン店化には適さない。娟華はこのことをしっかり認識しており、筆者にこう話している。

「わが社にとって重要なのは、丸焼きの品質を絶えず向上させることです。そのためには、自分達自身で鳥を焼きながら、常に向上を目指すという我が社の伝統を守り続けなければなりません。」

チェーン店化はアヒルやガチョウの丸焼きの品質に影響を与えてしまうというこのような信念のため、娟華は裕記の事業拡大を拒み続けている。

裕記の第三の経営戦略は、家族的な人事管理スタイルである。二〇一〇年三月、裕記には計八五人の従業員がおり、年間平均離職率は一人から三人と非常に少なく安定している。これは裕記の家族的な人事管理スタイルによるところが大きい。社長が大家族の長のように従業員を大切に扱い、身内のように接する。社長は自ら手本となって従業員の教育にも取り組む。娟華はこの点に関して次のように語った。

「私はいつも人に見られ、手本にされる立場ですから、毎晩寝る前にその日一日の行動を振り返ります。振り返れば自分が今日どんな間違いを犯したのかが分かり、同じ間違いを繰り返さないためにどうすればいいのかを考えることができます。もちろん、スタッフの意見やアドバイスを喜んで聞きます。また、雇用主の立場にあわないような仕事でも進んで取り組むようにしています。例えば、必要であればトイレ掃除だってどんどんやりますよ。」

五　裕記の経営理念としての呉一族の家訓

裕記の成功は単に先述の三つの経営戦略だけによるものであるとは言い難い。またそれらの間に何か関連があるかも定かではない。しかし、裕記の成功に関して一つ言えることは、これらの経営戦略は呉家の家訓に密接に関連しているという点である。筆者がこれまでの両親の教えについて娟華に尋ねると、彼女は真剣な表情でこう答えた。

「両親はたくさんのことを教えてくれました。第一に、人として何か分からないことがあれば、それについて学びなさい。第二に、どんなに環境が変わっても恐れてはいけません。第三に、学習能力という点ではすべての人が平等であるのだから、学んだ結果によって人を判断しなさい。第四に、競合相手がいなくなると自分が向上しなくなるため、ライバルは歓迎しなさい。」

「両親からは経営についてもさまざまなことを学びました。経営に情熱を持ち、お客様やスタッフに誠実に接し、どんなことも当たり前だと思ってはいけないと両親は言っていました。また、従業員は財産として扱い、上司として彼らの意見に耳を傾け、批判やアドバイスの中に良いものがあれば素直に受け入れるべきだとも教わりました。」

「家庭内のことについてもいろいろと学びました。兄弟姉妹を平等に扱い、家庭内で男女平等を保つよう両親は私に言い聞かせていました。また、感情的になったり主観的になったりせず、家庭内の問題を解決するときは冷静かつ客観的であるべきだとも教わりました。つまり、家族全体の利益が最優先されるべきであるということです。更に、家族企業は重荷ではなく恵みであるとも両親は言っていました。」

この長い証言にこそ、裕記が春霝から娟華まで一つの経営姿勢を貫いてくることができた理由が含まれているように思われる。例えば、春霝が非常に重視した裕記の料理の品質は一つ目の経営戦略に見られる。これらのことから、呉家の家訓と裕記の経営姿勢には密接な関連があるということを読み取ることができる。つまり、呉家の家訓が裕記の経営理念にもなっており、春鹽や娟華が家訓に基づいて下した決断が、経営戦略や人事管理を含む会社の運営方針を決定づけているのである。

六　ユニークな中国系家族企業としての裕記

しかし、裕記の成功が単にその経営理念によるものであるとは断言できない。それは香港の社会や国際情勢などのさまざまな要素が互いに作用し合う、複雑なプロセスの結果だからである。しかし、合理的な呉家の家訓によって裕記は中国系家族企業の中で非常にユニークな存在になったという点は主張しておきたい。そのユニークさは会社の所有権の決め方にも表れている。娟華によると、裕記の株式は兄弟姉妹とその配偶者の間で均等に分けられている。春鹽夫妻には長男と次男、その次に長女の娟華、続いて次女、三女、そして末っ子の三男という六人の子供がいた。ただし長男は幼少期に亡くなっているため、五人の兄弟姉妹とその配偶者は裕記の株式をそれぞれ二〇％ずつ保有していることになる。このような分配方法は、先に取り上げた「同気」の原理からは大きく逸脱している。「同気」の原理では、娘は家族の財産を所有することは許されず、婿養子も妻の実家の財産を継承する権利を持たない。

裕記のユニークさは能力主義による社長の選出にも表れている。春鹽夫妻は娟華こそが会社を率いていくに相応しい能力を持っていると信じていたため、娟華の兄や弟には会社を任せなかった。つまり、春鹽夫妻にとって会社の継承権は、あらかじめ誰かに帰属するものではなく、自分たちの判断に基づいて決めることであった。

さらに、裕記の貴重な財産であるアヒルやガチョウの丸焼き技術の伝承においても、裕記のユニークさを見ることができる。非常に興味深いことに、この丸焼き技術を受け継いだのは娟華の夫であった。中国的な「家」の観点からは、娟華や春鹽の兄弟が引き継ぐべきところを、「よそ者」である娟華の夫が伝承している。これは中国社会において、不可能ではないが非常に珍しいことである。

裕記のユニークさが会社を成功に導いたかどうかは定かではないが、このユニークさが中国系家族企業の弱点を克服する大きな助けとなったことは確かである。

七　ヘゲモニーとしての裕記の経営理念に対する理解

裕記の経営理念が呉一族の家訓の形態を取っていたということを見て取ることができる。その経営理念は実際にはオーナー一族の経済的利益のために課され、従業員を律するためのものであったと考えられるが、それはオーナー一族の家訓でもあると考えられていた。そのため裕記の経営理念は従業員にとってごく自然なものと認識されていた。裕記の経営理念の力は、オーナー一族の家訓の中で覆い隠され、そのため従業員の人々から気付かれないままであった。つまり、企業の経営理念の効力は沈黙と当然の中に存在したと考えられるのである。

その沈黙という性質のため、裕記の経営理念は決して制度化されることはなかった。経営理念とは何であるかといった点について、呉一族が公式な見解を示したことは一度もない。呉家の家訓に沿って従業員達を教育するような研修プログラムの開発や、家訓の書き下ろしなども一度も行われていない。その代わり、経営理念は会社での日々の生活の中での模倣を通して伝えられている。この点に関して、娟華は次のように話してくれた。

「私の祖父母と両親は家訓について一度も私達に説教するようなことはありませんでした。毎日の生活の中で彼らの振る舞いを注意深く観察し、私達の人生のなかでそれを模倣することによって、呉家の家訓を学んできました。もちろん、私達が何か間違いを犯したときは、彼らはそれを正してくれました。これらの出来事を通して、両親や祖父母は何が正しいと考えているかを私達は学び取り、実践していきました。徐々に私達はそれらを好きになりました。私達は自分自身の中の変化がとても自然に発生したため、それに気付くことはほとんどありませんでした。」

このように、裕記の経営理念はコマロフ夫妻が「ヘゲモニー」と呼ぶものに類似している（Comaroff and Comaroff 1991）。南アフリカにおけるイギリスの植民地主義に関する彼らの研究の中で、文化は変動すると同時に人類の行為を制限していると人類学者によって考えられているため、文化は社会的コントロールの手段として作用し得るということをコマロフ夫妻は指摘した（Comaroff and Comaroff 1991, pp. 1–6）。象徴的なシステムとしての文化が人類の行為の具体性を強要するというのはどういうことか。コマロフ夫妻は文化の強制力はヘゲモニーとイデオロギーという二つの形態として表れると主張している。彼らはこれについて以下のように説明している。

「われわれはヘゲモニーという言葉で、歴史的に位置づけられた文化領域から引き出された記号と実践、関係と区別、心象と認識論の秩序を表している。それは、自然で広く容認された世界の形として、当然のごとくに受け入れられるようになってきたものである。」（Comaroff and Comaroff 1991, p. 23）

コマロフ夫妻にとってのイデオロギーとは、集団的行動に対する一般的なガイドラインを提供するような支配的グループの世界観を意味する。そしてそれはその支配的グループによって常に実施されている（Comaroff and Comaroff 1991, p. 24）。

コマロフ夫妻は更にヘゲモニーとイデオロギーの違いを次のように説明している。

「前者（ヘゲモニー）は、ひとつの政治的コミュニティのいたるところで共有され、市民権を得るようになった構成概念や慣習から成り立っている。それに対して、後者（イデオロギー）は、ある特定の社会集団の（アイデンティティの）表現であり、その集団を超えて広まることもあるが、最終的にはその集団が所有するものとなる。前者は、交渉の余地がないものであり、したがって直接的な論争の埒外にある。後者は、敵対的な意見や利害の問題として認識することを許されている。したがって、論争への道が開かれる。ヘゲモニーは同質化を促し、イデオロギーは明確化をもたらす。」（Comaroff and Comaroff 1991, p. 24）

これらのことを踏まえると、裕記の経営理念はヘゲモニーとして理解され得るということが読み取れる。裕記の経営理念は、従業員にとってごく自然なものであるオーナー一族の家訓であるという本質から、彼らの声をかき消してしまう。このことに従業員達は気付かず、そのためこの点が議論されることはない。その結果として、もし従業員達が経営理念の存在に気付いた場合、それはもうヘゲモニー的ではなくなってしまう。

八　おわりに

本章では香港の中国系家族企業である裕記焼鵝飯店における経営理念と経営慣行の関係を検証してきた。まず裕記のユニークさを明らかにするために、中国の宇宙観や企業家の考え方、ならびに中国の家族企業の間の関係性を検討した。そして次に、裕記の企業としての簡潔な歴史を述べ、主要な三つの経営戦略を説明した。そこでこの三つの経営戦略と裕記の創始者一族の家訓には密接な関連があるという主張を提示した。創業家である呉一族の家訓は裕記において経営理念として作用し、重要な家族のメンバーである春鹽や娟華によって下された決断に基づく事業戦略や人事管理などを含む会社の企業姿勢を形成しているのである。この呉一族の家訓によって裕記は中国系家族企業の中でもユニークな存在となり、伝統的な中国の家族企業の形態からは大きく逸脱していると結論付けた。

最後に、裕記の経営理念はヘゲモニーとして理解され得るという主張を筆者は提示した。このような理解は、経営理念が会社の中でどのように作用し、どのようなときに機能しないのかを探る上で非常に役立つ。先述したように、支配層の世界観をごく自然なものにすることによってヘゲモニーは機能する。支配的な世界観が普遍的ではなく、交渉の余地があるものになった場合、ヘゲモニー的なコントロールはその有効性を失う。裕記の経営理念も同じように作用している。哲学は経営者のコントロールであり、自身が管理されていると従業員達が考え出すことを裕記の経営理念は妨げている。経営理念が自然なものとは見做されなくなったとき、大きな論争を招くであろう。コマロフ夫妻によると、そうなった場合経営理念は最終的にはイデオロギーへと変化すると考えられるのである（Comaroff and Comaroff 1991, p. 24）。

（王　向華）
（訳・川上　あすか）

注

（1）　本章は二〇一〇年に『ＰＨＰビジネスレビュー』第四四号（六一一五頁）に掲載された筆者の著作「経営理念の継承―経営人類学の視点　裕記焼鵝飯店（香港）」（渡邊祐介訳）の内容改訂版である。

参考文献

Basu, E. O. (1991) "Profit, Loss, and Fate: the Entrepreneurial Ethic and the Practice of Gambling in an Overseas Chinese Community," *Modern China*, 17 (2), pp. 227-59.

Chen, C. N. (1986) *Fang and Chia-tsu: The Chinese Kinship System in Rural Taiwan*, PhD dissertation, University Microfilms International, Ann Arbor, Mich.

Comaroff, J. and Comaroff, J. L. (1991) *Of Revelation and Revolution: Christianity, Colonialism and Consciousness in South Africa*, Chicago: University of Chicago Press.

England, J. (1989) *Industrial Relations and Law in Hong Kong*, Hong Kong: University of Oxford.

Gates, H. (1970) "Dependency and the Part-time Proletariat in Taiwan," *Modern China*, 5 (3), pp. 381-408.

Harrell, S. (1985) "Why do the Chinese work so hard?," *Modern China*, 11 (2), pp. 203-26.

Koike, K. (1994) "Intellectual Skills and Long-time Competition," In K. Imai and R. Komiya (eds.), *Business Enterprise in Japan: Views of Leading Japanese Economies*, Cambridge, Mass: The MIT Press, pp. 261-74.

—— (1987) "Skill Formation Systems: A Thai-Japan Comparison," *Journal of the Japanese and International Economics*, 1, pp. 408-40.

Shieh, G. S. (1989) "Black Hands Becoming their own Bosses: Class Mobility in Taiwan's Manufacturing Factories," *Taiwan: A Radical Quarterly in Social Studies*, 2 (9), pp. 505-14.

—— (1992) "*Boss*" *Island*, New York: Peter Lang.

Shiga, S. (1978) "Family Property and the Law of Inheritance in Traditional China," In D. C. Buxbaum (ed.), *Chinese Family*

Law and Social Change, Seattle and London: University of Washington Press, pp. 109–30.
Stites, R. W. (1985) "Industrial Work as an Entrepreneurial Strategy," *Modern China*, 11 (2), pp. 227–46.
Wong, S. L. (1986) "Modernization and Chinese Culture in Hong Kong," *China Quarterly*, 106, pp. 306–25.
—— (1988) *Emigrant Entrepreneurs*, Hong Kong: Oxford University Press.
Yu, F. L. (1995) *Entrepreneurship and Economic Development in Hong Kong*, London and New York: Routledge.
滋賀秀三（一九八一）『中国家族法の原理』創文社。
——（二〇〇三）『中國家族法原理』法蘆出版社（北京）。
住原則也・三井泉・渡邊祐介編（二〇〇八）『経営理念——継承と伝播の経営人類学的研究』ＰＨＰ研究所。

第九章　「包括的合理主義」のモデルとしての経営理念

――タタ・コンサルタンシー・サービシズ（インド）の理念継承・伝播――

一　はじめに

インドには、国を代表する大財閥の筆頭格としてタタ・グループがある。製鉄、電力、自動車、ＩＴ、という四つの中核産業を含む計七つの産業部門、約一〇〇の企業から成り、世界八〇カ国（アフリカ、南北アメリカ、アジア、ヨーロッパ、オーストラリア）に展開、二〇一一年～一二年期の年商は、約五八五億米ドルのグローバル企業である。

アジア諸国の企業の経営理念、という本書の大きなテーマを考えるとき、このタタ・グループに注目すべき主な理由は、創業が一八六八年、つまり日本では明治元年にあたり、インド財閥の中でも最も長い歴史を持っているばかりでなく、製鉄と電力などインド産業発展のための基盤ともなる分野においても牽引的役割りを果たしてきた、という事実である。インドの民族資本が、近代産業をインドに導入し育成してゆく典型が初期のタタ・グループである。そしてその立役者が、創業者でインドを代表する実業家ジャムシェトジ・タタ（一八三九～一九〇四）であり、その経営理念は、現在に至るまで受け継がれ、歴史的連続性を感じ取ることができる。

さらに看過できないことは、後述するように、創業者であり今日までタタ・グループを牽引してきたタタ一

ジャムシェトジ・タタ
出所：タタ中央資料館にて筆者撮影。

族とは、元々インド人ではなく、一〇〇〇年以上の遠い昔、母国イラン（ペルシャ）から、台頭するイスラム勢力の迫害を受けたために、インド西部に亡命してきたゾロアスター教徒の末裔であるということだ。そのようなゾロアスター教徒はインドで、ペルシャ人という意味で、「パルシー（Parsi）」という名称で自他ともに呼ばれてきた。現在、ゾロアスター教徒は、祖国イランに少数（「イラニー」と呼ばれている）、インド国内に一〇万人程度、インドからさらに欧米を中心とした海外に移民したパルシー約一〇万人で、計二〇万人程度と推定される小さな集団である。パルシーとはつまり、ディアスポラであり、外来者であり人口的には極小の少数民族でありながら、タタをはじめとして、近現代のインドに多大な貢献を行ってきた。経営理念とその実践を通して、ホスト国であるインド国内で企業経営のお手本を示してきた、という点でも注目に値すると思われる。

ただし、経済一般に関する研究は別として、一般的に、タタに限らず、インド企業に関係する日本の文献は少ない。第二次大戦後独立したインドは、一九九〇年代の初頭まで、社会主義的統制経済の体制下にあり、その後の開放経済下にあっても、日本との経済関係は、中国や東南アジアの国々に比べて、極めて限られたものであったため、自然、文献も限られたものとなった（末尾の参考文献リスト参照）。さらに目につく限り、本書の主要テーマである、経営理念とその実践を主眼に置いた文献は見当たらない。

本章では、巨大なタタ・グループの経営理念と実践に関わる膨大な全歴史を、たとえ概略であっても扱うことは筆者にはできないので、グループの中核的企業の一つであり、かつグループの中で最も新しく、さらにアジア最大のＩＴ企業であるタタ・コンサルタンシー・サービシズ（略称ＴＣＳ）を見ることで、むしろ一層その理念の歴史的連続性を見て取ることができると思われる。

二　タタ・グループの概略と経営理念

「メタ理念」としてのゾロアスター教

筆者は、拙著『経営理念―継承と伝播の経営人類学的研究』（共編著　二〇〇八）の中で、創業者や経営者が明文化したり、明文化しなくても抱いている経営理念としての信念は、経験を通じた個人の内部から発生するというばかりでなく、時として、宗教などなんらかの思想体系と関わることにより、その思想体系をいわば「知識の貯蔵庫」として、経営に資するアイディアや信念を引っ張り出してこようとするのであるから、そのような宗教・思想体系は、経営理念のための理念という意味で、「メタ理念」と呼べるのではないかと発想した。「メタ理念」と実際の経営理念の関係は、それほど単純で機械的なものではなく、経営者はさまざまの経験知を踏まえながら、「メタ理念」を解釈・再解釈して実用的な内容を持つ文言にしてゆく過程があるはずである。

主だった歴代のタタ・グループの経営者の、そのような複雑な解釈・再解釈の過程を十分に知りえる立場に、筆者はいたわけではなく、またそのような先行研究が存在しているとは思われない。しかし、タタ一族が敬虔なゾロアスター教徒であり、初代会長ジャムシェトジの時代から、ゾロアスター教徒としての基本的な精神が、その経営に多面的に表れているということは過去の文献からも容易に見て取れる。

ジャムシェトジ・タタは単なるパルシーではなく、先祖は代々ゾロアスター教の高位の神職であったという事実は、その経営理念を探ろうとするとき、看過できない背景である。タタ一族は、一九世紀になって、彼の父で商才にも長けていたと言われる、ヌッセルワンジ・タタ（一八二二〜一八八六）の代から商人として国際的に活躍し始めているが、実業界に入ったからといって、ゾロアスター教徒としての一族の伝統が途絶えたわけではない。むしろ、精神性の上での連続性があり、自然、その長男であるジャムシェトジ・タタも実業の世界に入ってゆくが、同時にパルシーとして、敬虔なゾロアスター教徒でありつづけた。そして、一八六八年、息子（長男のドラブジー・タタ）と従弟（R・D・タタ）とともに、Tata Sonsという企業を設立した。Tata Sonsは、現在も、タタ・グループ約一〇〇社の主だった企業すべての主要株主である。Tata Sonsの会長が、自動的にタタ・グループの会長を兼任し、統括している。またTata Sonsがタタ・グループの商標権も保持しているため、タタ・グループとしてふさわしくないと判断された企業は、その商標を使用する権利を剥奪される。このあたりの統括の手法については、概略であるが、拙著（住原二〇一一）のとりわけ、八三頁以降を参照いただきたい。

ゾロアスター教とは、三〇〇〇年以上も前のペルシャ（イラン）地域で、宗祖ゾロアスターが始めた古代宗教の一つであり、諸神ある中で、善の神、世界の創造神であるアフラ・マズダを絶対最高神として奉じる宗教として、天国と地獄、救世主、再生など、その後に発生した、ユダヤ教、キリスト教、イスラム教、仏教などにもその影響が見て取れるとされている。その中核的な教えは、この世は善と悪の戦いの場であり、各個人の中に善の心と悪の心があり、自由意志により、どちらの心に従うかによって、自身の来世が決まるとされる。特別な儀礼のみを奉ずるのではなく、日常生活の中で善の心に従うことで、善神アフラ・マズダの栄光を増すことが、ゾロアスター教徒としての生き方である。その日常の心構えを端的に示す言葉として、「善き心、善き言葉、善き行い」（good thoughts, good words, good deeds）を心がけることが、パルシーの基本的信条として広く知られている。

筆者は、インドや、また二〇一二年夏に調査を行ったニューヨークで出会ったパルシーの人々に、「何を善と考えるのか」と尋ねたところ、「人間には生まれながら良心の心が備わっている。それに照らせば、自然に何が善であるのか悪なのか各自で判断できるはず。」と答える人もあれば、「家族や人に話しても恥ずかしくない行為のこと。」と答える女性のパルシーもいた。「善」の定義は人それぞれであっても、日常生活の中でそれを意識する、という点では共通しており、企業の経営行為やビジネスの日常的行為を、人知れず自己チェックする機能を果たす性格を備えているものと考えられる。また、タタ一族がゾロアスター教徒であることは、その教理内容以外の点でも、商行為を行うにあたり、有利な点があった。つまり、インドの伝統であるカースト制に縛られることもなく、衣食住等の忌避からも自由であり、比較的自由な立場で古くから商業に従事することができた。またインドがイギリスの植民地となった後も、イギリス人商人などとともに、中国や東南アジアなど広く交易に従事できる立場を得やすかったと考えられる。

筆者が二〇一〇年春に調査した香港などでも、移住した有力なパルシー商人たちが財を成すばかりでなく、顕著な社会貢献を行っていた足跡を残している。パルシーは実業を通じて、インド社会一般に大きな貢献を行ってきており、インドで高い信頼を得てきた特異な少数民族と言える。その代表格が、タタ一族とタタ・グループであり、パルシーの人々一般にとっても、誇りとしている一族であることも、筆者が現地調査で出会った、インドや北米に移住したパルシーの人々から感じ取ることができた。

タタ・グループの伝統と「包括的合理主義の精神」

タタ・グループの長い歴史の基本の精神はやはり、創業者で初代会長ジャムシェトジ・タタの志に求めることができる。後継の歴代会長も、またその薫陶を受けてきたグループ企業内の経営者たちも、パルシーではなくとも、初代の志に共感し、基本的な理念が伝統として今日まで守られてきたと言ってよい。

そのような初代からの志・精神、あるいは企業としての理念は、主に、関連する三つの柱から成っている。

一つ目は、単に一企業としての成功を目指すのではなく、貧しくまた長い年月植民地化されていたインド国家へ貢献する、ということ。二つ目は、企業運営上の、遵法の精神と高い倫理観。そして三つ目が、「社会から得た富は、社会に還元する」という精神である。

一つ目の基本的な理念、あるいは志は、私企業でありながら、インドの国家レベルの利益に貢献しようとする姿勢である。一九世紀後半、初代会長ジャムシェトジ・タタは、長い英国の植民地体制下にあって、インドを産業と教育によって自主独立できるだけの十分な実力を持つ国家となるよう寄与したいと考えていた。ジャムシェトジ自身は、創業時の商業・貿易を中心としたビジネスから転じて、綿花による紡績工場をつくる、など、モノづくりによっても財を成してゆくが、工場を建築するにしても、単に効率の良い工場ではなく、後々の「インドの工場のモデル」となるような、製品の質をはじめ、自然環境への配慮や従業員の待遇への配慮に至るまで、時間をかけて用意周到に計画し稼働させている。当時の世界の最先端の工場を持っていたイギリスの工業都市も何度も視察し、最先端の工場づくりを目指した。

このように、すでに初代会長ジャムシェトジの時代から、単なる経済合理主義だけでビジネスを行っていたわけではない。ミクロのレベル（ビジネスの仕方そのもの）で見ても、徹底した効率重視の合理主義に基づく、高い生産性と良質の製品を生み出す工場の建設を行うとともに、同時に、労働者の福祉の点でも、ジャムシェトジの死後になるが、一九一二年には世界に先駆けて一日八時間労働や福祉の導入などをはじめとした、人道的労務管理を導入している（ララ 一九八一、二四〇頁）。西洋に学びつつ、西洋的経営以上の経営を目指そうとする気概が窺われる。

さらにマクロ的に見ても、ジャムシェトジは、インドが独立し自立してゆけるようになるためにも、国家規模で産業を活発にする必要があると考え、製鉄工場や発電所の建設などを思い描いていた。アジアの国でありながら独立を維持できていた明治日本に、彼は熱い眼差しを向けていた様子も見られる。ジャムシェトジのビジョンの多くは、生前には実現できなかったものの、死後、後継者である息子たちが実現していった。一九〇七年には、アジアの国々の中でも先駆けて大規模な製鉄会社（ＴＩＳＣＯ、二〇一二年現在世界第七位の規模）を建設し、一九一〇年には大規模水力発電所を建設している。これも決して容易な事業ではなく、二代目会長で長男のドーラブジー・タタらは、資金獲得のために国内外を奔走していた記録が残されている。

また同時に、インド人の人材育成のための教育にも力を入れている。インド初の、現在でも名門の高等教育機関（Indian Institute of Science: IISc）を設立（一九〇九年）して、インド人の近代合理主義的能力の育成と活用を目指した。

さらに一方では「社会から得た利益は社会に還元する」という理念により、財団（サー・ラタン・タタ財団とサー・ドラブージー・タタ財団）の設立（一九一八年と一九三二年）などを通じて、長期にわたり継続的に、社会の発展から取り残されている人々への福祉も含め、国家の柱となるような高度な人材育成のための教育機関への寄付など、多方面の社会貢献活動を行ってきている。この慈善活動においても、ジャムシェトジは、単に寄付行為を行うのではなく、「恵まれない人々への奉仕は、財貨の生産と同じように頭脳を使い、調査をし、正しい日を選び、また特定の側面へ集中することなしには不可能」（中川 一九六二、三三九頁）という言葉を残しているように、企業経営と同様、綿密な経営的視点から有効な財の使い方を意識していた。この合理的精神もまた、現在もタタ・グループに受け継がれてきている。

筆者が注目するのは、タタ・グループが初代会長以来、企業経営の上にも、また慈善事業の運営においても、ともに高い合理性と倫理性を追求していることである。このような、「営利的価値の追求」、「人道的価値の追求」、そして「倫理的価値の追求」という、価値の全側面を包括的に、高いレベルで追求しようとする精神を、「包括的合理主義の精神」と、筆者は呼んでいる。タタ・グループの姿がその理想型であると断じるつもりはないものの、少なくともその理念から見て取れる、グループが目指す精神には、高度なレベルの「包括的合理主義精神」を感じ取ることができるのである。

このような包括的合理主義を単に理念としての気構えにとどめず、実現しようとする基本的姿勢として、タタ・グループは、すでに言及した一八六八年の創業時からの会社であるTata Sonsを、グループ全体を統括する大手持ち株企業とし、さらにそのTata Sons自身の株の六六%を、慈善事業を行うための先述のタタ財団に保有させている（Witzel 2010, p. 8）。もう少し過去に遡ると、一九八〇年現在では、上記大手二つのタタ財団の他、さらに次々に設立された四つの新たな財団を含む、計六つのタタ系財団が、Tata Sonsの約八一%の株式を保有していた。一方、タタ一族個人の株保有率は、一・五三%に過ぎない。さらに残りの株はタタ一族以外の保有であるという（三上 一九九四、一六三頁、初出は、ララ 一九八一、一九二頁）。

このような事実からも、「社会から得た富は、社会に還元する」という精神も、単なるスローガンではなく、実質的な組織機構により実現に向けた理念であることを見て取ることができる。

タタ・グループの歩みとＩＴ産業の始まり

歴代の会長とその在職年は以下の通りであり、グループの事業拡大の概略も時系列で整理しておきたい。本章で扱うＩＴ産業は、指摘するまでもなく、最も新しい産業である。

初代会長ジャムシェトジ（一八三九〜一九〇四、在職一八六八〜一九〇四）
二代目ドラブジー・タタ（一八五九〜一九三二、在職一九〇四〜一九三二）
三代目ノーロジ・タタ（一八七五〜一九三八、在職一九三二〜一九三八）
四代目Ｊ・Ｒ・Ｄ・タタ（一九〇四〜一九九三、在職一九三八〜一九九一）
五代目ラタン・タタ氏（一九三七〜、在職一九九一〜二〇一二）

以上がタタ一族の出身者であり、二〇一三年三月現在、六代目現会長サイラス・ミストリ氏（一九六八〜、在職二〇一二年一二月〜）がタタ一族以外で初めてのパルシーの会長であり、タタ・グループの伝統を継承しようとしている。

タタ・グループの事業拡大の歴史をたどると、一八六八年貿易商社としての立ち上げから、綿花・紡績業、一九世紀末からのホテル業（一九〇四年完成のタージマハルホテルなど）、二〇世紀初頭開始の鉄鋼業と水力発電事業、そして、銀行・金融業（一九一七年開始）、化学工業（一九三九年開始）、自動車産業（一九四五年開始）を経て戦後独立後には紅茶・飲料産業（一九六二年開始）、そして一九六八年には、本章で扱うＩＴ産業にもインドで初めて着手している。このような発展・拡大の中でも、基本精神には、インドへの社会的貢献、広く社会のための富を生み出す装置としての企業であり事業が意識されてきたと言っても過言ではない。

さらにその経営やビジネスのやり方においても、単に結果としての業績、成功だけを目指したのではなく、既述のように、ビジネスの「倫理的」側面を重んじてきた。歴代会長の中でも最も長期（約五〇年間）に会長を務

F. C. コーリー氏
出所：本人提供。

めた四代目J・R・D・タタなども、戦後インドの長い社会主義的統制経済政策という、商業活動にとれば著しく自由が規制された時代においても、他人からどんなに勧められても、贈賄等の不正にはいっさい手を染めようとはしなかった高潔さで知られている。

そのような高潔さは、現在のタタ・グループの行動基準である、詳細に記されたTATA Code of Conductに反映されており、五代目会長ラタン・タタ氏も「グローバルな競争にも勝つ経営を行いながら、タタの価値とビジネス倫理を遵守して、他者のお手本となるような企業をめざす」と内部文書で訴えている。まさにインドはおろか、世界の企業のお手本になろうとしているかのようである。

そのような伝統の継承の中で、以下に本章で扱うIT企業、タタ・コンサルタンシー・サービシズ（TCS）は一九六八年に生まれ育ってゆく。既述の四代目会長J・R・D・タタの時代である。その五〇年以上の会長在職中の活動の幅広さは、大著の伝記『Beyond the Last Blue Mountain』に示されているとおり、膨大なものである。J・R・D・タタとは、インドで初めて航空飛行士の免許を取った人物でもあり、一九三二年にインド初の航空会社タタ・エアラインズも創業（一九五二年に国有化され現在はエア・インディア）していることから、「インド民間航空の父」ともされている。

このJ・R・D・タタ四代会長の下で、一九六八年、インド初のIT企業として創設されたタタ・コンサルタンシー・サービシズ（TCS）を創設したのが初代CEO、F・C・コーリー氏（以下、コーリー氏）という人物である。インド人であり、パルシーではないが、四代会長J・R・D・タタと、四代会長の右腕、二〇世紀インドを代表する傑出した法律家（インド憲法の権威）であり経済の専門家でもあったナニ・パルキバラ（一九二〇～二〇〇二）（パルシー）の部下として、コーリー氏は多くのハードルを乗り越えながらTCSを発展させた。

筆者は、二〇一一年、このコーリー氏と、TCS創設のオフィス（ムンバイのエア・インディアビル）で二度にわたり会見し、直接貴重な情報を得ることができた。氏はすでに満八七歳であったが、常に背筋は伸び、矍鑠として威厳があり、七五歳の時にTCSの経営から退いた後も引き続き、ITを使った社会貢献のための慈善事業などに日々取り組んでいることが印象的であった。

三　タタ・コンサルタンシー・サービシズ（TCS）の略史と経営理念

インドがIT王国と呼ばれるようになる源流としてのTCSの始まりからの略史を、創設者コーリー氏の足取りとともにたどってゆくことで、タタ・グループの理念の断層を見てゆきたい。

TCSと創設者コーリー氏

TCSは一九六八年、設立当初は独立した企業体というより、タタ・グループの一内部組織として、一〇人程度のスタッフで創設され、後述のように大発展を遂げてゆくことになる。現在インドには大小数百のＩＴ企業があり、世界のＩＴ大国を形成しているが、ＴＣＳ以外はほぼ一九八〇年代に入って設立されたものであり、その中でもかなりの数が、ＴＣＳの創設者コーリー氏の下での勤務経験を持つ人たちによって始められている。ＴＣＳこそ名実共にインドＩＴ産業の嚆矢であるとともに、現在に至るまで常にリード役を果たしてきた企業である。この事実から、コーリー氏は、「インドソフトウエア産業の父」として広く知られている。

ＴＣＳは、二〇一二年三月現在、年商は約一〇億米ドル、世界四五カ国に、約二五万人の社員を持ち、ＩＴ企業としては、近年世界のトップテン入りを果たし、アジアでは最大のＩＴ企業となっている。通常、世界トップテン入りのＩＴ企業は、ハードウエアもソフトウエアもともに扱っているが、ＴＣＳはソフトウエアのみで世界屈指の位置にいることも特筆すべきことである。

そのＴＣＳを、まったくゼロの時代から発展させてきたのがコーリー氏であり、ＴＣＳの揺籃期、発展期について、文字化されていない情報も含め、筆者は詳しく事情を聞く貴重な機会を得ることができた。さらに、コーリー氏の後継者であるＴＣＳの前ＣＥＯラマドライ氏や現ＣＥＯチャンドラセカラン氏とも個別に会見することができ、九〇年代以降のグローバル化の躍進期の時代についても話を聞くことができた。ちなみに、歴代のＣＥＯである、コーリー氏、ラマドライ氏、そして現職のチャンドラセカラン氏も、パルシーではない。しかし、いずれもタタの企業理念の伝統の後継者であることに違いはない。

以下は、創設者からの聞き取り調査と得られた一次資料などから、ＴＣＳの始まりから現在まで、時系列で主だった出来事を追いながら、理念が見え隠れする断層を探ってゆきたい。紙面の関係上、本章においては、コーリー氏が陣頭指揮をとった時代を主に扱うことにしたい。

「インドにIT産業革命を起こす」という志

ＴＣＳの略史を見る前に、創設者であるコーリー氏が、タタ・グループの伝統に沿って、どのような志を持っていたかを理解しておくことが必要である。

コーリー氏は、自身のそれまでの執筆や講演集をまとめた本『The IT Revolution in India』（二〇〇五）の六頁に、以下のように書いている。

「かつて産業革命というものがあったが、われわれにはいたし方ない理由からそれを経験することはできなかった。現在は情報産業革命、という新しい革命が開かれている。われわれにも平等に、あるいはリーダーになれるほどの機会が訪れている。この機会をのがせば、後世の人々は、われわれの怠惰や無知を許さないだろう。」（筆者訳）

この内容からも、ＩＴつまり情報産業の到来を単に新しいビジネスチャンスといった捉え方ではなく、インドにとって初めて体験できる「産業革命」のまたとないチャンスとして強い使命感をもって取り組んでいることが分る。初代ジャムシェトジからの伝統である、国家への貢献という理念である。

ＴＣＳの黎明期――一九六〇年代〜七〇年代

コーリー氏は、一九二四月二月二八日、現在のパキスタンのパンジャブ地方で生を受けた。パンジャブ大学を優秀な成績で卒業し、国からの奨学金によりカナダのクィーンズ大学に留学し、一九四八年に電気工学の学士号を受けている。留学中にインドとパキスタンが分離独立したために、両親は故郷のパンジャブ地方からインドに移住を余儀なくされたという。氏は、カナダでの学位取得後もカナダの電力会社で就職し約一年間働き、その後マサチューセッツ工科大学（ＭＩＴ）の大学院で電気工学、特に当時の先端分野である、発電の制御技術を学び、修士号の学位を得た。その専門分野は、ＭＩＴから始まったものであり、「とても良い教授陣に恵まれた」と回顧している。

一九五一年にインドに帰国し、タタ電力に就職した。つまり、元は電力の専門家であり、優秀な技術者として嘱望されていたが、一九六〇年代に入り、氏の人生を方向付ける転機が訪れる。

一九六四年、つまりＴＣＳが設立される四年前、インドにはまだコンピュータというものが数えるほどの台数しかなかった時代に、すでにムンバイのタタの基礎研究所には、輸入された大型のコンピュータが入っていた。コーリー氏はすぐさま、直感で、コンピュータという新しい機械を研究して、電力システムに利用すべきだと考えた。そしてそれを実行にうつし、一九六八年までにはタタ電力のあらゆる段階のオペレーションに活用し、水力発電所や火力発電所のシステム操作に、アナログではなく、デジタルコンピュータを利用した。これは、同時代の、英国、日本、フランス、ドイツなどより先駆けての導入であるという。アメリカでは四社のみデジタルを使用していたようである。

このようにコーリー氏は電力の専門家として、コンピュータの活用に実績を残していたことがきっかけとなり、インド初の小さなＩＴ企業（ＴＣＳ）を、タタ本社内に立ち上げるにあたり、最初のジェネラル・マネージャーとして迎えられた。ＴＣＳは設立当初一〇名程度の規模で、業務内容も、タタ・グループ内の他企業の給与計算やパンチカードといった、社内業務を簡素化する程度のものであったという。

一九六九年に、初めて外部企業から注文を受けている。インド中央銀行の銀行間業務調整システムの構築であり、それに成功をおさめることで信用を得て、さらにすぐに一四社もの銀行から同様の発注を受けている。また、政府機関や電話会社からも注文を受けるようになった。しかしこれらの業務はどれも、技術力も低い、低付加価値の仕事であり、コーリー氏はより高度な技術力を養う必要性を感じていたが、そのような技術はインド国内では存在していなかった。

既述のように「産業革命を経験できなかったインドに、ITによる産業革命をもたらす」という志は高く持っていても、深刻な問題が山積していた。何よりもインド政府がコンピュータの国内導入をまったく望んでいなかったという致命的な事情があった。「コンピュータとはそもそも西洋のもので、それがインドに入ってくれば、更なる失業問題が深刻になるではないか」というのが政府の見解であったという。コンピュータの輸入には高率の輸入税が課せられるばかりか、輸入許可手続きも困難を極めるなど、設立当初から一〇年以上にわたり、常にこのような政府と格闘しながら仕事を進めなければならなかったのである。

しかしインド政府も、輸出なら外貨を稼ぐことになるということで許可を与えていたので、コーリー氏は、頭脳と英語力ならインドに豊富にある資源であり、ソフトウエアを開発し輸出できるはずだ、と希望を持ったという。

困難の中に大きな飛躍へのチャンス

ＴＣＳとコーリー氏の歴史を語る上で特筆すべきことが七〇年代の前半に起こっている。一九七三年から七四年にかけて、コーリー氏は一〇回もアメリカに足しげく通い、当時ＩＢＭに次ぐ、コンピュータ業界のナンバー２であるバローズ社とコンタクトをとっていた。そして七四年の暮れに初めての一つの仕事をバローズから受け、それがＴＣＳのその後の大きな飛躍につながるきっかけとなった。

つまり、七四年に受けた仕事そのものは、バローズ社の新機種のコンピュータのためのヘルスケア関連のシステムを書き込むことにすぎなかったが、インド国内にはその当時バローズ製のコンピュータが存在しておらず、あったのは英国製のコンピュータだけであったという。

そこでコーリー氏が率いるＴＣＳの少数ながら優秀なチームは、手元にあった当時の、英国の大手ＩＣＬ社のコンピュータのコードを解読して、バローズ製のコンピュータでも読み取ることができるソフトである「フィルター」を、苦労の末開発し、その上で、受注したバローズ社からの本来の仕事を完成させたという。「フィルター」とコーリー氏が呼ぶのは、ＴＣＳが独自に開発したソフトであり、いわば、受けた仕事を、何とか完遂しようとして考え出した苦肉の策であるが、せいぜい副産物に過ぎなかった。

ところがこの副産物が予想もしなかった大きな役割を果たすことになる。つまり、コーリー氏は、部下をカリフォルニアのバローズ社の工場に派遣し、開発したその「フィルター」がうまく作動することを見せると、バローズの代表はたいへん感心し、喜んだという。バローズ社は、その後、その「フィルター」を武器に、ＩＣＬ社の市場を切り崩すことができるようになったのである。これが記念すべき、インドから輸出されたソフトの第一号となった。

それがきっかけとなり、バローズ社はコーリー氏のＴＣＳに厚い信頼を寄せ、多くの仕事を依頼するようになった。また七八年にはバローズ社がインドにも進出し、ＴＣＳと組むきっかけにもなっている。インドがＩＴ大国化するための大きな一歩である。「人生はどんな局面から何が起こるかわからない。」とコーリー氏は語っている。

「オンサイト」というビジネスモデルの先駆け

このようにして七〇年代中期から、ＴＣＳはアメリカを中心舞台に成長してゆく。インドにはまだＴＣＳ以外のＩＴ企業は存在しなかった時代である。バローズと関係していた他のいくつかのアメリカ企業からの仕事が、ＴＣＳにもまわってきた。例えば、全米に二〇〇万人の顧客を持つ一〇の銀行のデータセンター「IGIC: the Institutional Group & Information Company」のオンサイト業務（ＩＴ技術者を顧客企業の現場に派遣してメインテナンスなどのサービスを行う業務で、「ボディ・ショッピング」などの名称もある。）をＴＣＳは行い始めた。この経験により「オンサイト」方式が、ＴＣＳのその後の主流となってゆく。オンサイト方式がインドの「ＩＴ技術者が、顧客の最新のハードウエアを取り扱いながらさまざまな訓練を積む事ができた」（小嶋 二〇〇八）という利点なども指摘されている。この手法を最初に発想し実行したのがＴＣＳであった。

オンサイト方式は、後に、ＩＴ技術、通信技術の進歩により、後の「オフショア（offshore）方式」という、インドに居ながらにして遠い海外の顧客のための業務を行える方式や、さらにグローバルなニーズに応える大規模なシステムが確立しても、なおかつ有効な方法として現在も活用されている。

同時期、ＴＣＳは、クレジットカードの大手アメリカンエクスプレス社から支払受諾システムの開発という大きな仕事の受注に成功し、アメリカでの信用を拡大している。当時アメリカ企業は、経費削減のために、ＩＴ業務を外注することが多くなり、ＴＣＳは低コストで優良なサービスを提供できることを証明し、ビジネスチャンスを広げることになったのである。

四　一九八〇年代の進展――「国家の財産になるものをつくる」――

ビジネスの拡大とともに、ＴＣＳは八〇年代に入り、更なる大きな発展のための体制づくりを行っている。その中でも特筆すべきは、一般的にＲ＆Ｄと呼ばれる研究開発機関の設立である。ＴＣＳは一九八一年、そ

TRDDC
出所：TRDDC からの提供。

の技術力を高めるために、インドでも初となる大規模で高機能のR＆D施設、Tata Research, Design, and Development Center（ＴＲＤＤＣ）を、ムンバイ市の南東方向約一〇〇キロにある大学都市プナ市に設立している。これもコーリー氏の発案であり、設立のために奔走した。ここにもタタの基本理念が活かされている。

設立発案の理由は、まずインドにはそのような施設はなく、コンピュータの最先端技術は西洋世界にあり、当時インドには企業はおろか、大学ですらその分野の専門教育が行われていなかったという事情があった。しかし最初の発想は実は以下に述べるような、ＩＴとは関係のないところの「偶然」から発しているという。

つまり一九七三年から七四年にかけて、コーリー氏は、世界最大の電気・電子技術の学会であるＩＥＥＥ（一九世紀に起源を持ち、現在世界一六〇カ国、四〇万人の会員から成る学会。本部はニューヨーク）の役員として、アメリカでの会議に何度か出かけていた。当時は、石油ショックの時代であり、ＩＥＥＥの他の二九人の役員は皆アメリカの大学で勤務する人たちで、カーター政権の下でエネルギー省と関わり、石油依存を減らす方策や代替エネルギーの研究を緊急の重要課題として取り組んでいた。カーター大統領は、年間一〇〇億ドルもの予算をエネルギー関連で計上しようとしていたが、結局実現はしなかったという。

この経緯を見ていて、コーリー氏は、インドにも社会に役立つ応用科学研究開発機関をつくるべきではないか、とさらに真剣に思い始めたというのである。ＩＥＥＥの役員職を通じて築かれた世界的な専門家の人的ネットワークから情報を得たり、ＭＩＴ、カーネギーメロン大学といったアメリカ屈指の工科大学にもコンタクトし、またインド国内の高等研究教育機関であるインド工科大学（ＩＩＴ）などとも長い時間をかけて話し合い、構想を練った。

「国家の財産となるようなものをつくり上げる」という理念が、初代のジャムシェトジ・タタから受け継がれるタタの伝統であり、コーリー氏もよく知っていて、当時の、上司であるＪ・Ｒ・Ｄ・タタ会長に提案すると、一も二もなく全面的に賛成し支援してくれたという。

さらにコーリー氏によれば、通常のＲ＆Ｄセンターではなく、「ＩＴ産業革命」のために、すぐに現実に役立つものをつくるというより具体的な目的意識を明確にもたせる必要があり、そのためには「Development」の前に「Design」という概念を入れることが必要だと考えたという。つまり、応用するためには、「工業化のステージ」が不可欠であり、大規模な使用にもしっかりと耐えうるようデザインされなければならない。研究した成果をデザインして、実用にあうように開発する必要がある。その意味で付けられたのが、インド初の研究開発機関ＴＲＤＤＣの名称である。コーリー氏の用意周到な合理的思考が窺える。

このようにして設立されたＴＲＤＤＣは、ＴＣＳの現在までの飛躍的発展に不可欠の存在として機能してきたが、後述のように、その中身の性格としての「ソフト開発の哲学」において、まさに「産業革命」というにふさわしい合理的な考え方が見て取れる。

「開発の哲学」を示すＴＲＤＤＣの姿―研究・開発、ソフト・モノ・システム開発の共存

ＴＲＤＤＣの設立後、ＴＣＳのグローバル展開の中で、二〇一一年現在、インドを中心にしてアメリカも含め、総計一九もの研究開発施設ができており、総勢一五〇〇人余りの研究員がいる。二〇〇六年には全体を一つの組織として統合し、その総合力でさらに研究開発能力を拡大している。しかし現在でも、プネ市のＴＲＤＤＣが最大規模であり研究員は約二五〇名を数える。

このＴＲＤＤＣは三つの部門から成っている。一つは、「プロセス・エンジニアリング」部門（製造工程の効率化の向上を支援しコスト削減につなげるためのツール、技術、サポートシステムなどを研究開発するセクション）と、二つ目に「ソフトウエア・エンジニアリング」部門（ＴＲＤＤＣの設立以来の、センターにとって中核的な任務を担うセクションであり、顧客の要望するソフトウエアの開発を支援する部門）があり、さらに二〇〇七年に設置されたもう一つ、「システムズ・リサーチ」部門（大規模なシステム、例えば、大企業のデータシステム、大企業の巨大な労働力の人的システム、原子炉などの複雑なエンジニアシステム、などの効率を最適化するための研究部門）の計三つの分野である。

筆者がＴＲＤＤＣを訪問した二〇一一年二月に出会った副社長の一人ハリック・ビン博士によれば、博士は一五年にわたりアメリカの大学で教鞭をとってきたが、ＩＢＭその他の同業企業と比べても、ＴＲＤＤＣでは、基礎的な研究と製品の開発に直接つなげる応用の研究が、同じセンター内に共存しているというユニークさを持っていると言い、さらに、ＴＣＳがソフト製品の生産とサービスの企業でありながら、一般的な消費製品も開発できるようなしくみを設立当初から備えている、という面でも珍しく、実に合理的なＲ＆Ｄセンターであると

語っていた。

たしかに、コーリー氏によれば、設立当初からソフトだけではなく、「モノづくり」も視野に入れており、当時インドでも高名な材料・物質科学の権威スバロ博士をＩＩＴからセンターに迎え入れている。筆者の訪問時、ＴＲＤＤＣ内を案内してくれたラドゥハ研究主任は、この研究施設では、研究員であっても、顧客の技術的な問題に直に接する機会を持ち、それを最大限多角的に分析して、ソリューションを見出そうとする方針であり、楽しみがある、と話していた。

ソフトづくりの「標準化」：メタ・ツール

ＴＲＤＤＣの三つの部門の中でも、特に設立当初からある「ソフトウエア・エンジニアリング」部門のソフト開発の方法の哲学を見ることで、その思想をよく窺うことができる。この部門では、主に、ＴＣＳが顧客企業に提供するための商品としてのソフトウエアの、その元になる技術開発を行ってきた。

少し詳しく説明すると、ＩＴ分野においても、技術は日進月歩のめまぐるしい速度で変化している。その変化にあわせて新しいコードを作成し、新しいアプリケーションを開発する、ということは、非常に大きな苦労と多大な時間、何よりコストがかかる。そこでＴＣＳは、一定の「標準化された諸ツールのセット」を作成し、それを元に、より新しいソフトも迅速に開発できるのではないか、と考えた。標準化されたソフト・ツールとは、ソフト製作のためのソフト、あるいは「メタ・ツール」とも呼ばれ、言い換えれば、道具のための道具、あるいは金型とも言える。

この哲学は、いわば、従来の産業革命が、「モノづくり」において、効率化、低価格化を追求する中で発達させてきた「標準化」の考えをソフトウエア産業に応用したものと言える。実際、「まさに産業革命の真似をしようとした」とＴＲＤＤＣに初期段階から関わってきた重役の発言が残されている。プログラミングの技術を、個人の職人技（他人が容易に真似できないもの）から、だれでも理解でき再生できる工業型に変えることで、時間と開発コストに高い効率性をもたらした、というのである。

ＴＲＤＤＣでは、このようにして多くの標準ツールを開発してきた。数々の画期的な発明品の中でも後年有名になったものの一つが、一九九九年に開発されたMasterCraft（現在はTCS Code Generator Frameworkと改名）と呼ばれるもので、ソフトウエアのモデルの種類に基づき自動的にコードを創り出し、さらにユーザーのニーズに基づいてそのコードを書き換えることができる、というそれまでのソフトウエア産業でも見られない発明品として注目されている。

Frugal Engineer（安くて役に立つ技術）という考え

さらにソフト以外、実際のモノづくり、という点でも、インド国内で広く注目されている発明品がある。それは、深刻な水事情をかかえるインドに役立つ、Sujalという低価格の水ろ過フィルターとそのフィルターを付けた機器Swachというものである。バクテリアやウイルスを除去するろ過フィルターでありながら、原材料はインドのどこでも栽培されるコメの籾殻などであり、通常焼かれて肥料にしたり廃棄されてしまうものを材料にして製造されている。Sujalの開発後、はからずも二〇〇四年一二月末インド洋で大規模な津波が発生しているが、その被災地において、ＴＣＳから大量のSujalが無償提供され、多くの人々の救済に役立った。筆者もSwachでろ過された水を飲んでみたが、元の汚水の程度にもよるが、わずか一五分で飲むことができる水が出てきていた。Swach一セットで二二米ドルという安さであり、フィルターも約六カ月耐用ということである。ちなみにSwachは二〇一〇年のアジア・イノベーション賞のトップ賞を受賞している。

このようにＴＲＤＤＣは、ソフトにしてもモノにしても、開発の基本に、「安くて役立つ技術」という考えが浸透している。インドばかりでなく他の途上国では、大多数の人が高価なものは手に入れられない。徹底して安く、しかもしっかりと役立つものが歓迎されることは当然のことである。ＴＲＤＤＣでは、まさに安い商品を大量につくる、という発想であるが、そのような製品を、エコにも配慮しながらどのように開発してゆくのか考えている。世界にはそのようなマーケットがまだ無限に開かれていることを、日常肌身に感じているからである。

モノづくりの哲学をソフト生産へ応用：インドをソフト工場集積地化へ

このように、ＴＲＤＤＣなどを通じたＴＣＳのソフト開発の手法とは、従来の産業革命の「モノづくり」の中で考え出されてきた手法を真似るという基本的な思考があり、「標準化」がその例と言えるが、標準化だけではない。幸い八〇年代の中ごろには、インド政府もようやくコンピュータ時代の到来を自覚するようになり、未だ統制経済政策下とはいえ、コンピュータの輸入を大幅に緩和した。その流れの中で、ＴＣＳはＩＢＭなどの大型コンピュータを次々に導入し、それを使って、顧客のニーズにあわせた専門分野に特化したサービスが提供できるよう、インドの主要な場所にセンター、つまりソフトウエア生産のための、いわば「拠点工場」を配置していった。

大づかみに言えば、合理的にモノづくりを行うのと同じように、ソフトウエアの生産を行おうと考え、そのためには、大型コンピュータによる「機械化」への大規模な投資も必要であった。各地に専門分野別に機能を担うセンター、つまりソフト作りのための「工場」を設置し、国内外の注文の性格に応じて、手際よくソフトという製品・商品を作成し納品するものである。いわば、インドに、「ソフト」のための「工場集積地」が出現したことになる。インドの「ＩＴ産業革命」に向かう確かな足取りと言える。

このように国内の各地に「ソフト生産工場」を立ち上げることで、海外から多くの大規模なビジネスを勝ち得ている。例えば、一九八九年には、スイスの企業に、SECOMと呼ばれる電子委託取引システムを提供しているが、これは、当時のインドのＩＴ企業の中で、未曾有の大規模で複雑なプロジェクトであったという。さらにはカナダの証券保管システムや、南アフリカのヨハネスブルク証券取引所の取引の電子化、など海外の大規模な受注に成果を発揮している。

五　一九九〇年代から現在――インターネット拡大の中の大躍進とグローバル化――

日本でバブル経済が崩壊した九〇年代の初頭は、一方では、アメリカを中心に起きようとするＩＴ産業による好景気の前兆の時期でもあった。インターネットをはじめとしたＩＴ産業が急速に発展しようとする直前の一九九一年、インドも長い統制経済をやめ、自由主義経済の仲間入りを宣言した。同じ年、長い年月会長職を務めてきた四代会長Ｊ・Ｒ・Ｄ・タタは、後継のラタン・タタ氏にその職責をバトンタッチした。

ラタン・タタ新会長の、自由主義グローバル経済の荒海への船出はきわめて迅速で、タタ・グループの経営の近代的合理化を推し進めたばかりか、Ｍ＆Ａを積極的に行い、タタ・グループの総売上高のうち、海外の売上高の割合は、かつての五％から五八％まで増加させている。この五代目会長ラタン・タタ氏により、タタ・グループをインドの財閥から、グローバル企業グループとして、世界企業の仲間入りを果たしたのである。そのようなグループ全体の動きに、ＴＣＳも多大な貢献を行っている。

九〇年代から二〇年、ＴＣＳを牽引してきたのは、コーリー氏の後を継いだ、二代目ＣＥＯラマドライ氏であり、さらに三代目ＣＥＯチャンドラセカラン氏が、顕著な業績を着実に積み重ね、ＴＣＳを世界的なＩＴ企業に

育てている。（住原 二〇一二）

全人的人材育成の哲学：コンサルタント・マネジメントができる人材育成

以上のような、ソフトの開発生産技術やサービスのシステムの、大規模にして高度な合理的な経営の他に、ＴＣＳにはコーリー氏の時代から、注目すべき人的資源の育成と活用のための哲学がある。

ソフトの開発というのは、言うまでもなく、高いレベルの専門技術・知識が求められる。したがって、本来、人的な意味合いからは、スペシャリスト集団の組織であるはずである。ところが、ＴＣＳの場合、スペシャリストであるとともに、それ以上にコンサルタントやマネージャーとしての能力を身につけるよう人材を育成しているという。具体的には、大卒者に対しても、大学で学んできた専門分野とは違った分野の領域に、最初の二年間は配置されるという。今すぐに必要とされる即戦力は別にして、狭い専門分野のスペシャリストを養成しようとはしていない。その理由は、特定分野の専門性だけを重視していると、その分野の技術が古く不要になったときに、その人材も不要になるからだという。その場限りの使い捨てをせず、全人的に個人を育成しようとする哲学が見える。無論、急速にグローバル化し、人材も世界から集まる多国籍化している現在、この理念が全社にわたって実現するのは容易ではないと思われる。

コーリー氏は、早くから「ＴＣＳ技術者ブランド」の育成を謳ってきた。それは、顧客を満足させるソリューションの開発には、専門的な知識だけではなく、全方位的な思考が求められるからであり、そのためにはマルチで全人的な能力の向上が必要であると考えている。そのような能力の育成は一時的な訓練によって可能になるのではなく、常に能力向上のための訓練の必要性があるとも、コーリー氏は強調している。先述の、ＴＲＤＤＣでの筆者のインタビューにおいても、専門研究員たちは、「企業や社会の問題自体が複雑であり、多角的な理解によるソリューションを導き出す必要がある」と言っている。

ＴＣＳが若い人材育成のために、多額の経費を使っていることもよく知られており、一九九八年には、年商の六％の金額を研修などの人材育成に費やしたという数字もある。

ＴＣＳ自社のためだけの人材育成を考えているばかりではなく、インドの教育レベルを全体的に高めようとする、国家的社会的な広い見地に立った取り組みも行われている。これも既述のように、タタの伝統である「国家の財産を築く」という理念が底流していると解釈できる。インドを代表する最高峰の高等教育機関の研究プログラムに資金援助するばかりでなく、ＴＣＳの数十人の重役が常時、高等教育機関とコンタクトを持ち、情報交換できるよう配置しているという。

六　おわりに

ＴＣＳの歩んできた道を、創設者コーリー氏の足跡に沿って見てくると、氏の描いた、ＴＣＳとは、単なる一企業の、新しいソフトの開発とサービス提供の域を超えた、社会の諸問題を解決するための綜合的な「コンサルタント」を目指しているように見える。後継者ラマドライ氏は、既述のコーリー氏の講演や著作をまとめた本（二〇〇五年）の冒頭で、コーリー氏が何を目指してきたのかについて代弁して書いている。「インドのソフトウエア産業はある程度の成功を見てきた。しかし、それは山登りに例えれば、ベースキャンプを設置した程度に等しい。（世界のマーケットニーズに応えてゆくための）山頂にたどりつくには、（現在の）ソフトウエアサービスの域を超えて、「コンサルタント」として認知されてゆかなければならない。」と。

社名であるTata Consultancy Servicesも、そのような広い意味において、理解される必要があるのかもしれない。社名そのものが、「国家の財産」（企業に限らず、政府やＮＰＯ・ＮＧＯその他一般市民活動のための、ＩＴ技術に基づく貢献）となれるような組織であり人材育成を意識してきたのである。そのようなビジョンの大きな背景として、初代をはじめ、歴代のタタ・グループの会長が堅持してきた経営理念があり、それは実践における透徹した合理主義とあいまって、包括的な合理主義精神とも呼びうるような実践哲学を形成しているのである。

（住原　則也）

参考文献

Kohli, F. C. (2005) *The IT Revolution in India: Selected Speeches and Writings*, New Delhi: Rupa & Co.

LALA, R. M. (1992) *Beyond the Last Blue Mountain: A life of J.R.D. Tata*, Penguin Portfolio.

—— (2004) *For the Love of India: the Life and Times of Jamsetji Tata*, Penguin Portfolio.

—— (2007) *The Romance of TATA STEEL*, Penguin Viking.

Witzel, M. (2010) *The Evolution of a Corporate Brand*, Penguin Portfolio.

小島眞（二〇〇八）『タタ財閥―躍進インドを牽引する巨大企業グループ』東洋経済新報社。

斉藤吉史（一九六二）「インドの財閥（一）―タタ、ビルラ、タルミア」『アジア経済』第三巻、第七号。

住原則也（二〇一一）「タタ・コンサルタンシー・サービシズ―〈ＩＴを現代インドの産業革命に〉」『ＰＨＰビジネスレビュー』第四九号、六二―八七頁。

住原則也・三井泉・渡邊祐介編（二〇〇八）『経営理念―継承と伝播の経営人類学的研究』ＰＨＰ研究所。

田部昇（一九六六）『インドの経営者』アジア経済研究所。

中川敬一郎（一九六二）「ジャムセトジ・Ｎ・タタ」岡倉古志郎編『世界の富の支配者』講談社、二五五―三三一頁。

三上敦史（一九九三）『インド財閥経営史研究』同文舘出版。

Ｒ・Ｍ・ララ（一九八一）『富を創り、富を生かす』サイマル出版会。

執筆者紹介（執筆順）

三井　泉（みつい・いずみ　Izumi Mitsui）　編著者／まえがき、序章、第Ⅰ部第四章

一九五七年生まれ。青山学院大学大学院博士課程修了（経営学博士）。日本経済短期大学、福島大学、帝塚山大学を経て、現在、日本大学経済学部教授。専門は、経営学（経営学史、経営哲学）。主な著書に『社会的ネットワーキング論の源流―M・P・フォレットの思想―』（文眞堂、二〇〇九年）。共編著に、H. Nakamaki, K. Hioki, I. Mitsui and Y. Takeuchi eds., *Enterprise as an Instrument of Civilization* (Springer, 2015)、住原則也・三井泉・渡邊祐介編　経営理念継承研究会著『経営理念―継承と伝播の経営人類学的研究―』（ＰＨＰ研究所、二〇〇八年）。論文に、「企業社会の秩序形成と『クウェーカー・コード』」（中牧弘允・日置弘一郎編『会社のなかの宗教』東方出版、二〇〇九年所収）。

佐藤悌二郎（さとう・ていじろう　Teijiro Sato）　第Ⅰ部第一章

一九五六年生まれ。慶應義塾大学文学部卒業、ＰＨＰ研究所に入社。専門は松下幸之助研究、ＰＨＰ理念研究。松下幸之助を中心としたＰＨＰ理念研究会に出席、ＰＨＰ理念をまとめる作業を行ってきた。九一～九三年『松下幸之助発言集』（全四五巻）を編纂、刊行。二〇〇二年第一研究本部（現・経営理念研究本部）本部長。現在、専務取締役。著書に、『松下幸之助から未来のリーダーたちへ』（アチーブメント出版、二〇一〇年）、『松下幸之助の生き方』（ＰＨＰ研究所、二〇一五年）、『生きていることの奇跡』（ＰＨＰ研究所、二〇一五年）、『松下幸之助・成功への軌跡―その経営哲学の源流と形成過程を辿る』（ＰＨＰ研究所、一九九七年）がある。

渡邊祐介（わたなべ・ゆうすけ　Yusuke Watanabe）　第Ⅰ部第二章

一九六三年生まれ。筑波大学社会工学類卒業、ＰＨＰ研究所入社。長年、松下幸之助関係書籍のプロデュースを手がける。紀要『松下幸之助研究』を企画編集後、大阪大学大学院経済学研究科博士前期課程修了、修士号（経済学）。現在、経営理念研究本部研究企画推進部長。著書に『ドラッカーと松下幸之助』（ＰＨＰ研究所、二〇一〇年）、『経営哲学の授業』（共著、ＰＨＰ研究所、二〇一一年）、『ステークホルダーの経営学』（共著、中央経済社、二〇〇九年）、『経営理念―継承と伝播の経営人類学的研究』（共編著、ＰＨＰ研究所、二〇〇八年）がある。

藤本昌代（ふじもと・まさよ　Masayo Fujimoto）　第Ⅰ部第三章
一九六〇年生まれ。同志社大学大学院文学研究科社会学専攻博士後期課程修了。博士（社会学）。専門領域：社会学。現在、同志社大学社会学部教授。主な業績：『専門職の転職構造―組織準拠性と移動―』（文眞堂、二〇〇五年）、「専門職における制度変革によるアノミー現象」（『社会学評論』第五九巻第三号、二〇〇八年）、「開放的社会構造における多様な人的ネットワークの交差―米国・シリコンバレーのフィールドワーク調査より―」（『経済学論叢』第六四巻第四号、二〇一三年）。

小杉正孝（こすぎ・まさたか　Masataka Kosugi）　第Ⅰ部第四章
一九四三年生まれ。青山学院大学経済学部卒業。元ホンダ・オブ・アメリカ製造・人事・総務担当副社長。アジアホンダモーター副社長。ホンダ総合建物㈱社長。現在、徳島大学工学部非常勤講師。二松学舎大学大学院国際政治経済学研究科非常勤講師。専門は「異文化経営」「日本企業の海外展開」「国際企業の経営理念」「国際人材育成」。主な業績『外国人社員の採用と処遇』（共著、日本経営者団体連盟広報部、一九九二年）、「海外駐在員の新たな役割と戦略的育成・活用について考える」―異文化適応、異文化メッセンジャーとして―（国際大学国際経営研究所、講演録、一九九〇年）。

出口竜也（でぐち・たつや　Tatsuya Deguchi）　第Ⅰ部第四章
一九六四年生まれ。神戸商科大学（現在、兵庫県立大学）大学院経営学研究科博士後期課程中途退学。徳島大学総合科学専任講師・助教授、和歌山大学経済学部教授を経て、現在、和歌山大学観光学部教授。専門は国際経営論、経営組織論、観光経営論。主な業績『現代の観光とブランド』（共著、同文舘、二〇一三年）、『ケースブック　ビジネスモデルシンキング』（共著、文眞堂、二〇〇七年）、『会社文化のグローバル化』（共著、東方出版、二〇〇七年）。

岩井　洋（いわい・ひろし　Hiroshi Iwai）　第Ⅱ部第五章
一九六二年生まれ。上智大学大学院文学研究科博士後期課程単位取得退学。文学修士。専門は経営人類学、宗教社会学。帝塚山大学学長。著書に『経営理念―継承と伝播の経営人類学』（共著、ＰＨＰ研究所、二〇〇八年）、『会社のなかの宗教―経営人類学の視点』（共著、東方出版、二〇〇九年）、『経営哲学の授業』（共著、ＰＨＰ研究所、二〇一二年）など。

奥野明子（おくの・あきこ　Akiko Okuno）　第Ⅱ部第六章
一九七〇年生まれ。大阪市立大学大学院経営学研究科後期博士課程修了。博士（経営学）。専門は人的資源管理、経営組織論。大阪経済法科大学経済学部助教授、帝塚山大学経営情報学部准教授などを経て、二〇一二年四月より甲南大学経営学部教授。主著に、『目標管理のコンティンジェンシー・アプローチ』（白桃書房、二〇〇四年）、「目標管理と職務の適合性」（『日本労務学会誌』第五巻第一号、二〇〇三年）、「韓国一尊敬を集める企業家の卓越な理念—製薬会社ユハン」（『PHP Business Review 松下幸之助塾』第六号、ＰＨＰ研究所、二〇一二年）などがある。

李　仁子（い・いんじゃ　Lee Inja）　第Ⅱ部第六章
一九六五年生まれ。東北大学大学院教育学研究科准教授。韓国の漢陽大学を卒業後、日本に留学。京都大学大学院人間・環境学研究科博士課程修了。博士（人間・環境学）。専門は、文化人類学。著書に「移住者にとっての故郷と故郷離れ」（関根・新谷編著『排除する社会・受容する社会』吉川弘文館、二〇〇七年）、『はじまりとしてのフィールドワーク』（共編著、昭和堂、二〇〇八年）、「外国人妻の被災地支援—被災地の民族誌に向けた一素描」（川村千鶴子編著『3・11後の多文化家族—未来を拓く人びと』明石書店、二〇一二年）など。

河口充勇（かわぐち・みつお　Mitsuo Kawaguchi）　第Ⅱ部第七章
一九七三年生まれ。同志社大学大学院文学研究科社会学専攻博士後期課程修了、博士（社会学）。専門は社会学、華人社会研究。同志社大学技術・企業・国際競争力研究センター特別研究員、東京女学館大学国際教養学部専任講師などを経て、現在、帝塚山大学文学部文化創造学科准教授。主な著書に『台灣砂谷尋根—日治時期台灣高科技産業史話』（園区生活雑誌社、二〇〇九年）、『産業集積地の継続と革新—京都伏見酒造業への社会学的接近』（共著、文眞堂、二〇一〇年）。

王　向華（おう・こうか　Wong Heung-wah）　第Ⅱ部第八章
一九六三年生まれ。Oxford University 社会人類学博士。主な著書に『友情と私利—香港一日系スーパーの人類学的研究—』（風響社、二〇〇四年）、共著に、谷川建司・王向華・須藤遥子・秋菊姫編著『コンテンツ化する東アジア—大衆文化／メディア／アイデンティティ—』（青弓社、二〇一二年）、住原則也・三井泉・渡边祐介编　王向华监译『经营理念：继承与传播的经营人类学研究』（经济管理出版社、北京、二〇一一年）。

住原則也（すみはら・のりや　Noriya Sumihara）　**第Ⅱ部第九章**

一九五七年生まれ。New York University 大学院博士課程修了、Ph.D.（人類学博士）。都市人類学・経営人類学専攻。天理大学国際学部教授。主な著書に『経営と宗教―メタ理念の諸相』（編著、東方出版、二〇一四年）、『異文化の学びかた・描きかた』（共著、世界思想社、二〇〇一年）、『経営理念―継承と伝播の経営人類学的研究』（共編著、ＰＨＰ研究所、二〇〇八年）、『Japanese Multinationals Abroad: Individual and Organizational Learning』（共著、Oxford University Press, 1999）など。

翻訳者

川上あすか（かわかみ・あすか　Asuka Kawakami）　**第Ⅱ部第八章**

筑波大学 社会・国際学群 国際総合学類卒。

アジア企業の経営理念
―生成・伝播・継承のダイナミズム―

二〇一三年三月三一日 第一版第一刷発行
二〇一六年六月 一 日 第一版第二刷発行

検印省略

編著者 三井 泉
発行者 前野 隆
東京都新宿区早稲田鶴巻町五三三
発行所 株式会社 文眞堂
〒一六二－〇〇四一
電話 〇三－三二〇二－八四八〇
FAX 〇三－三二〇三－二六三八
振替 〇〇一二〇－二－九六四三七番

印刷 平河工業社
製本 イマヰ製本所

http://www.bunshin-do.co.jp/

ISBN978-4-8309-4785-8 C3034